CFDT

Salariés : guide de vos droits 2007

La Découverte
9 *bis*, rue Abel-Hovelacque
75013 Paris

Rédaction du guide : Thierry Ouazan
Rédactrice en chef : Héloïse Heduin/Service juridique CFDT
Conception graphique : Murielle Guillard/Service communication CFDT
Réalisation : Cicero, 01 43 48 43 33
Coordination fabrication : Véronique Bujard, Claudine Roy/CFDT Diffusion
Illustrations : Lolmede

CFDT,
4, boulevard de la Villette
75955 Paris Cedex 19 / Tél : 01 42 03 80 00
www.cfdt.fr

Dans la même collection

CFDT *Salariés : guide de vos droits 2007*
CLCV *Locataires : guide de vos droits 2007*
GISTI *Le guide des étrangers face à l'administration*
GISTI *Le guide de l'entrée et du séjour des étrangers en France*
GISTI *Le guide des jeunes étrangers en France*
GISTI *Le guide de la nationalité française*
GISTI *Le guide de protection sociale des étrangers en France*
OIP *Le guide du prisonnier*
DAL *Faire face à une expulsion de logement*

Catalogage Electre-Bibliographie

CONFÉDÉRATION FRANÇAISE DÉMOCRATIQUE DU TRAVAIL
Salariés, guide de vos droits 2007 / CFDT. - Paris :
La Découverte, 2006. - (Guides)

ISBN 10 : 2-7071-4936-5
ISBN 13 : 978-2-7071-4936-7

Rameau : Droits du travail : France : guides, manuels, etc.
personnel : droits : France : guides : manuels, etc.
Dewey : 344.1 : Droit social. Droit du travail. Droit du travail
Public concerné : Tout public

Etre informé, c'est bien. Conseillé, c'est mieux !

Des droits, oui... encore faut-il bien les connaître ! Ce guide juridique, réactualisé chaque année, répond à bien des questions que vous vous posez. Encore faut-il faire respecter et appliquer ces droits pour chacun, dans les petites comme dans les grandes entreprises et dans les administrations. Dans tous ces secteurs, les militants CFDT sont là pour vous informer, vous conseiller, vous défendre et vous accompagner tout au long de votre parcours professionnel. N'hésitez pas à les solliciter !

Dans une société en mutation, les droits des salariés doivent répondre à de nouveaux besoins et s'étendre à ceux qui n'en bénéficient pas encore. C'est pourquoi la CFDT se bat pour obtenir de nouvelles garanties pour les salariés et améliorer, entre autres, les salaires, l'égalité professionnelle entre hommes et femmes, la protection sociale avec la généralisation des mutuelles à tous.

Avant tout, la CFDT veut réduire les inégalités et ne laisser personne au bord de la route ! La première inégalité, c'est l'emploi. Un emploi pour tous, et pas n'importe quel emploi. Un emploi rémunéré à sa juste valeur qui permette d'évoluer, grâce à la formation tout au long de la vie. Un emploi digne qui ne nuise pas à la santé du salarié grâce à des conditions de travail acceptables. Un emploi à temps plein ou à temps partiel, selon le choix de chacun.

Pour être efficace, la CFDT développe le dialogue social : ses équipes savent s'asseoir autour d'une table pour négocier, elles savent aussi être fermes et refuser l'inacceptable quand c'est nécessaire ! C'est ainsi qu'on obtient des résultats, en refusant le « tout ou rien » qui ne mène les salariés qu'à des impasses.

Adhérer à la CFDT, c'est la certitude d'être bien conseillé et défendu. C'est également nous donner les moyens d'obtenir, tous ensemble, encore plus de résultats !

Bonne lecture !

François Chérèque

Secrétaire général de la CFDT

Sommaire

Protection sociale

Modèles de lettres

Dossier

Vie pratique

Index

Les numéros renvoient aux pages du guide

A

B

C

Liste des principales abréviations

AER > **Allocation équivalent retraite**
AFF > **Allocation de fin de formation**
AI > **Allocation d'insertion**
ARE > **Allocation d'aide au retour à l'emploi**
ASS > **Allocation de solidarité spécifique**
CDD > **Contrat à durée déterminée**
CDI > **Contrat à durée indéterminée**
CE > **Comité d'entreprise**
CESU > **Chèque emploi service universel**
CHSCT > **Comité d'hygiène, de sécurité et des conditions de travail**
CI-RMA > **Contrat insertion - revenu minimum d'activité**
CMU > **Couverture maladie universelle**
CNE > **Contrat nouvelles embauches**
DDTEFP > **Direction départementale du travail, de l'emploi et de la formation professionnelle**
JO > ***Journal officiel***
LRAR > **Lettre recommandée avec demande d'avis de réception**
MG > **Minimum garanti**
PPAE > **Projet personnalisé d'accès à l'emploi**
RMI > **Revenu minimum d'insertion**
RTT > **Réduction du temps de travail**
SMIC > **Salaire minimum interprofessionnel de croissance**

Les principaux éléments chiffrés [1]

(tableau à actualiser...)	01.07.2006	01.01.2007	01.07.2007
• RMI [2]			
• 1 personne	433,06 €		
• 2 personnes	649,59 €		
• personne en plus	173,22 €		
• SMIC			
• horaire brut	8,27 €		
• mensuel brut (151,666 h)	1 254,28 €		
• Plafond Sécurité sociale			
• mensuel	2 589 €		
• trimestriel	7 767 €		
• annuel	31 068 €		
• Base mensuelle de calcul des allocations familiales			
• montant	367,87 €		
• Chômage partiel			
• minimum conventionnel	4,42 €		
• Chômage total			
• montant journalier minimum de l'allocation d'aide au retour à l'emploi	25,51 €		
• allocation d'insertion	10,04 €		
• allocation de solidarité	14,25 €		
• allocation équivalent retraite	30,77 €		
• Prud'hommes			
• taux de compétence en dernier ressort	4 000 €		

(1) Certains des montants chiffrés figurant dans ce tableau, ainsi que dans le guide, seront revalorisés au 1er janvier 2007. Dès cette date, vous pourrez prendre connaissance des montants actualisés sur le site Internet de la CFDT : http://www.cfdt.fr
(2) Revenu minimum d'insertion ; pour les modalités de calcul, voir p. 231.

Pour l'utilisation de ces chiffres, reportez-vous aux chapitres du guide.

DROIT DU TRAVAIL

L'embauche et l'accès à l'emploi

1 Le recrutement

Le recrutement d'un salarié par un employeur, directement ou par personne interposée (cabinet de recrutement, par exemple), repose sur trois grands principes :
- liberté de l'employeur dans le choix du candidat auquel il confiera le poste à pourvoir,
- connaissance par les candidats des méthodes de recrutement utilisées,
- obligation faite à l'employeur de fonder son choix sur des critères objectifs, sans tenir compte d'éléments tels que la religion, le sexe, l'appartenance syndicale...

➤ *La liberté de choix de l'employeur*

Lorsqu'il doit recruter, l'employeur est libre du choix du candidat qu'il retiendra, sous réserve du respect des principes de non-discrimination visés ci-dessous. Ce principe de liberté s'accompagne de quelques tempéraments, l'employeur pouvant être tenu :
- soit à des embauches prioritaires, comme cela est le cas pour les travailleurs handicapés et assimilés (voir p. 36),
- soit à l'observation de priorités de réembauchage, notamment au profit des salariés ayant fait l'objet d'un licenciement économique.

La liberté de l'employeur s'étend aux techniques qu'il mettra en œuvre pour procéder à son recrutement, qu'il s'agisse de questionnaires, d'analyses graphologiques, de tests de personnalité...

sachez-le *Si un employeur ne donne pas suite à la promesse d'embauche (document nominatif récapitulant les éléments essentiels du contrat, emploi et rémunération notamment) qu'il a signée, le salarié concerné peut demander au conseil des prud'hommes des dommages-intérêts pour le préjudice subi.*

➤ *L'information des candidats*

Les principes sont les suivants :
- les informations demandées au candidat, sous quelque forme que ce soit, doivent avoir un lien direct et nécessaire avec l'emploi

proposé ou avec l'évaluation de ses aptitudes. Si tel est le cas, le candidat doit y répondre de bonne foi et fournir les éléments qui lui sont demandés (diplômes, justificatifs des précédents emplois...). Si l'employeur propose un questionnaire au candidat, il doit notamment lui préciser le caractère obligatoire ou non des réponses, les conséquences d'un défaut de réponse, et les personnes qui seront destinaires des informations ;

- le candidat doit être informé des méthodes et techniques utilisées lors du recrutement (tests, logiciels...). Ces méthodes et techniques doivent se limiter à l'évaluation des aptitudes professionnelles et les résultats obtenus doivent rester confidentiels.

sachez-le *Dans les entreprises de 50 salariés et plus, les informations communiquées par écrit par le candidat à l'emploi, permettant d'apprécier sa capacité à occuper l'emploi proposé ou ses aptitudes professionnelles, devront être examinées dans des conditions préservant son anonymat. Les conditions de mise en œuvre de cette pratique dite du « CV anonyme », doivent faire l'objet d'un décret (à paraître).*

Le principe de non-discrimination

Aucune personne ne peut être écartée d'une procédure de recrutement ou de l'accès à un stage ou à une période de formation en entreprise en raison de son origine, de son sexe, de ses mœurs, de son orientation sexuelle, de son âge, de sa situation de famille ou de sa grossesse, de ses caractéristiques génétiques, de son appartenance ou de sa non-appartenance, vraie ou supposée, à une ethnie, une nation ou une race, de ses opinions politiques, de ses activités syndicales ou mutualistes, de ses convictions religieuses, de son apparence physique, de son patronyme ou en raison de son état de santé ou de son handicap (sur cette question, voir également p. 38). De même, sauf cas particuliers (comme, par exemple, un emploi de mannequin), l'employeur ne peut mentionner ou faire mentionner dans une offre d'emploi le sexe du candidat recherché. En cas de litige, le candidat à un recrutement, à un stage ou à une période de formation en entreprise présente des éléments de fait laissant supposer l'existence d'une discrimination directe ou indirecte ; au vu de ces éléments, il incombe à l'employeur de prouver que sa décision est justifiée par des éléments objectifs étrangers à toute discrimination. Le juge forme sa conviction après avoir ordonné, en cas de besoin, toutes les mesures d'instruction qu'il estime utiles. Toute personne qui s'estime victime d'une discrimination peut aussi saisir la « Haute autorité de lutte contre les discriminations et pour l'égalité » (HALDE) (renseignements au 08 1000 5000 ou sur www.halde.fr).

2 Qui est votre employeur ?

Durant votre vie professionnelle, il pourra vous arriver d'être confronté à une relation de travail atypique, liée :
- à la nature particulière de votre employeur, association intermédiaire ou entreprise d'insertion, par exemple ;
- ou à certaines circonstances, comme par exemple une restructuration ou une situation de détachement dans une autre entreprise.

➤ *Embauche par une association intermédiaire ou une entreprise d'insertion*

Ces structures doivent passer une convention avec l'État. Les personnes embauchées doivent parfois faire l'objet d'un agrément par l'ANPE.

- **Les associations intermédiaires** embauchent des personnes pour les mettre, à titre onéreux, à la disposition d'entreprises utilisatrices (ou de particuliers). La personne embauchée est liée à l'association par un CDD ou par un CDI à temps partiel. L'association est responsable du paiement du salaire ; l'entreprise utilisatrice est responsable des conditions d'exécution du travail (durée du travail, repos hebdomadaire, hygiène et sécurité, etc.).

- **Les entreprises d'insertion** fonctionnent comme toute autre entreprise. En tant qu'employeur, elles sont responsables des conditions d'exécution du travail, du paiement du salaire, etc. Elles peuvent embaucher des salariés soit dans le cadre de CDD dont la durée ne doit pas excéder 24 mois (renouvelables deux fois dans la limite de cette durée), soit dans le cadre de contrats de travail temporaire (on parle alors d'entreprise de « travail temporaire d'insertion »), soit encore dans le cadre des « contrats d'avenir » (voir p. 26).

➤ *Embauche d'un employé de maison par un particulier*

Les employés de maison ont pour mission d'effectuer, au domicile privé de leur employeur, tout ou partie des tâches de la maison, à caractère familial ou ménager. Ils relèvent du Code du travail et de la CCN « des salariés du particulier employeur ». Le salaire ne peut être inférieur au SMIC (multiplié par le nombre d'heures de travail en cas de temps partiel), et peut être réglé au moyen du chèque emploi-service universel (CESU, voir p. 45). Les règles relatives au licenciement s'appliquent (voir p. 168), à l'exception notamment des dispositions spécifiques aux licenciements économiques.

➤ *Détachement dans une autre entreprise*

L'hypothèse visée est celle où (hors travail temporaire), ayant été embauché par une entreprise, celle-ci vous met à disposition d'une autre entreprise, sans qu'il y ait rupture du contrat de travail initial. L'entreprise utilisatrice est responsable des conditions d'exécution du travail (durée du travail, repos hebdomadaire, hygiène et sécurité, etc.). L'employeur reste en principe l'entreprise d'origine, qui doit vous réintégrer (ou prendre l'initiative de mettre fin au contrat) à la fin du détachement. Dans cette situation, si rien n'est prévu dans le contrat initial, il reste recommandé de fixer par écrit (dans un avenant au contrat, par exemple) les conditions du détachement et les responsabilités de chacune des parties.

➤ *Restructuration et changement d'employeur*

Le changement d'employeur suite à une vente ou à une transformation de l'entreprise (par fusion, scission, filialisation...) n'a aucune conséquence sur votre contrat de travail, qui se poursuit avec le nouvel employeur de la même façon qu'avec l'ancien (art. L. 122-12). Les obligations de l'ancien employeur sont transférées au nouveau, en particulier le respect des avantages individuels et l'ancienneté.

➤ *Groupement d'employeurs (art. L. 127-1 et suiv.)*

Des entreprises (ou, dans des conditions particulières, des entreprises et des collectivités territoriales) peuvent se grouper sous forme d'association pour employer un ou plusieurs salariés, à condition que chacune n'occupe pas plus de 300 salariés ou, dans le cas contraire, qu'elles aient conclu un accord collectif ou un accord d'établissement définissant les garanties accordées aux salariés du groupement. Le contrat de travail est conclu par écrit avec le groupement qui est l'employeur. Il doit indiquer les conditions d'emploi et de rémunération, la qualification, les lieux d'exécution du travail et, sauf exception, la liste des utilisateurs potentiels.

3 Contrats d'alternance et d'insertion

De nombreuses mesures ont été prises afin de favoriser, pour certaines catégories de personnes sans emploi, l'acquisition d'une première expérience professionnelle (jeunes) ou la réinsertion professionnelle (personnes sans emploi rencontrant des difficultés particulières d'accès à l'emploi).
Il s'agit le plus souvent d'un contrat de travail associé à une formation, ouvrant droit, pour les employeurs, à des avantages particuliers (aide forfaitaire et/ou exonération de cotisations sociales).

Les contrats de formation en alternance

➤ *L'apprentissage*

Il s'agit d'une forme d'éducation alternée qui a pour but de donner à des jeunes travailleurs une formation générale, théorique et pratique, en vue d'obtenir une qualification professionnelle sanctionnée par un diplôme ou par un titre (art. L. 115-1).

sachez-le *Une carte d'apprenti, valable sur l'ensemble du territoire, est délivrée à l'apprenti par le CFA qui assure sa formation. Cette carte permet à l'apprenti de faire valoir la spécificité de son statut auprès des tiers, notamment en vue de bénéficier, le cas échéant, de tarifs réduits.*

● **Les conditions pour être apprenti** (art. L. 117-3 et suivants).
Pour entrer en apprentissage, il faut :
● être âgé de 16 ans au moins et de 25 ans au plus (avec les exceptions mentionnées ci-contre).

Un contrat d'apprentissage peut toutefois être conclu à partir de 15 ans :
- en cas de fin d'études de 1er cycle de l'enseignement secondaire ;
- ou lorsque le jeune aura conclu un contrat d'apprentissage après avoir terminé le « parcours d'initiation aux métiers » mis en place dans le cadre de l'apprentissage « junior », et pendant lequel il était resté sous le statut scolaire. Ce dispositif, créé par la loi du 31 mars 2006 « pour l'égalité des chances », sera en principe applicable à compter de la rentrée 2006 ;

- trouver une entreprise qui soit agréée à cet effet ;
- être inscrit dans un centre de formation pour apprentis (CFA).

Des dérogations à la limite d'âge de 25 ans sont autorisées dans les cas suivants :

- lorsque le contrat fait suite à un contrat d'apprentissage précédemment souscrit, et conduit à un niveau de diplôme supérieur à celui obtenu à l'issue du contrat précédent ; le contrat d'apprentissage doit être souscrit dans un délai maximum d'un an après l'expiration du précédent contrat ;
- lorsqu'il y a eu rupture de contrat pour des causes indépendantes de la volonté de l'apprenti (cessation d'activité de l'employeur, faute ou manquements répétés de l'employeur à ses obligations, mise en œuvre de la procédure prévue en cas de danger pour la santé ou la sécurité de l'apprenti), ou suite à une inaptitude physique et temporaire de celui-ci constatée dans les conditions prévues à l'article R. 117-20 du Code du travail. Là encore, le contrat d'apprentissage doit être souscrit dans un délai maximum d'un an après l'expiration du précédent contrat ;
- lorsque le contrat est conclu par une personne qui est reconnue comme travailleur handicapé.

Dans ces trois situations, l'âge de l'apprenti au moment de la conclusion du contrat ne peut être supérieur à 30 ans.

Une autre dérogation à la limite d'âge supérieure de 25 ans est admise lorsque le contrat est conclu par une personne qui a un projet de création ou de reprise d'entreprise dont la réalisation est subordonnée à l'obtention du diplôme ou du titre sanctionnant la formation poursuivie ; dans ce cas, aucune limite d'âge supérieure n'est applicable.

sachez-le *Un contrat à durée indéterminée peut, par accord entre l'employeur et le salarié, être suspendu pendant la durée d'un contrat d'apprentissage conclu avec le même employeur. La durée de cette suspension est alors égale à la durée de la formation nécessaire à l'obtention de la qualification professionnelle recherchée (art. L. 115-3).*

• Le contrat d'apprentissage (art. L. 117-12 et suivants, R. 117-10 et suivants). Ce contrat doit faire l'objet d'un écrit et être enregistré à la Direction départementale du travail et de l'emploi. Rédigé en trois exemplaires, il doit indiquer :

- la date du début du contrat et sa durée ;
- le nom et l'adresse du CFA ;
- la formation envisagée et le diplôme ou le titre sanctionnant cette formation (CAP, BEP, BTS...) ;
- le salaire.

Le contrat est signé par l'employeur, l'apprenti et son représentant légal. Il doit également être visé par le directeur du CFA.
La durée normale du contrat est de 2 ans, mais il existe de nombreuses possibilités de réduction de l'apprentissage à 1 an (voire 6 mois) ou d'allongement à 3 ans, voire 4 ans.
La formation se fait en alternance, pour partie dans une entreprise agréée où l'apprenti recevra une formation pratique, et pour partie dans un CFA qui dispensera une formation générale d'au moins 400 heures par an, cette durée étant proratisée si le contrat est d'une durée inférieure à 1 an (art. L. 116-3). Il est obligatoire de suivre cette formation et de se présenter aux épreuves du diplôme, ou du titre, préparé.

sachez-le *Dans les deux mois qui suivent la conclusion du contrat, afin de procéder à une première évaluation du déroulement de la formation et, le cas échéant, de l'adapter, l'apprenti est convié par le CFA à un entretien auquel participent l'employeur, le maître d'apprentissage, un formateur du CFA et, si besoin est, les parents de l'apprenti ou son représentant légal.*

• Le statut d'apprenti (art. L. 117 *bis*-1 et suivants). L'apprenti est salarié et bénéficie de l'ensemble de la législation sociale applicable dans l'entreprise, sous réserve de certaines dispositions particulières. Le salaire qui est dû est au minimum égal à un pourcentage du SMIC ou du salaire minimum conventionnel (SMC) déterminé en fonction de l'âge de l'apprenti et de sa progression dans le ou les cycles de formation.

Année d'exécution du contrat	Âge		
	Jusqu'à 17 ans	18-20 ans	21 ans et plus
1re année	25 % SMIC	41 % SMIC	53 % SMC (1)
2e année	37 % SMIC	49 % SMIC	61 % SMC (1)
3e année	53 % SMIC	65 % SMIC	78 % SMC (1)

(1) S'il est plus favorable que le SMIC.

sachez-le *Les jeunes qui signeront un contrat d'apprentissage après avoir achevé le « parcours d'initiation aux métiers » prévu dans le cadre de l'apprentissage « junior » percevront, lors de la première année d'exécution de leur contrat, une rémunération minimale identique à celle prévue pour les apprentis de moins de 18 ans, soit 25 % du SMIC. Leur rémunération minimale évoluera ensuite dans les mêmes conditions que pour les autres apprentis.*

Le temps de formation fait partie du temps de travail (art. L. 117 *bis*-2). Si l'apprenti a moins de 18 ans, il ne peut pas, sauf dérogation, travailler plus de la durée hebdomadaire de travail applicable à l'entreprise, ni plus de 8 heures par jour (voir p. 89). Après 18 ans, s'il fait des heures supplémentaires, elles doivent lui être payées à un taux majoré (voir p. 90).
L'apprenti a droit à cinq semaines de congés payés annuels comme les autres salariés (voir p. 132). S'il a moins de 22 ans, il peut bénéficier d'un congé supplémentaire non rémunéré pour atteindre les 30 jours ouvrables de congé (art. L. 223-3, voir p. 134). Il bénéficie, en plus, d'un congé de 5 jours ouvrables pour suivre des cours de préparation aux épreuves auxquelles il se présente (art. L. 117 *bis*-5).

● **La rupture du contrat** (art. L. 117-17, R. 117-16). Le contrat peut être librement rompu, par l'apprenti ou par l'employeur, pendant les deux premiers mois. Passé ce délai, le contrat ne peut être rompu que dans les cas suivants :

- accord des deux parties constaté par écrit ;
- rupture à l'initiative du jeune qui a obtenu son titre ou son diplôme ;
- rupture à l'initiative de l'administration du travail, notamment en cas de risque sérieux d'atteinte à la santé ou à l'intégrité physique ou morale de l'apprenti (dans ce cas, l'employeur doit verser à l'apprenti les sommes dont il aurait été redevable si le contrat s'était poursuivi jusqu'à son terme) ;
- faute grave ou manquements répétés de l'une des parties à ses obligations ;
- inaptitude de l'apprenti à exercer le métier auquel il voulait se préparer.

Dans ces deux derniers cas, c'est au conseil de prud'hommes de prononcer la rupture du contrat. Il peut condamner l'employeur à payer des dommages-intérêts si les manquements invoqués sont inexistants ou ne sont pas suffisamment graves.

sachez-le *Le jeune apprenti qui aura conclu son contrat d'apprentissage après avoir suivi le parcours d'initiation aux métiers prévu dans le cadre de l'apprentissage « junior » pourra rompre ce contrat dans les conditions mentionnées ci-dessus. Il pourra également le rompre, jusqu'à ses 16 ans, s'il décide de reprendre sa scolarité dans un collège (y compris son collège d'origine) ou un établissement d'enseignement agricole ou maritime. Cette résiliation, de même que celle prévue pendant les deux premiers mois d'apprentissage, ne pourra donner lieu à indemnité, à moins d'une stipulation contraire dans le contrat.*

À l'issue du contrat d'apprentissage, l'apprenti peut continuer à travailler dans l'entreprise avec un CDD (voir p. 57 et suiv.) ou un CDI. S'il s'agit d'un CDI, aucune période d'essai ne peut être imposée à l'apprenti, sauf dispositions conventionnelles contraires ; en outre, la durée du contrat d'apprentissage sera prise en compte pour le calcul de la rémunération et l'ancienneté du salarié.

➤ *Le contrat de professionnalisation*

Le contrat de professionnalisation (qui remplace les anciens contrats de qualification, d'adaptation et d'orientation) est un contrat de travail de type particulier, qui permet à un jeune ou à un demandeur d'emploi d'acquérir une qualification professionnelle et de favoriser son insertion ou sa réinsertion professionnelles. Il associe des enseignements généraux, professionnels et technologiques dispensés dans des organismes publics ou privés de formation ou, lorsqu'elle dispose d'un service de formation, par l'entreprise, et l'acquisition d'un savoir-faire par l'exercice en entreprise d'une ou plusieurs activités professionnelles en relation avec les qualifications recherchées.

● **Les bénéficiaires** (art. L. 981-1). Le contrat de professionnalisation s'adresse aux jeunes de 16 à 25 ans révolus (soit moins de 26 ans), qui peuvent compléter ainsi leur formation initiale. Il est également ouvert aux demandeurs d'emploi âgés de 26 ans et plus.
Ce contrat peut être conclu avec un employeur assujetti à l'obligation légale de contribution au financement de la formation professionnelle, c'est-à-dire en principe tous les employeurs, à l'exception de l'État, des collectivités locales et de leurs établissements publics à caractère administratif. Sont également concernés les employeurs des entreprises d'armement maritime.

● **Les caractéristiques du contrat** (art. L. 981-2). Le contrat de professionnalisation peut prendre la forme d'un contrat à durée indéterminée (CDI) ou à durée déterminée (CDD) :
● s'il s'agit d'un CDI, l'action de professionnalisation (alternance de périodes de travail en entreprise et d'enseignement théo-

rique) se situe au début du contrat et doit être d'une durée minimale comprise entre 6 et 12 mois (ou 24 mois, voir ci-dessous) ;
- s'il s'agit d'un CDD, il est conclu pour la durée de l'action de professionnalisation, telle que visée ci-dessus. Il peut alors être renouvelé une fois si le bénéficiaire n'a pu obtenir la qualification envisagée pour cause d'échec aux épreuves d'évaluation de la formation suivie, de maternité, de maladie, d'accident du travail ou de défaillance de l'organisme de formation.

sachez-le *Dans des conditions définies par accord collectif, la durée minimale de l'action de professionnalisation peut être allongée jusqu'à 24 mois, notamment pour les personnes sorties du système éducatif sans qualification professionnelle reconnue, ou lorsque la nature des qualifications visées l'exige.*

- **La formation** (art. L. 981-3). L'employeur s'engage à assurer aux bénéficiaires du contrat de professionnalisation une formation leur permettant d'acquérir une qualification professionnelle et à leur fournir un emploi en relation avec cet objectif pendant la durée du contrat à durée déterminée ou de l'action de professionnalisation du contrat à durée indéterminée. Les actions d'évaluation et d'accompagnement, ainsi que les enseignements généraux, professionnels et technologiques, sont mis en œuvre par un organisme de formation ou, lorsqu'elle dispose d'un service de formation, par l'entreprise elle-même. Ils sont d'une durée minimale comprise entre 15 %, sans être inférieure à 150 heures, et 25 % de la durée totale du contrat ou de la période de professionnalisation. Un accord peut porter au-delà de 25 % la durée des actions pour certaines catégories de bénéficiaires, notamment pour les jeunes n'ayant pas achevé un second cycle de l'enseignement secondaire et qui ne sont pas titulaires d'un diplôme de l'enseignement technologique ou professionnel, ou pour ceux qui visent des formations diplômantes.

Un tuteur peut être désigné par l'employeur pour accueillir et guider dans l'entreprise les titulaires de ces contrats.

- **Le statut des bénéficiaires** (art. L. 981-5 et L. 981-7). Ils sont salariés de l'entreprise et bénéficient, à ce titre, de l'ensemble des dispositions législatives, réglementaires et conventionnelles applicables aux autres salariés dans la mesure où elles sont compatibles avec les exigences de leur formation. La durée du travail, incluant le temps passé en formation, ne peut excéder la durée hebdomadaire pratiquée dans l'entreprise, ni la durée quotidienne visée page 89.

Si elles sont présentes dans le contrat de professionnalisation, les clauses de dédit-formation sont nulles et de nul effet.

Sauf dispositions conventionnelles ou contractuelles plus favorables, les salariés âgés de moins de 26 ans perçoivent, pendant la durée du CDD ou de l'action de professionnalisation du CDI, une rémunération calculée en fonction du SMIC et dont le montant est fixé dans le tableau ci-dessous. Les salariés âgés d'au moins 26 ans perçoivent, pendant la durée du CDD ou de l'action de professionnalisation du CDI, une rémunération qui ne peut être inférieure au SMIC ni à 85 % de la rémunération conventionnelle minimale.

	Qualification inférieure au bac professionnel ou titre ou diplôme professionnel de même niveau (1)	Qualification égale ou supérieure au bac professionnel ou titre ou diplôme professionnel de même niveau (2)
De 16 à 20 ans révolus	55 % du SMIC	65 % du SMIC
De 21 à 25 ans révolus	70 % du SMIC	80 % du SMIC

(1) Tous les diplômes inférieurs au niveau IV ainsi que les baccalauréats généraux ne donnent pas lieu à l'augmentation de la rémunération de 10 points.
(2) Tous les diplômes supérieurs au niveau IV donnent lieu à l'augmentation de 10 points.

Les contrats d'insertion

La loi du 18 janvier 2005 de « programmation pour la cohésion sociale », plusieurs fois modifiée, a procédé à une refonte complète des dispositifs destinés à faciliter l'insertion ou la réinsertion professionnelles des publics en difficulté. L'intervention publique en faveur de l'emploi s'organise désormais autour de deux contrats nouveaux : contrat d'avenir et contrat d'accompagnement dans l'emploi (qui remplacent les anciens contrats emploi-solidarité et emploi-consolidé), et de deux contrats totalement « rénovés » : contrat initiative emploi (CIE) et contrat insertion-revenu minimum activité (CI-RMA).
Subsiste, à côté de ces contrats spécifiques (qui n'en sont pas moins de véritables contrats de travail), le contrat « jeune en entreprise » (voir p. 34), ouvert à de nouveaux bénéficiaires par la loi du 21 avril 2006.

➤ *Le contrat d'avenir*

Ce contrat est destiné à favoriser l'insertion ou la réinsertion professionnelle des bénéficiaires des minima sociaux. Il doit porter sur des emplois visant à répondre à des besoins collectifs non satisfaits.

• Les bénéficiaires (art. L. 322-4-10). Peuvent bénéficier d'un contrat d'avenir :

- les bénéficiaires du RMI (allocataires et ayants droit) ;
- les bénéficiaires de l'allocation de solidarité spécifique (ASS) ;
- les bénéficiaires de l'allocation de parent isolé (API) ;
- les bénéficiaires de l'allocation aux adultes handicapés (AAH).

Ce contrat peut également être conclu avec une personne bénéficiant d'un aménagement de peine ou qui a été détenue, prévenue ou condamnée.

sachez-le *La condition d'avoir bénéficié pendant 6 mois de l'une ou l'autre des prestations visées ci-dessus, pour pouvoir conclure un contrat d'avenir, a été supprimée par la loi du 31 mars 2006 « pour le retour à l'emploi ».*

• Quels sont les employeurs possibles (art. L. 322-4-11) ? Les contrats d'avenir peuvent être conclus par les employeurs du secteur dit « non marchand » : collectivités territoriales (communes, départements, régions) et leurs groupements ; établissements publics (administratifs ou industriels et commerciaux) ; personnes morales chargées de la gestion d'un service public ; associations et fondations ; sociétés mutualistes, comités d'entreprise... Sont également concernées les structures de l'insertion par l'activité économique : ateliers et chantiers d'insertion et, pour les seuls besoins internes de leurs structures (et non pour des mises à disposition), les associations intermédiaires et les entreprises de travail temporaire d'insertion.
La signature du contrat d'avenir est subordonnée à la conclusion d'une convention entre l'employeur, le bénéficiaire du contrat et le « prescripteur » du contrat (département, commune...).

• Les caractéristiques du contrat (art. L. 322-4-12). Le contrat d'avenir est un contrat de travail de droit privé à durée déterminée. Il est conclu pour une durée de 2 ans et peut être renouvelé dans la limite de 12 mois (soit 36 mois au total). Toutefois :
- lorsque des circonstances particulières tenant au secteur d'activité professionnelle ou au profil de poste le justifient, le contrat peut être conclu pour une durée comprise entre 6 et 24 mois ;
- le contrat peut être conclu pour une durée de 3 mois minimum avec les personnes bénéficiant d'un aménagement de peine ;
- pour les bénéficiaires âgés de plus de 50 ans et les personnes reconnues travailleurs handicapés, la limite de renouvellement peut être de 36 mois, ce qui porte à 5 ans la durée totale du contrat.

attention *Sauf clauses conventionnelles prévoyant une période d'essai d'une durée moindre, la période d'essai du contrat d'avenir est fixée à un mois.*

La durée hebdomadaire du travail dans le cadre d'un contrat d'avenir est fixée à 26 heures. Elle est comprise entre 20 et 26 heures lorsque l'embauche est réalisée dans le cadre d'un atelier et chantier d'insertion (ACI) conventionné, ou par une association ou une entreprise de services à la personne. Cette durée peut varier sur tout ou partie de la période couverte par le contrat, sans dépasser la durée légale du travail et à condition que, sur toute cette période, elle n'excède pas en moyenne 26 heures ou la durée inférieure éventuellement prévue si l'employeur est un ACI ou une entreprise ou association de services à la personne. Toutefois, même en cas de modulation de la durée du travail, la rémunération continuera d'être calculée sur la base de 26 heures hebdomadaires (ou sur la base de la durée inférieure si l'employeur est un ACI ou une association ou entreprise de services aux personnes).

● **Le statut du bénéficiaire.** Le titulaire d'un contrat d'avenir est un salarié à part entière ; il bénéficie des mêmes droits, légaux et conventionnels, que les autres salariés de l'organisme qui l'emploie. Sauf dispositions conventionnelles ou contractuelles plus favorables, il doit percevoir une rémunération égale au produit du SMIC horaire multiplié par le nombre d'heures de travail effectuées.

Le contrat d'avenir prévoit obligatoirement des actions de formation et d'accompagnement professionnel, qui peuvent être menées pendant le temps de travail et en dehors de celui-ci. Il ouvre droit à une attestation de compétences délivrée par l'employeur et il est pris en compte au titre de l'expérience requise pour la validation des acquis de l'expérience (VAE).

● **La rupture du contrat** (art. L. 122-3-8 et L. 322-4-12). Le contrat d'avenir ne peut être rompu avant l'échéance du terme, sauf accord entre les parties, qu'en cas de faute grave ou de force majeure.

Le contrat peut également être rompu avant son terme, à l'initiative du salarié (l'accord de l'employeur n'étant pas nécessaire), lorsque cette rupture a pour objet de lui permettre d'être embauché pour un contrat à durée déterminée d'au moins 6 mois ou à durée indéterminée, ou de suivre une formation conduisant à une qualification. En outre, à la demande du salarié, le contrat peut être suspendu afin de lui permettre d'effectuer une période d'essai afférente à une offre d'emploi visant une embauche, en contrat à durée indéterminée ou à durée déterminée au moins égale à 6

mois. En cas d'embauche à l'issue de cette période d'essai, le contrat est rompu sans préavis.
En dehors de ces situations, la partie qui rompt le contrat d'avenir avant son échéance normale s'expose à payer des dommages-intérêts dans les conditions prévues pour la rupture anticipée d'un contrat à durée déterminée (voir p. 63).

sachez-le *En cas de rupture du contrat pour un motif autre que ceux prévus ci-dessus ou lorsque le contrat n'est pas renouvelé et que son bénéficiaire n'exerce pas d'activité professionnelle rémunérée, le versement de l'allocation (API, RMI, ASS ou AAH) dont il bénéficiait avant la conclusion du contrat d'avenir est maintenu ou rétabli selon les conditions applicables à chacune de ces allocations (renseignements auprès de la CAF ou de l'ASSEDIC).*

Peut-on cumuler le salaire versé au titre du contrat d'avenir et l'allocation précédemment perçue ?

Oui, dans les limites suivantes : du montant de l'allocation précédemment perçue (RMI, API, ASS ou AAH), est déduite une somme égale au montant du RMI pour une personne isolée. Le surplus éventuel de l'allocation continue d'être versée au salarié, en plus de son salaire.

➤ *Le contrat d'accompagnement dans l'emploi*

Le contrat d'accompagnement dans l'emploi (CAE) doit porter sur des emplois visant à répondre à des besoins collectifs non satisfaits. Il doit faire l'objet d'une convention entre l'employeur et l'ANPE (agissant pour le compte de l'État).

• **Les bénéficiaires** (art. L. 322-4-7). Le CAE s'adresse aux personnes sans emploi rencontrant des difficultés sociales et professionnelles particulières d'accès à l'emploi. La nécessité d'orienter les personnes concernées vers ce type de contrat relève de l'appréciation de l'ANPE.

• **Quels sont les employeurs possibles ?** Ce sont les mêmes que ceux pouvant conclure un contrat d'avenir, à l'exception des structures relevant de l'insertion par l'activité économique (voir p. 26).

• **Les caractéristiques du contrat** (art. L. 322-4-7). Le CAE est un contrat à durée déterminée conclu pour une durée minimale de 6 mois, ou 3 mois pour les personnes bénéficiant d'un aménagement de peine. Sa durée maximale est de 24 mois, renouvellements compris, sous réserve du renouvellement préalable de la convention liant l'employeur et l'ANPE (agissant pour le compte de l'État).

La durée hebdomadaire du travail prévue au contrat ne peut être inférieure à 20 heures, sauf pour les personnes rencontrant des difficultés particulières justifiant un tel aménagement, sous réserve que cet aménagement soit prévu dans la convention.

• **Le statut du bénéficiaire.** Le titulaire d'un CAE est un salarié à part entière ; il bénéficie des mêmes droits, légaux et conventionnels, que les autres salariés de l'organisme qui l'emploie. Sauf dispositions conventionnelles ou contractuelles plus favorables, il doit percevoir une rémunération égale au produit du SMIC horaire multiplié par le nombre d'heures de travail effectuées.

Il peut, en outre, bénéficier d'actions de formation et de validation des acquis de l'expérience (VAE) dont les modalités sont fixées dans la convention liant l'employeur et l'ANPE et, en tout état de cause, accéder aux dispositifs de formation de droit commun (plan de formation, droit individuel à la formation...).

• **La rupture du contrat** (art. L. 122-3-8 et L. 322-4-7). Les dispositions sont les mêmes que celles applicables au contrat d'avenir (voir p. 27).

sachez-le *Dans le cadre des CAE, sauf dispositions conventionnelles ou contractuelles plus favorables, aucune indemnité de fin de contrat (ou de précarité) n'est due par l'employeur (art. L. 122-3-4). La règle est la même pour les CIE (voir ci-dessous), les contrats d'avenir (voir p. 26) et les CI-RMA (voir p. 32).*

➤ *Le contrat initiative emploi*

Le régime du contrat initiative emploi (CIE) présenté ici est celui applicable aux contrats conclus depuis le 1er mai 2005. Les CIE conclus avant cette date restent soumis jusqu'à leur terme aux règles en vigueur lors de leur conclusion.

• **Les bénéficiaires** (art. L. 322-4-8). Peuvent bénéficier du CIE les personnes sans emploi, inscrites ou non à l'ANPE, rencontrant des difficultés sociales et professionnelles d'accès à l'emploi. Cette définition volontairement large doit permettre, sur prescription du service public pour l'emploi (notamment l'ANPE), la mobilisation du CIE pour toute personne rencontrant des difficultés particulières d'accès à l'emploi.

● **Quels sont les employeurs possibles ?** Le CIE peut être conclu par tout employeur affilié à l'UNEDIC (art. L. 322-4-8) :

- établissements industriels et commerciaux ou agricoles ;
- groupements d'employeurs lorsqu'ils organisent des parcours d'insertion et de qualification ;
- offices publics ministériels, professions libérales, sociétés civiles, syndicats professionnels et associations ;
- établissements publics industriels et commerciaux, sociétés d'économie mixte...

Les entreprises de pêche maritime sont également concernées, mais pas les particuliers employeurs.
L'employeur doit être à jour du versement de ses cotisations et contributions sociales. Il doit, avant l'embauche, avoir conclu une convention de CIE avec l'ANPE agissant pour le compte de l'État.
Aucune convention de CIE et aucun CIE en découlant ne peuvent être conclus si l'établissement a procédé à un licenciement économique dans les 6 mois précédant la date d'effet du contrat ni lorsque l'embauche est la conséquence directe du licenciement d'un salarié en CDI.

● **Les caractéristiques du contrat** (art. L. 322-4-8). Le CIE est un contrat de travail de droit privé conclu pour une durée indéterminée ou pour une durée déterminée de 24 mois au plus. Dans tous les cas, il doit faire l'objet d'un écrit.
Il peut être à temps partiel ou à temps complet ; s'il est à temps partiel, la durée hebdomadaire de travail doit être d'au moins 20 heures, sauf lorsque les difficultés de la personne embauchée sont telles qu'elle ne peut assumer un tel horaire.

● **Le statut du bénéficiaire.** Le titulaire d'un CIE est un salarié à part entière ; il bénéficie des mêmes droits, légaux et conventionnels, que les autres salariés de l'entreprise. Son salaire ne peut être inférieur au montant déterminé par application de la convention collective, ou à défaut au SMIC (voir p. 77).

● **La rupture du contrat.** Pendant la période d'essai (si elle est prévue), le contrat peut être rompu, sans motif, par l'employeur ou le salarié. Une fois la période d'essai expirée, les règles applicables à la rupture du contrat diffèrent selon qu'il s'agit d'un CDD ou d'un CDI :

- si le contrat est à durée déterminée (CDD), les règles sont les mêmes que celles applicables aux contrats d'avenir (voir p. 28).
- si le contrat est à durée indéterminée (CDI), l'employeur doit respecter les règles applicables en cas de licenciement (voir p. 168 et suiv.) ; de son côté, le salarié peut démissionner (voir p. 166).

➤ *Le contrat insertion-revenu minimum d'activité*

Destiné à l'origine aux seuls bénéficiaires du RMI remplissant certaines conditions, le CI-RMA a été étendu à de nouvelles catégories de bénéficiaires par la loi du 18 janvier 2005 (puis celle du 26 juillet 2005), qui a par ailleurs profondément modifié le régime de ce contrat, afin d'en faire un véritable contrat de travail.

- **Les bénéficiaires** (art. L. 322-4-15). Les personnes éligibles au CI-RMA sont les mêmes que celles susceptibles de conclure un contrat d'avenir : bénéficiaires du RMI, de l'API, de l'ASS ou de l'AAH (voir p. 27). Comme pour le contrat d'avenir, la condition auparavant requise pour pouvoir conclure un tel contrat (avoir bénéficié pendant au moins 6 mois de l'une ou l'autre de ces allocations) a été supprimée par la loi du 23 mars 2006. Pour les bénéficiaires du RMI, le CI-RMA peut, en outre, tenir lieu de contrat d'insertion (voir p. 232).

- **Les employeurs possibles** (art. L. 322-4-15). Le CI-RMA est réservé aux mêmes catégories d'employeurs que le contrat initiative emploi (CIE, voir p. 30). Avant l'embauche, l'employeur doit signer une convention avec la collectivité débitrice de la prestation (RMI, API, ASS ou AAH) dont bénéficie le futur titulaire du CI-RMA, c'est-à-dire :
- le département, représenté par le président du conseil général, si le salarié bénéficie du RMI ;
- l'État, représenté par l'ANPE, si le salarié bénéficie de l'API, de l'ASS ou de l'AAH.

Cette convention précise notamment les objectifs poursuivis en matière d'orientation professionnelle, de suivi individualisé, d'accompagnement dans l'emploi, de formation professionnelle et de validation des acquis de l'expérience, ainsi que les actions projetées par l'employeur au titre de la mise en œuvre du parcours d'insertion. L'employeur doit désigner un tuteur qui aura pour mission d'accueillir, d'informer, d'aider et de guider le bénéficiaire du CI-RMA.

- **Les caractéristiques du contrat** (art. L. 322-4-15-4). Le CI-RMA doit obligatoirement être écrit. Il peut prendre la forme d'un contrat de travail à durée déterminée (CDD), d'un contrat de travail temporaire ou d'un contrat à durée indéterminée. Il peut être à temps partiel, la durée de travail hebdomadaire ne devant pas être inférieure à 20 heures.

Lorsqu'il n'est pas conclu pour une durée indéterminée, le CI-RMA est soumis aux règles spécifiques suivantes :

- il est conclu pour une période initiale minimale de 6 mois ;
- sous réserve du renouvellement de la convention entre l'employeur et la collectivité débitrice de la prestation (AAH, ASS, RMI ou API) dont bénéficie le titulaire du contrat, il peut être renouvelé deux fois sans pouvoir excéder une durée totale de 18 mois, renouvellements compris. La durée minimale du renouvellement est de 3 mois ;
- la durée de la période d'essai est de 1 mois, sauf clause conventionnelle prévoyant une durée moindre.

Le CI-RMA peut être à temps partiel (au minimum 20 heures par semaine) ou à temps plein.

S'il prend la forme d'un contrat de travail temporaire à temps partiel, la durée de travail hebdomadaire peut varier sur tout ou partie de la durée du contrat sous réserve que :

- la durée hebdomadaire de travail n'excède pas d'un tiers la durée mentionnée au contrat et n'atteigne pas la durée légale (35 heures hebdomadaires) ;
- la durée hebdomadaire de travail ne soit pas inférieure de plus d'un tiers à celle mentionnée au contrat ;
- la durée hebdomadaire de travail n'excède pas, en moyenne, la durée mentionnée au contrat sur la durée du contrat.

Dans cette situation :

- le salarié doit être informé, par écrit, du programme indicatif de la répartition de la durée du travail, une semaine au moins avant le début de la mission ;
- le contrat doit prévoir les modalités de décompte de la durée du travail, la durée minimale de celui-ci pendant les jours travaillés, et les conditions et délais dans lesquels les horaires de travail de la mission sont notifiés par écrit au salarié.

- **Le statut du bénéficiaire.** Le titulaire d'un CI-RMA est un salarié à part entière ; il bénéficie des mêmes droits, légaux et conventionnels, que les autres salariés de l'entreprise. Son salaire ne peut être inférieur au montant déterminé par application de la convention collective, ou à défaut au SMIC. Il continue en outre de percevoir l'allocation dont il bénéficiait avant la conclusion du contrat (RMI, ASS, AAH ou API selon les cas), diminuée du montant de l'aide versée à l'employeur (c'est-à-dire le montant du RMI pour une personne isolée). En outre, les titulaires de l'AAH embauchés dans le cadre d'un CI-RMA conservent, pendant la durée de la convention de CI-RMA, les droits particuliers (par exemple l'exonération de taxe d'habitation ou de redevance audiovisuelle) qui leur sont garantis en leur qualité de bénéficiaires de l'AAH.

• **La rupture du contrat** (art. L. 122-3-8 et L. 322-4-15-5). Lorsqu'il est conclu pour une durée indéterminée, les règles de rupture sont celles applicables à ce type de contrat : démission (voir p. 166) ou licenciement (voir p. 168). Lorsque le CI-RMA prend la forme d'un contrat à durée déterminée ou d'un contrat de travail temporaire, les règles particulières suivantes s'appliquent :

• le CI-RMA ne peut être rompu avant l'échéance du terme, sauf accord entre les parties, qu'en cas de faute grave ou de force majeure ;

• par dérogation à ce principe, il peut également être rompu avant son terme, à l'initiative du salarié (l'accord de l'employeur n'étant pas nécessaire), lorsque cette rupture a pour objet de lui permettre d'être embauché pour un contrat à durée déterminée d'au moins 6 mois ou à durée indéterminée, ou de suivre une formation conduisant à une qualification ;

• en dehors de ces situations, la partie qui rompt le CI-RMA avant son échéance normale s'expose à payer des dommages-intérêts dans les conditions prévues pour la rupture anticipée d'un contrat à durée déterminée ou d'un contrat de travail temporaire.

En outre, dans tous les cas, le CI-RMA peut être suspendu, à la demande du salarié, afin de lui permettre d'effectuer une période d'essai afférente à une offre d'emploi visant une embauche, en contrat à durée indéterminée ou à durée déterminée au moins égale à 6 mois. En cas d'embauche à l'issue de cette période d'essai, le contrat est rompu sans préavis.

sachez-le *En cas de rupture du contrat à durée déterminée ou du contrat de travail temporaire pour un motif autre que celui prévu ci-dessus (embauche en CDI, en CDD d'au moins 6 mois ou formation), ou lorsque ce contrat n'est pas renouvelé, ou en cas de rupture du contrat à durée indéterminée et que son bénéficiaire n'exerce pas d'activité professionnelle rémunérée, le versement de l'allocation dont il bénéficiait avant la conclusion du contrat (API, ASS, AAH ou RMI) est maintenu ou rétabli selon les conditions applicables à chacune de ces allocations (renseignements auprès de la CAF ou de l'ASSEDIC).*

➤ Le « contrat jeune en entreprise »

Le dispositif qui sert de base à ce contrat (baptisé « soutien à l'emploi des jeunes en entreprise ») est destiné à faciliter, par une aide de l'État, l'embauche de jeunes, peu ou pas qualifiés ou résidant dans certaines zones dites « sensibles », dans les entreprises du secteur privé. L'intérêt pour le jeune est qu'il sera titulaire d'un véritable contrat à durée indéterminée. Ce contrat peut être conclu par tous les employeurs du secteur privé (et ceux de la pêche maritime) dès lors qu'ils n'ont procédé à aucun licenciement économique dans les 6 mois précédant le recrutement et qu'ils sont à jour de leurs cotisations et contributions sociales.

● **Les bénéficiaires.** Sont susceptibles d'être embauchés dans le cadre d'un « contrat jeune en entreprise » :

- les jeunes de 16 à 25 révolus (jusqu'à leur 26e anniversaire) dont le niveau de formation est inférieur à celui d'un diplôme de fin de second cycle long de l'enseignement général, technologique ou professionnel ;
- les jeunes de 16 à 25 ans révolus (jusqu'à leur 26e anniversaire) qui résident dans une zone urbaine sensible ;
- les jeunes titulaires du contrat d'insertion dans la vie sociale (CIVIS). Le CIVIS n'est pas un contrat de travail : il s'agit d'un contrat conclu entre un jeune âgé de 16 à 25 ans révolus ayant des difficultés particulières pour accéder à l'emploi et l'État, représenté par la mission locale.

attention *Pour ouvrir droit à l'aide de l'État, le jeune ne doit pas avoir été employé dans l'entreprise dans les 12 mois précédant l'embauche, sauf s'il était titulaire d'un contrat de travail temporaire, d'un CDD, d'un contrat d'apprentissage ou d'insertion en alternance.*

● **Le statut du bénéficiaire.** Le « contrat jeune en entreprise » est obligatoirement conclu pour une durée indéterminée. Il peut être à temps plein ou à temps partiel (au moins la moitié de la durée collective de travail applicable dans l'entreprise, avec un minimum de 17 h 30 par semaine). Le bénéficiaire est considéré comme un salarié à part entière, avec tous les droits qui s'attachent à cette qualité, et doit percevoir un salaire au moins égal au SMIC ou au minimum conventionnel s'il est plus favorable ; toutefois, si le salarié est âgé de moins de 18 ans, les abattements visés à la page 78 peuvent lui être appliqués.

sachez-le *Le « contrat jeune » peut être rompu sans préavis par son titulaire pour lui permettre de conclure un contrat d'apprentissage, un contrat de professionnalisation, ou pour suivre une action de formation professionnelle continue.*

4 Accès à l'emploi des handicapés

De nombreuses mesures existent en faveur des travailleurs handicapés, les unes destinées à faciliter leur insertion professionnelle, les autres visant à leur assurer le bénéfice d'allocations spécifiques (voir p. 225 et suivantes). L'ensemble de ce dispositif a été largement modifié par la loi du 11 février 2005 « pour l'égalité des droits et des chances, la participation et la citoyenneté des personnes handicapées », dont certaines dispositions ne s'appliquent que depuis le 1er janvier 2006.

➤ *Qu'est-ce qu'un travailleur handicapé ?*

Est considéré comme travailleur handicapé toute personne dont les possibilités d'obtenir ou de conserver un emploi sont effectivement réduites par suite de l'altération d'une ou plusieurs fonctions physiques, sensorielles, mentales ou psychiques (art. L. 323-10). Cette qualité est reconnue par la Commission des droits et de l'autonomie des personnes handicapées (CDAPH), créée par la loi du 11 février 2005 en remplacement des anciennes COTOREP.

➤ *Quel est le rôle de la CDAPH ?*

Pour obtenir la qualité de travailleur handicapé, il faut présenter une demande au secrétariat de la Commission des droits et de l'autonomie des personnes handicapées du département où vous résidez. C'est cet organisme qui vous reconnaîtra comme travailleur handicapé (art. L. 241-6 du Code de l'action sociale et des familles). La CDAPH se prononcera aussi sur votre orientation et sur les mesures propres à assurer votre insertion professionnelle et sociale. Elle est également compétente pour :

- attribuer certaines allocations ou prestations : prestation de compensation créée par la loi du 11 février 2005, allocation aux

adultes handicapés et compléments qui peuvent lui être associés (complément de ressources, majoration pour la vie autonome) ;
- délivrer la carte d'invalidité et la carte portant la mention « Priorité pour personne handicapée ».

L'emploi des handicapés

En fonction de ses capacités, le travailleur handicapé est orienté :
- soit vers le marché du travail. En fonction de la gravité de son handicap, la CDAPH l'orientera :
  - vers une entreprise « ordinaire » du secteur privé ou public, où il aura le statut de salarié sans restriction, la possibilité d'appliquer un abattement sur le salaire du travailleur handicapé lorsque son « rendement » professionnel est notoirement diminué étant supprimée depuis le 01/01/2006 ;
  - vers une « entreprise adaptée » (ex. « atelier protégé ») ou un centre de distribution de travail à domicile (CDTD), où il bénéficie d'un salaire qui, depuis le 01/01/2006, ne peut être inférieur au SMIC.
- soit vers le milieu protégé, c'est-à-dire vers un établissement et service d'aide par le travail (ESAT) (ex-CAT), dans lequel il bénéficie d'une « rémunération garantie » dont le montant est compris entre 55 % et 110 % du SMIC. Les ESAT ne sont pas des entreprises, mais des établissements sanitaires et sociaux.

La personne handicapée est liée à l'ESAT par un « contrat de soutien et d'aide par le travail » ; elle n'a pas le statut de salarié. Ce contrat détermine le droit à congés et les possibilités d'exercer des activités hors de l'ESAT, selon les modalités fixées par les articles R. 243-11 à R. 243-13 du Code de l'action sociale et des familles.

Les personnes handicapées accueillies en ESAT bénéficient du droit au congé de présence parentale (voir p. 137). L'ESAT doit, par ailleurs, offrir à la personne handicapée des actions destinées à l'entretien de ses connaissances, au maintien de ses acquis scolaires, des actions de formation professionnelle, des actions d'accès à l'autonomie et d'implication dans la vie sociale.

sachez-le *Pour plus de renseignements sur les droits des travailleurs handicapés, vous pouvez vous adresser à votre syndicat ou à l'union départementale CFDT de votre domicile. Coordonnées sur le site Internet www.cfdt.fr*

L'obligation d'emploi des personnes handicapées

Toute entreprise d'au moins 20 salariés doit employer dans son effectif, à temps complet ou partiel, 6 % de travailleurs handicapés et assimilés (art. L. 323-1). Sont concernés :

1° les travailleurs reconnus handicapés par la CDAPH (ex-COTOREP) ;
2° les victimes d'accidents du travail ou de maladies professionnelles dont l'incapacité permanente est d'au moins 10 % ;
3° les titulaires d'une pension d'invalidité dont la capacité ou le gain sont réduits au moins des deux tiers ;
4° sous certaines conditions, les titulaires d'une pension militaire d'invalidité, les veuves de guerre, les orphelins de guerre âgés de moins de 21 ans, les femmes d'invalides internés pour aliénation mentale imputable à un service de guerre ;
5° les titulaires d'une allocation ou d'une rente d'invalidité de sapeurs-pompiers volontaires, en cas d'accident survenu ou de maladie contractée en service ;
6° les titulaires de la carte d'invalidité ;
7° les titulaires de l'allocation aux adultes handicapés.

Pour s'acquitter de cette obligation, les entreprises peuvent procéder à des embauches directes de travailleurs handicapés, accueillir des personnes handicapées dans le cadre d'un stage de formation professionnelle, sous-traiter certains travaux à des entreprises adaptées, des ESAT ou des CDTD, appliquer un accord collectif prévoyant la mise en œuvre d'un programme d'action en faveur des personnes handicapées, ou verser une contribution annuelle à l'AGEFIPH (art. L. 323-8 et suivants).

sachez-le *Les employeurs doivent prendre, en fonction des besoins dans une situation concrète, les mesures appropriées pour permettre aux travailleurs mentionnés aux 1°, 2°, 3°, 5°, 6° et 7° ci-dessus d'accéder à un emploi ou de conserver un emploi correspondant à leur qualification, de l'exercer ou d'y progresser, ou pour qu'une formation adaptée à leurs besoins leur soit dispensée, sous réserve que les charges consécutives à la mise en œuvre de ces mesures ne soient pas disproportionnées, compte tenu des aides (aménagement de poste, accès aux lieux de travail...) qui peuvent compenser tout ou partie les dépenses supportées à ce titre par l'employeur. Le refus de prendre ces mesures appropriées peut être constitutif d'une discrimination, et sanctionnable comme telle.*

➤ Les aides de l'AGEFIPH

L'AGEFIPH accorde différentes aides financières aux entreprises et aux travailleurs handicapés pour faciliter leur insertion professionnelle : prise en charge partielle du coût de l'aménagement des postes de travail, de la formation adaptée éventuellement nécessaire, subvention d'installation, aide à l'exercice d'une activité non salariée... Sur ce point, on peut s'adresser à la délégation régionale de l'AGEFIPH de son domicile (www.agefiph.asso.fr).

Partie II

Le contrat de travail

1 Le contrat de travail

Le contrat de travail est le contrat qui lie un salarié à un employeur, le premier percevant du second une rémunération en échange du travail qu'il fournit.

L'existence d'un tel contrat crée des droits et des obligations réciproques pour chacune des parties et oblige au respect d'un certain nombre de règles, fixées par le contrat lui-même, mais aussi par le Code du travail, les conventions collectives, les accords d'entreprise, ou certains usages.

Définitions

Vous êtes salarié s'il existe un contrat de travail entre vous et celui qui vous emploie, c'est-à-dire votre employeur. Un certain nombre de garanties s'attachent à la reconnaissance de la qualité de salarié.

➤ *Quand y a-t-il contrat de travail ?*

Il n'y a pas de définition légale du contrat de travail. Pour les juges, celui-ci résulte des conditions de fait dans lesquelles s'exécute le travail : il y a contrat de travail dès lors qu'une personne travaille pour le compte et sous la direction d'une autre moyennant une rémunération. Il en ressort trois éléments caractéristiques : la prestation de travail du salarié, la rémunération due en échange par l'employeur et la situation de dépendance ou le lien de subordination du salarié vis-à-vis de son employeur. Ce dernier élément est déterminant. En raison de la grande variété des situations, l'existence ou non du lien de subordination s'apprécie dans chaque cas d'espèce. Pour cela, les tribunaux utilisent une série d'indices dont aucun n'est décisif à lui seul, mais dont l'ensemble permet au juge d'apprécier s'il y a ou non subordination juridique, et par conséquent contrat de travail. Parmi les indices principaux, on peut relever :

- le comportement de celui qui bénéficie de la prestation de travail (remise de bulletins de paie...) ;
- l'exercice habituel du travail dans le cadre de l'entreprise ou d'un local précis ;
- le respect d'un horaire de travail déterminé ;
- le travail exclusif au service d'une seule personne ;
- le versement régulier de salaires ;
- la direction et le contrôle effectif du travail...

Ainsi, dès lors que les conditions sont réunies, toute relation de travail, quelle que soit la qualification qui en est donnée par les parties (sous-traitance, stage...), peut être requalifiée en contrat de travail par le conseil de prud'hommes.
L'existence d'un écrit n'est obligatoire que pour certains contrats particuliers (voir p. 46). L'absence d'écrit n'est donc pas un obstacle à la reconnaissance du statut de salarié, si par ailleurs sont réunies les conditions du salariat.

Intérêt de la qualité de salarié

Celle-ci est fondamentale, car le contrat de travail fait l'objet de règles particulières qui organisent la protection du salarié en raison de sa situation de dépendance vis-à-vis de l'employeur et lui reconnaissent un certain nombre de droits dans l'entreprise. Il suffit de citer : l'obligation de verser une rémunération au moins égale au SMIC, la réglementation protégeant la santé des travailleurs, le droit aux congés payés, les dispositions limitant la durée du travail, les garanties en cas de sanction disciplinaire ou de licenciement, le droit des salariés à être informés, à s'exprimer et à négocier dans l'entreprise... La qualité de salarié vous donne aussi droit à une protection sociale en cas de chômage (voir p. 238), de maladie (voir p. 196), d'accident du travail (voir p. 206), etc. Toutes ces raisons font que doit être rejetée toute tentation de travailler « au noir », sans être déclaré. Le droit du travail, même imparfait, est là pour protéger les salariés et il serait dommage de se priver de cette protection.

Les différentes formes de contrat de travail

- **Le contrat à durée indéterminée.** C'est la forme normale de contrat. Par définition, il ne prévoit pas la date à laquelle il prend fin. Il peut être rompu à tout moment par le salarié (démission, voir p. 166) ou par l'employeur (licenciement, voir p. 168), sachant que, durant les deux premières années qui suivent sa conclusion, des règles particulières de rupture s'appliquent au contrat « nouvelles embauches » (CNE, voir précisions ci-dessous).

• Le contrat à durée déterminée et l'intérim. Il s'agit de contrats limités dans le temps, qui cessent automatiquement à la date prévue à l'embauche mais ne peuvent en principe être rompus avant. Ils obéissent à des règles particulières (voir p. 57 et suivantes).

• L'insertion des jeunes et la réinsertion des demandeurs d'emploi. Pour ces deux catégories, il existe des contrats de travail particuliers (voir p. 20 et suivantes).

• Le travail à temps partiel. Si le travail à plein temps est la situation courante, il est également possible de travailler à temps partiel et ce quelle que soit la forme du contrat : indéterminée, déterminée, intérim... (voir p. 97 et suivantes).

• L'existence d'un écrit. La rédaction d'un écrit n'est pas une condition de reconnaissance de la qualité de salarié (voir ci-dessus). Il est cependant évident que l'existence d'un contrat écrit offre des garanties dans la mesure où il permet de préciser l'étendue de votre engagement et de limiter ainsi les risques de conflit avec l'employeur.
Sauf cas particuliers, la loi n'impose pas la rédaction d'un contrat de travail. Elle impose uniquement à l'employeur de remettre à l'embauche un document dans lequel doivent figurer notamment son nom ou sa dénomination sociale, le code APE ou NAF (voir p. 48), ainsi que la date et l'heure de l'embauche (art. R. 320-5). Elle impose également la délivrance d'un bulletin de paie sur lequel figurent des éléments importants (voir p. 81).
Doivent seuls faire l'objet d'un contrat écrit avec des mentions particulières : le contrat « nouvelles embauches », conclu pour un temps plein comme pour un temps partiel, le travail à temps partiel (voir p. 97), à durée déterminée (à temps plein ou partiel), une mission d'intérim (voir p. 57), ou les formes spéciales d'emploi de jeunes et de demandeurs d'emploi (voir p. 20).

sachez-le *Tout contrat de travail non écrit est considéré comme un contrat à durée indéterminée à temps plein.*

➤ *Le cas particulier du contrat « nouvelles embauches »*

Le contrat « nouvelles embauches » (CNE) a été créé par une ordonnance du 2 août 2005. Il s'agit d'un contrat à durée indéterminée, dont la rupture obéit à des règles particulières pendant les deux premières années qui suivent sa conclusion.

• Les employeurs visés. La possibilité de conclure un CNE est ouverte, pour toute nouvelle embauche (la transformation d'un CDI « classique » en CNE est impossible), aux employeurs du secteur privé (entreprises, associations...) qui emploient 20 salariés au plus.

sachez-le *Si le CNE est rompu à l'iniative de l'employeur au cours des deux premières années, un nouveau CNE ne peut être conclu entre le même employeur et le même salarié avant l'expiration d'un délai de 3 mois à compter du jour de la rupture du précédent contrat.*

Le CNE doit obligatoirement être écrit, et stipuler qu'il est conclu dans le cadre de l'ordonnance du 2 août 2005. S'il est à temps partiel, il doit en outre comporter les mentions obligatoires prévues pour ce type de contrat (voir p. 97).

● **Le statut du salarié.** Le salarié recruté en CNE est un salarié à part entière ; sous réserve de ce qui est dit ci-dessous, il bénéficie donc de l'ensemble des dispositions légales et conventionnelles applicables dans son entreprise : salaire, congés payés, durée du travail, heures supplémentaires... Il bénéficie par ailleurs du droit à congé de formation et du droit individuel à la formation (DIF) selon les modalités spécifiques prévues par le Code du travail pour les salariés ayant été titulaires de contrats à durée déterminée.

● **La rupture du CNE pendant les deux premières années.** Pendant les deux premières années qui suivent sa conclusion, le CNE peut être rompu à l'initiative de l'employeur ou du salarié, dans les conditions particulières exposées ci-dessous (rien n'interdit toutefois à l'employeur et au salarié de réduire la durée de cette période dite de « consolidation de l'emploi ») :
- la rupture, qu'elle émane du salarié ou de l'employeur, doit être notifiée par lettre recommandée avec demande d'AR ;
- lorsque l'employeur est à l'initiative de la rupture et sauf faute grave ou force majeure, la présentation de la lettre recommandée fait courir, dès lors que le salarié est présent depuis au moins 1 mois dans l'entreprise, un préavis fixé à 2 semaines au moins si le CNE a été conclu depuis moins de 6 mois à la date de la présentation de la lettre recommandée, et à 1 mois au moins si le CNE a été conclu depuis au moins 6 mois ;
- toute contestation portant sur la rupture se prescrit par 12 mois à compter de l'envoi de la lettre recommandée notifiant cette rupture. Ce délai n'est opposable au salarié que s'il en a été fait mention dans cette lettre.

sachez-le *Si le salarié en CNE est un salarié « protégé » (délégué syndical, membre du comité d'entreprise...), la rupture de son contrat par l'employeur, même si elle intervient pendant la période de « consolidation de l'emploi », est soumise aux règles particulières prévues par le Code du travail.*

● **La rupture du CNE au terme des deux premières années.** Toute rupture du CNE au terme de la période de consolidation de l'emploi est soumise aux règles fixées par le Code du travail (et la convention collective éventuellement applicable) pour la rupture d'un CDI « classique » : exigence d'un motif réel et sérieux, convocation à un entretien préalable... Le salarié qui démissionne devra également respecter les règles applicables (voir p. 166).

● **Les limites à la liberté de rupture par l'employeur pendant les deux premières années.** Ces limites sont de plusieurs ordres :
- la rupture d'un CNE ne peut être fondée sur un motif discriminatoire prohibé par la loi (le sexe, la religion, l'origine ethnique, l'état de santé... voir p. 17). La nullité d'une rupture ayant pour origine un tel motif pourra être demandée devant le conseil des prud'hommes ;
- si elle est fondée sur un motif disciplinaire, la procédure visée aux pages 119 et suivantes doit s'appliquer ;
- les règles particulières des articles L.122-25 et suivants du Code du travail qui protègent les salariées en état de grossesse (voir p. 145) ou les salariés victimes d'un accident du travail ou d'une maladie professionnelle (voir p. 151) s'appliquent, pendant comme après la période de consolidation ;
- sur un plan plus général, la rupture d'un CNE pendant la période de consolidation pourra être considérée comme abusive par le conseil des prud'hommes, dans le cas, par exemple, ou elle révélerait une intention de nuire de la part de l'employeur.

sachez-le *La question de la légalité même du CNE, en ce qu'il permet notamment une rupture par l'employeur au cours des deux premières années sans avoir à justifier d'une cause réelle et sérieuse, est actuellement posée devant les tribunaux. Pour le moment, la Cour de cassation ne s'est pas prononcée sur le sujet.*

● **Les garanties spécifiques du salarié.** Compte tenu des modalités particulières de rupture du CNE au cours des deux premières années, les titulaires de ce contrat bénéficient, en cas de rupture de leur contrat à l'initiative de l'employeur :
- sauf faute grave, d'une indemnité spécifique de rupture, égale à 8 % du montant total de la rémunération brute due depuis la conclusion de leur contrat. Cette indemnité n'est soumise ni à l'impôt ni aux cotisations sociales. S'y ajoute l'indemnité compensatrice de congés payés éventuellement due ;
- d'un accompagnement renforcé mis en œuvre par le service public de l'emploi (ANPE, AFPA...) et destiné à faciliter leur retour à l'emploi. En outre, un accord conclu par les partenaires sociaux et agréé par les pouvoirs publics pourra définir les conditions et les modalités selon lesquelles les salariés embauchés en CNE pourront bénéficier de la convention de reclasse-

ment personnalisé (CRP). À défaut d'accord ou d'agrément de cet accord, ces conditions et modalités seront fixées par décret ;
- d'un revenu de remplacement. Le salarié recruté dans le cadre d'un CNE a droit, lorsqu'il est involontairement privé d'emploi, aux allocations versées par le régime d'assurance chômage. Toutefois, s'il ne justifie pas de la condition d'activité préalable pour avoir droit à ces allocations (voir p. 239), ou s'il ne peut bénéficier d'un reliquat de droits, et qu'il remplit par ailleurs les autres conditions requises (perte involontaire d'emploi... , voir p. 237), il pourra bénéficier d'une allocation forfaitaire à condition de justifier d'une période d'activité continue de 4 mois en CNE. Versée par l'ASSEDIC pour une durée maximale de 31 jours, cette allocation est d'un montant journalier de 16,40 € ; aucun délai d'attente ni différé d'indemnisation ne s'appliquent.

sachez-le *Sont considérés comme involontairement privés d'emploi les salariés dont la cessation du CNE résulte d'une rupture du contrat à l'initiative de l'employeur ou d'une démission reconnue comme « légitime » par l'ASSEDIC.*

➤ *Chèque service et autres dispositifs de simplification*

● **Les particuliers** qui emploient, à leur domicile, des salariés pour la réalisation de tâches entrant dans le cadre des « services à la personne » (tâches ménagères, garde d'enfants...) peuvent, avec l'accord du salarié, avoir recours au chèque emploi service universel (CESU) pour rémunérer la prestation de travail. L'employeur est alors dispensé de la délivrance d'un bulletin de paie. La rédaction d'un contrat de travail écrit n'est alors obligatoire que si la durée du travail excède 4 semaines consécutives dans l'année, ou 8 heures par semaine. Le CESU (qui remplace l'ancien chèque emploi service) constitue pour l'employeur un mode simplifié de paiement du salaire et des cotisations et contributions sociales obligatoires qui y sont liées. Il ne le dispense en aucune manière du respect des dispositions du Code du travail et de celles de la convention collective nationale applicable au salarié (selon le cas, CCN des « salariés du particulier employeur » ou CCN des « assistants maternels du particulier employeur » - leur texte intégral peut être consulté sur le site Internet www.legifrance.gouv.fr).

sachez-le *Sur les possibilités d'utilisation du CESU (CESU « bancaire » ou « titre CESU »), on se reportera aux précisions figurant dans le dossier spécial consacré aux « Services à la personne » figurant en page 292 et suivantes du présent guide.*

• Les associations et les petites entreprises peuvent également, pour s'acquitter de leurs obligations découlant de leur qualité d'employeur, avoir recours à des dispositifs de simplification des formalités liées à l'embauche et à l'emploi d'un salarié. Ainsi :

• les associations qui n'emploient pas plus de 3 salariés équivalents temps plein (cette condition ne s'applique pas aux associations de financement électoral) peuvent avoir recours, avec l'accord des salariés concernés, au chèque emploi associatif (CEA). Celui-ci permet d'effectuer les diverses formalités liées à l'embauche (déclaration préalable, rédaction d'un contrat de travail écrit pour les salariés à temps partiel ou recrutés pour une durée déterminée...), de payer le salaire et les cotisations sociales correspondantes (toutes ces formalités peuvent être effectuées par Internet, sur le site www.cea.urssaf.fr) ;

sachez-le *La loi du 19 mai 2003, qui a créé le chèque emploi associatif, a également prévu la création d'un « chèque emploi jeune été » visant à faciliter les emplois saisonniers des étudiants. Les conditions de mise en œuvre de ce chèque doivent être fixées par un décret non encore publié.*

• le titre emploi entreprise (TEE) peut être utilisé par les entreprises qui, quel que soit leur effectif, emploient ou souhaitent employer des salariés occasionnels. L'activité de ces salariés ne doit alors pas excéder 700 heures par année civile au sein de la même entreprise. Pour les salariés non rémunérés en fonction d'un nombre d'heures (travailleurs à domicile, cadre au forfait jours ...), leur activité ne doit pas excéder 100 jours, consécutifs ou non, par année civile au sein de la même entreprise. Le TEE, à la différence du CESU ou du CEA, ne permet pas de rémunérer les salariés concernés (les règles applicables sont donc celles visées p. 75), mais son utilisation dispense l'employeur de l'obligation d'accomplir un certain nombre de formalités (déclaration préalable à l'embauche, établissement d'un contrat écrit lorsque cela est obligatoire...). Plus de précisions sur le site www.letee.fr ;

attention *Lorsque l'employeur recourt au CEA ou au TEE, le salarié reçoit, de l'organisme qui gère ces dispositifs (l'URSSAF), une attestation mensuelle d'emploi qui se substitue à la remise du bulletin de paie.*

• le chèque emploi « très petites entreprises » (TPE) peut être utilisé par les entreprises qui n'emploient pas plus de 5 salariés (hors secteur agricole qui dispose déjà d'un titre de paiement simplifié). Le recours à ce dispositif permet aux employeurs de s'acquitter simplement des principales obligations administratives liées au recrutement et à l'emploi d'un salarié : déclaration unique d'embauche, signature d'un contrat de travail, rédaction du bulletin de paie (celui-ci sera établi par le Centre national « chèque emploi TPE », puis adressé à l'employeur qui le remet au salarié), affiliation du salarié concerné au régime d'assurance chômage...

Quelles sont les règles applicables ?

Les droits et obligations des salariés sont définis principalement par le Code du travail, les conventions et accords collectifs, le règlement intérieur de l'entreprise et par les usages nés de la pratique. Notez que des dispositions spécifiques peuvent s'appliquer en Alsace-Moselle.

➤ *Le Code du travail*

Il comporte quatre parties : les lois votées par le Parlement, les décrets élaborés par le gouvernement, qui peuvent être pris en Conseil d'État ou non (on parle alors de décrets « simples »), et les textes non codifiés. Les trois premières parties sont divisées de façon uniforme en livres, puis en titres et chapitres. Les articles du Code du travail font l'objet d'une numérotation correspondant à cette division. Exemple : L. 124-1... R. 124-1... D. 124-1... La lettre précise s'il s'agit d'une loi (L), d'un décret en Conseil d'État (R) ou d'un décret simple (D). Le premier chiffre indique le livre du Code, le deuxième le titre, et le troisième le chapitre. Ainsi, les articles cités ci-dessus appartiennent au livre premier « conventions relatives au travail », titre deuxième « contrat de travail », chapitre 4 « travail temporaire ».

➤ *Les conventions et accords collectifs*

Les salariés ont un droit à la négociation collective de l'ensemble de leurs conditions d'emploi, de formation professionnelle et de travail, ainsi que de leurs garanties sociales (art. L. 131-1). Les conventions et accords collectifs sont le résultat concret de ce droit à la négociation collective exercé en pratique par les organisations syndicales de salariés représentatives. Les conventions et accords collectifs fixent leur champ d'application professionnel, c'est-à-dire les secteurs d'activité concernés, et peuvent être conclus au niveau national, régional ou local. Exemples :

- accord national interprofessionnel du 20/09/2003 relatif à l'accès des salariés à la formation tout au long de la vie professionnelle ;
- convention collective nationale des ouvriers du bâtiment ;
- convention collective des industries métallurgiques, mécaniques et connexes de la région parisienne.

Des conventions et accords collectifs peuvent également être conclus dans le cadre de l'entreprise.

sachez-le *Une convention ou un accord collectif peuvent également être conclus, au niveau d'un groupe d'entreprises, dans les conditions fixées par l'article L. 132-19-1 du Code du travail.*

● **La convention collective de branche.** C'est le type de convention le plus développé. Elle réglemente les conditions de travail et d'emploi dans une branche d'activité déterminée (ex. : métallurgie). Il existe trois sortes de conventions :

● la convention non étendue, qui ne s'impose qu'aux employeurs membres des syndicats patronaux signataires de la convention ;

● la convention étendue, qui s'impose au contraire à tous les employeurs de la branche professionnelle et de la zone géographique concernées, à compter de la publication au *Journal officiel* de l'arrêté d'extension du ministre du Travail ;

● la convention élargie, rendue obligatoire dans une branche ou une zone géographique en cas de vide conventionnel persistant dû soit à l'absence d'organisations syndicales ou patronales, soit à l'impossibilité pour elles de conclure une convention.

La convention collective applicable à votre entreprise doit obligatoirement figurer sur votre bulletin de paie (art. R. 143-2). Mais il peut arriver que cette indication manque ou soit douteuse. Si tel est le cas, il faut :

1 - Repérer le code « activité principale exercée » (APE). Ce code (voir tableau p. 49) est attribué par l'INSEE à chaque entreprise en fonction de son activité principale. Ce repérage est indispensable, car le champ d'application professionnel des conventions est souvent déterminé par référence au code APE. Il comporte trois chiffres et une lettre (ex : 275 D pièces de fonderie) et doit obligatoirement figurer sur votre bulletin de paie (art. R. 143-2). On peut se procurer la nomenclature d'activités française au *Journal officiel* (Tél. : 01 40 58 75 00), ou la consulter sur le site Internet : www.insee.fr.

2 - Déterminer l'activité principale réellement exercée par votre entreprise. Si l'activité réelle ne correspond pas au code APE, c'est celle-ci qui détermine l'application de la convention (voir note du tableau p. 49).

3 - Rechercher si l'activité principale est couverte par une convention collective. Pour cela, il faut examiner le champ d'application professionnel de la (ou des) convention(s) dont la dénomination correspond à l'activité de l'entreprise. Si l'entreprise est constituée de plusieurs établissements autonomes ayant chacun une activité distincte, la convention applicable à chaque établissement peut être différente.

Code APE : extraits de la nomenclature des activités françaises

Groupes	Intitulés	Groupes	Intitulés
01.1 à 01.5	Agriculture, chasse...	40.1 à 40.3	Prod. distrib. élect., gaz, chaleur
02.0	Sylviculture, expl. forest.	41.0	Captage, trait., distr. d'eau
05.0	Pêche, aquaculture	45.1 à 45.5	Construction
10.1 à 10.3	Extr. houille, lignite, tourbe	50.1 à 50.5	Comm. et répar. auto
11.1 à 11.2	Extr. d'hydrocarbures...	51.1 à 51.7	Comm. gros et intermédiaires
12.0	Extr. minerais d'uranium	52.1 à 52.7	Comm. détail, réparation d'articles dom.
14.1 à 14.5	Autres. ind. extractives	55.1 à 55.5	Hôtels et restaurants
15.1 à 15.9	Ind. alimentaires	60.1 à 60.3	Transports terrestres
16.0	Ind. du tabac	61.1 à 61.2	Transports par eau
17.1 à 17.7	Ind. textile	62.1 à 62.3	Transports aériens
18.1 à 18.3	Ind. habillement et fourr.	63.1 à 63.4	Services aux. des transp.
19.1 à 19.3	Ind. cuir et chaussure	64.1 à 64.2	Postes et télécom.
20.1 à 20.5	Travail du bois	65.1 à 65.2	Intermédiation financière
21.1 à 21.2	Ind. du papier et du carton	66.0	Assurance
22.1 à 22.3	Éd., imprimerie, reprod.	67.1 à 67.2	Aux. financiers et d'assur.
23.1 à 23.3	Cokéfacto, raffin. ind. nucl.	70.1 à 70.3	Activités immobilières
24.1 à 24.7	Ind. chimique	71.1 à 71.4	Location sans opérateur
25.1 à 25.2	Ind. caoutchouc, plast.	72.1 à 72.6	Activités informatiques
26.1 à 26.8	Fab. autres prod. minér. non métal.	73.1 à 73.2	Recherche et dévelop.
27.1 à 27.5	Métallurgie	74.1 à 74.8	Services aux entreprises
28.1 à 28.7	Travail des métaux	75.1 à 75.3	Administration publique
29.1 à 29.7	Fab. de machines et équip.	80.1 à 80.4	Éducation
30.0	Fab. mach. bur. & inform.	85.1 à 85.3	Santé et action sociale
31.1 à 31.6	Fab. appareils électriques	90.0	Assainissement, voirie, déchets
32.1 à 32.3	Fab. d'équip. de radio, TV comm.	91.1 à 91.3	Activités associatives
33.1 à 33.5	Fab. d'instr. médicaux, horlogerie	92.1 à 92.7	Act. récré. culturelles et sport.
34.1 à 34.3	Ind. automobile	93.0	Services personnels
35.1 à 35.5	Fab. autres mat. de transp.	95.0	Services domestiques
36.1 à 36.6	Fab. de meubles, ind. div.	99.0	Activ. extra-territoriales
37.1 à 37.2	Récupération		

Les chiffres sont suivis d'une lettre (sans rapport avec l'activité de l'entreprise).

Activité principale : on détermine l'activité principale comme étant celle utilisant le plus de salariés (entreprise industrielle) ou générant le plus de chiffre d'affaires (entreprise commerciale). Une entreprise mixte sera considérée comme industrielle si le chiffre d'affaires industriel atteint au moins 25 % du CA total.

Il faut également vérifier si la convention est étendue. Si ce n'est pas le cas, vous devrez rechercher si votre employeur est membre de l'organisation patronale signataire. Renseignez-vous auprès de votre syndicat ou de l'inspection du travail.

● **La convention collective d'entreprise.** Le droit des salariés à la négociation s'exerce également dans l'entreprise (art. L. 132-18). De plus, dans les entreprises où sont constituées une ou plusieurs sections syndicales représentatives, l'employeur a l'obligation d'engager chaque année (ou, sous certaines conditions, tous les 3 ans) une négociation sur les salaires réels, la durée effective et l'organisation du temps de travail (notamment la mise en place du travail à temps partiel à la demande des salariés), les mesures relatives à l'insertion professionnelle et au maintien dans l'emploi des travailleurs handicapés, les objectifs en matière d'égalité professionnelle entre femmes et hommes et les moyens de les atteindre et, sous certaines conditions, sur la formation, la réduction du temps de travail, la mise en place d'un régime de prévoyance maladie et d'épargne salariale. Dans les entreprises d'au moins 300 salariés, le champ de cette négociation obligatoire est étendu, tous les 3 ans, aux questions de l'accès et du maintien dans l'emploi des salariés âgés et de leur accès à la formation professionnelle (art. L. 132-27).

● **L'information des salariés.** Les conditions d'information des salariés (et des représentants du personnel) sur le droit conventionnel qui leur est applicable sont définies par accord collectif. En l'absence d'un tel accord, les règles applicables sont les suivantes :

● au moment de l'embauche, le salarié doit recevoir de l'employeur une notice d'information relative aux textes conventionnels applicables dans l'entreprise ou l'établissement ;

● dans les entreprises dotées d'un intranet, l'employeur doit mettre sur celui-ci, à disposition des salariés, un exemplaire à jour de la convention ou de l'accord collectif de travail par lequel il est lié.

En outre, l'employeur doit afficher sur les lieux de travail un avis précisant les conventions et accords collectifs applicables dans l'entreprise, le lieu où ils sont tenus à la disposition des salariés, ainsi que les modalités permettant de les consulter, dans une version à jour, pendant les heures et sur les lieux de travail (art. R. 135-1). Par ailleurs, l'indication sur le bulletin de paie de la convention collective applicable dans l'entreprise est obligatoire (art. R. 143-2) (voir p. 81).

● **Où trouver les conventions et accords collectifs ?** Vous pouvez vous procurer ces documents auprès de votre délégué ou de votre syndicat (voir liste des Unions départementales CFDT, p. 327), sur le site Internet www.legifrance.gouv.fr (conventions collectives nationales), ou encore auprès de la DDTEFP ou du greffe du conseil de prud'hommes du lieu de conclusion de l'accord.

➤ *Le règlement intérieur (art. L. 122-33 à L. 122-39)*

Obligatoire dans les entreprises et établissements d'au moins 20 salariés, le règlement intérieur est un document écrit élaboré et rédigé par l'employeur. Pour être applicable, il doit être affiché sur les lieux de travail ainsi que dans les locaux où se fait l'embauche (art. R. 122-12).

● **Limitation du contenu** (art. L. 122-34). Le règlement intérieur peut exclusivement fixer :
● les mesures d'application de la réglementation en matière d'hygiène et sécurité dans l'entreprise ou l'établissement ;
● les règles générales et permanentes relatives à la discipline, notamment la nature et l'échelle des sanctions que peut prendre l'employeur.
Le règlement intérieur doit également rappeler les dispositions relatives à l'abus d'autorité en matière sexuelle (voir p. 114), ainsi que celles relatives à l'interdiction de toute pratique de harcèlement moral (voir p. 114). Il doit enfin rappeler les droits de chaque salarié en cas de sanction disciplinaire (voir p. 116 et suivantes).

● **Les clauses interdites** (art. L. 122-35). Ce sont :
● les clauses contraires aux lois et règlements ;
● les clauses contraires aux dispositions des conventions et accords collectifs applicables dans l'entreprise ;
● les clauses discriminatoires, c'est-à-dire celles lésant les salariés dans leur emploi ou leur travail, en raison de leur sexe, de leur situation de famille, de leurs mœurs, de leur orientation sexuelle, de leur âge, de leur origine, de leurs opinions ou confessions, de leur apparence physique, de leur patronyme, ou de leur handicap à capacité professionnelle égale ;
● les clauses apportant des restrictions aux droits et libertés des personnes non justifiées par la tâche à accomplir, ni proportionnées au but recherché. Ainsi, le port d'un uniforme se justifie pour certains emplois en contact avec la clientèle, mais serait illicite s'il était généralisé à tous les salariés de l'entreprise.

● **Les notes de service** (art. L. 122-39). Lorsqu'elles instituent des règles générales et permanentes dans le domaine de l'hygiène, de la sécurité et des sanctions disciplinaires, ces notes sont soumises aux mêmes dispositions que le règlement intérieur.

• **Contrôles** de l'inspection du travail et du conseil de prud'hommes (art. L. 122-37). Le règlement intérieur est communiqué à l'inspecteur du travail accompagné de l'avis des représentants du personnel. Celui-ci peut, à tout moment, exiger le retrait ou la modification des clauses interdites. De même, à l'occasion d'un litige individuel, le conseil de prud'hommes peut écarter de telles clauses.

➤ *Les usages*

Il s'agit des habitudes, des pratiques courantes dans une profession, une région ou une entreprise. Les tribunaux déterminent le caractère obligatoire des usages en se référant à leur ancienneté, leur généralité, ainsi qu'à la constance des conditions prévues pour leur application.

sachez-le *L'employeur peut remettre en cause un usage établi dans l'entreprise en respectant un délai de dénonciation.*

➤ *La combinaison des différentes règles applicables*

La loi définit le minimum social de protection auquel ont droit les salariés.

Sauf lorsque la loi l'autorise expressément, les clauses des conventions et accords collectifs ne peuvent être moins favorables aux salariés que les dispositions légales (art. L. 132-4) : elles ne s'appliquent que si elles sont plus avantageuses que la loi. Ce principe est également valable pour les dispositions du règlement intérieur, les usages ainsi que les conditions particulières de votre contrat de travail. En revanche, dans des conditions strictement définies par la loi, un accord peut déroger, dans un sens moins favorable aux salariés, aux clauses d'un accord de niveau supérieur : ainsi, par exemple, un accord d'entreprise peut, sauf dans quelques domaines limitativement énumérés (salaires minima, classifications, garanties collectives en matière de protection sociale complémentaire, mutualisation des fonds destinés à la formation professionnelle), déroger dans un sens moins favorable aux salariés aux dispositions d'une convention de branche.

Votre contrat de travail

Aux dispositions générales du Code du travail, des conventions collectives, du règlement intérieur et des usages qui vous sont applicables s'ajoutent les conditions particulières de votre engagement fixées au moment de votre embauche : forme et durée du contrat, lieu de travail, qualification professionnelle, horaire de travail, rémunération, etc.

➤ *La période d'essai*

C'est une période « probatoire » après l'embauche, durant laquelle le contrat de travail peut être librement rompu par vous ou votre employeur (sauf préavis dans la convention collective ou le contrat). Les dispositions concernant le licenciement ne s'appliquent pas. Cette période doit obligatoirement être prévue dans le contrat de travail ou dans la convention collective applicable au salarié.
S'agissant du CDI, la loi ne fixe pas la durée de la période d'essai, sauf pour les VRP (3 mois maximum). Il faut donc se référer au contrat de travail ou à la convention collective (pour les CDD, voir p. 63 ; sur les règles particulières applicables à la rupture du CNE pendant les deux premières années, voir p. 43).
La durée de la période d'essai ne doit pas être excessive par rapport à l'emploi et à la qualification. Ainsi, une durée de 6 mois est hors de proportion avec le temps nécessaire pour évaluer les compétences d'une secrétaire.

sachez-le *Même si, en matière de période d'essai, la liberté de rupture est la règle (sauf abus), la Cour de cassation tend à poser des limites à cette liberté. Ainsi :*
- *l'employeur qui met fin à la période d'essai pour un motif disciplinaire doit respecter la procédure disciplinaire ;*
- *la rupture de la période d'essai fondée sur un motif discriminatoire prohibé par la loi (état de santé, handicap, opinions politiques ou syndicales... voir p. 17) est nulle.*

➤ *Les éléments essentiels du contrat*

Un contrat écrit permet de fixer les éléments essentiels de votre engagement :
- les fonctions occupées et la qualification professionnelle ;
- la rémunération (salaire de base et éléments complémentaires) ;
- la durée du travail ;
- le lieu de travail ;
- la convention collective applicable ;
- les horaires de travail.

Il est important que ces informations, comme toutes les conditions auxquelles vous attachez de l'importance, soient consignées par écrit dans votre contrat. Elles seront alors considérées comme des éléments essentiels que l'employeur ne peut modifier qu'avec votre accord (voir ci-contre). Si elles ne sont pas consignées par écrit, il sera très difficile de faire reconnaître que votre employeur ne peut les modifier sans votre accord.

attention *Si votre contrat ou votre convention collective contiennent une disposition selon laquelle vous pouvez être amené à travailler dans un autre lieu, ou si vous faites partie d'une profession où la mobilité est d'usage (ex. bâtiment), le lieu de travail ne sera pas considéré comme un élément essentiel du contrat.*

➤ L'employeur peut-il modifier votre contrat ?

L'employeur peut vous proposer une modification des conditions de votre engagement initial. Si cette proposition porte sur des éléments essentiels (salaire, qualification, horaires, lieu de travail...), il doit recueillir votre acceptation. Mais si vous refusez, votre employeur doit soit renoncer, soit vous licencier. En aucun cas votre refus ne peut être considéré comme une démission.
À l'inverse, si la modification ne porte pas sur un élément essentiel du contrat, mais sur les conditions de travail, l'employeur peut vous l'imposer dans le cadre de son pouvoir de direction : votre refus est alors susceptible d'entraîner une sanction disciplinaire allant jusqu'au licenciement pour faute, voire faute grave (voir p. 170).
L'employeur qui, pour motif économique, vous propose une modification d'un élément essentiel de votre contrat de travail doit le faire par lettre recommandée avec demande d'accusé de réception (RAR). Si après un mois vous n'avez pas fait connaître votre réponse par lettre RAR, vous serez considéré comme ayant accepté la modification proposée, ce qui vaudra avenant à votre contrat de travail (art. L. 321-1-2).
Lorsque cette modification n'est pas fondée sur un motif économique, votre acceptation ne peut se déduire de votre silence, mais il est conseillé de faire connaître par écrit votre refus, en en précisant les motifs.

sachez-le *La seule diminution du nombre d'heures stipulé au contrat de travail, en application d'un accord de réduction de la durée du travail, ne constitue pas une modification du contrat de travail. Le refus du salarié d'accepter cette diminution peut donc conduire à son licenciement, le cas échéant pour faute grave (voir aussi p. 170).*

➤ Votre qualification

Il s'agit d'un élément essentiel de votre contrat de travail, et donc de la relation qui vous lie à votre employeur. Elle correspond à un niveau de responsabilités et à un ensemble de tâches précisément définies par la convention collective de branche dont vous relevez (c'est à elle que vous devez vous référer en cas de problème). Elle est importante, notamment dans la mesure où elle vous permet de vous situer dans la grille de classification des emplois de la convention collective et sert à déterminer le salaire minimum conventionnel (voir p. 80) qui vous est applicable, ainsi, éventuellement, que d'autres avantages conventionnels.

attention *S'il y a contradiction entre les tâches régulièrement effectuées et celles décrites dans votre convention collective comme répondant à la qualification qui figure à votre contrat de travail, et que cette différence vous est préjudiciable (vous pourriez, en fonction des tâches que vous effectuez réellement, prétendre à une qualification supérieure), vous pouvez vous adresser à votre délégué du personnel afin qu'il engage une démarche en ce sens auprès de votre employeur. En dernier recours, une action devant le conseil des prud'hommes est possible.*

➤ Les clauses de non-concurrence et de mobilité

- La clause de non-concurrence peut résulter d'une clause figurant dans votre contrat de travail, ou être prévue par la convention collective qui vous est éventuellement applicable. Elle limite les emplois que vous pourriez exercer dans une autre entreprise après la rupture de votre contrat de travail. Pour être valable, elle doit remplir les quatre conditions cumulatives suivantes : être indispensable à la protection des intérêts légitimes de l'entreprise, être limitée dans le temps (par exemple 2 ans) et dans l'espace (zone géographique déterminée), tenir compte des spécificités de l'emploi du salarié et comporter l'obligation pour l'employeur de vous verser une contrepartie financière. Elle ne doit pas, en outre, vous empêcher d'exercer toute activité correspondant à votre expérience professionnelle ou à votre formation.
- La clause de mobilité peut être insérée dans le contrat de travail ou être prévue par la convention collective (dans ce dernier cas, toutefois, elle ne s'impose au salarié que s'il a eu connaissance de l'existence de cette convention lors de son embauche et s'il a pu en prendre connaissance). Elle autorise l'employeur à modifier le lieu de travail du salarié. Le salarié qui ne se conforme pas à cette clause peut être licencié. Ce licenciement pourra être

contesté devant le conseil des prud'hommes s'il est démontré que l'employeur a fait un usage abusif ou déloyal de cette clause (par exemple, délai de prévenance trop bref, ou non-prise en compte d'une situation familiale difficile).

attention *Même si vous n'êtes soumis à aucune clause de mobilité, votre employeur peut vous imposer un changement de lieu de travail, dans la mesure où l'activité s'exerce dans le même secteur géographique ; dans cette situation, l'employeur ne fait qu'user de son pouvoir de direction, et un refus de votre part pourrait constituer une faute justifiant un licenciement. Toujours en l'absence de clause de mobilité, les tribunaux considèrent que l'employeur peut imposer à un salarié un déplacement « occasionnel » en dehors du secteur géographique où il travaille habituellement, dès lors que cette décision est justifiée par l'intérêt de l'entreprise et que la spécificité des fonctions exercées par le salarié (chef de chantier, par ex.) implique de sa part une certaine mobilité géographique. Là encore, il ne s'agit pas d'une modification du contrat de travail lui-même, mais d'une simple modification des conditions de travail que le salarié ne peut, sauf abus de l'employeur, refuser sans commettre de faute.*

La suspension du contrat de travail

Certains événements entraînent la suspension (et non la rupture) du contrat de travail. C'est le cas notamment :

- de la maladie ou de la maternité ;
- des accidents du travail ;
- de la grève ;
- du chômage partiel ;
- de certains congés de formation ;
- des congés pour événements familiaux ou pour enfant malade ;
- des congés de paternité ou d'adoption ;
- du congé de présence parentale ;
- du congé parental d'éducation et des autres congés visés page 139 ;
- du rappel sous les drapeaux.

On précisera également que les jeunes salariés de 16 à 25 ans soumis à l'appel de préparation à la défense ont droit à une autorisation exceptionnelle d'absence d'une journée pour y participer, sans réduction de la rémunération. Cette journée est en outre assimilée à une journée de travail effectif pour la détermination de leurs congés payés.

Au terme de la période de suspension de son contrat de travail, le salarié reprend normalement son activité.

2 Le travail précaire

Le contrat de travail à durée indéterminée est la forme traditionnelle du contrat de travail. Cependant, on assiste à un important développement du travail précaire, dont le contrat de travail à durée déterminée et le contrat de travail temporaire (ou intérim) sont les deux formes. Ces contrats sont notamment réglementés (cas de recours, statut des salariés...) par les dispositions des articles L. 122-1 et suivants du Code du travail.

Définition et règles communes

Au-delà de leurs différences, le contrat de travail à durée déterminée (CDD) et le contrat de travail temporaire, qu'il convient de définir, sont soumis à un certain nombre de dispositions communes.

➤ *Le contrat à durée déterminée*

Le contrat à durée déterminée (CDD) est un contrat de travail conclu pour un temps limité. Il cesse de plein droit à la date ou à l'échéance prévues à l'embauche. On parle aussi de « terme » du contrat. Les règles du licenciement ne sont pas applicables. En revanche, ni l'employeur ni le salarié ne peuvent en principe rompre le contrat à durée déterminée avant le terme fixé. Ce terme est soit précisément défini par une date, soit lié à l'objet du contrat (retour du salarié remplacé, fin de la saison...).

➤ *L'intérim*

Le salarié intérimaire est employé par une entreprise de travail temporaire pour effectuer une mission dans une entreprise utilisatrice. Toute mission donne lieu à un contrat de travail temporaire conclu pour la mission entre le salarié mis à disposition et l'entreprise de travail temporaire, qui est son employeur. On parle aussi de contrat de mission.

sachez-le *Un employeur ne peut embaucher des salariés en CDD ou recourir à l'intérim pour remplacer des salariés grévistes, pour effectuer des travaux particulièrement dangereux ni pour pourvoir des postes supprimés depuis moins de 6 mois après un licenciement économique (art. L. 122-2-1 et L. 124-2-7).*

➤ *Les cas de recours (art. L. 122-1, L. 122-1-1, L. 122-2, L. 124-2, L. 124-2-1, L. 124-2-1-1)*

Les contrats à durée déterminée et de travail temporaire, quel que soit leur motif, ne peuvent avoir ni pour objet, ni pour effet, de pourvoir durablement un emploi lié à l'activité normale et permanente de l'entreprise (ou de l'organisme, ou de la collectivité). Ils ne sont autorisés que dans les cas expressément prévus par la loi (voir tableau p. 70). Ces cas sont les suivants :

1 - Remplacement d'un salarié dans l'une de ces trois situations :

- un salarié est temporairement absent (maladie, accident...), son contrat de travail est suspendu (maternité, congés...) ou il passe provisoirement à temps partiel ;
- un salarié quitte définitivement l'entreprise et son poste de travail doit être supprimé à terme (dans les 24 mois) ;
- un salarié quitte définitivement l'entreprise et il doit être remplacé par un salarié recruté par contrat à durée indéterminée, mais celui-ci n'est pas immédiatement disponible.

2 - Augmentation temporaire d'activité dans quatre hypothèses :

- l'accroissement temporaire d'activité (ex. : période des fêtes dans un grand magasin) ;
- l'exécution d'une tâche occasionnelle, définie avec précision et non durable, ne relevant pas de l'activité normale de l'entreprise (ex. : mise en place d'un système informatique) ;
- la survenance d'une commande exceptionnelle, notamment à l'exportation, nécessitant la mise en œuvre de moyens nettement supérieurs à ceux utilisés habituellement ;
- des travaux urgents dont l'exécution immédiate est nécessaire pour prévenir des accidents imminents, organiser des mesures de sauvetage ou remédier à une situation dangereuse.

3 - Emplois temporaires par nature, c'est-à-dire :

- les emplois à caractère saisonnier (tourisme, agriculture...) ;
- les emplois pour lesquels, dans certains secteurs, il est d'usage constant de ne pas recourir au contrat à durée indéterminée en raison de la nature de l'activité (art. D. 121-2 et D. 124-2).

4 - Remplacement d'un chef d'entreprise artisanale, industrielle ou commerciale, d'une personne exerçant une profession libérale, de son conjoint participant effectivement à l'activité de l'entreprise à titre professionnel et habituel ou d'un associé non salarié d'une société civile professionnelle, d'une société civile de moyens ou d'une société d'exercice libéral.

5 - Remplacement du chef d'une exploitation agricole ou d'une entreprise agricole, d'un aide familial, d'un associé d'exploitation, ou de leur conjoint, dès lors qu'il participe effectivement à l'activité de l'entreprise ou de l'exploitation agricole.
On mentionnera également l'existence du « contrat vendanges », CDD d'une durée maximale de 1 mois, avec possibilité de cumuler plusieurs contrats successifs, sans que le cumul des contrats n'excède une durée de 2 mois sur une période de 12 mois. Ce contrat est exonéré des cotisations d'assurances sociales à la charge du salarié.

6 - Politiques de l'emploi. L'embauche de personnes rencontrant des difficultés d'accès à l'emploi peut également être un cas de recours au CDD ou au contrat de travail temporaire. Ces contrats peuvent également être conclus lorsque l'employeur (CDD), ou l'entreprise de travail temporaire et l'utilisateur s'engagent à assurer un complément de formation professionnelle au salarié. Il pourra s'agir également de CDD conclus avec les bénéficiaires d'un contrat de transition professionnelle (voir p. 186) ; ces contrats seront alors conclus pour une durée inférieure à 6 mois et seront renouvelables une fois avec le même employeur, dans la limite d'une durée totale elle-même inférieure à 6 mois.

sachez-le *Si le contrat ne comporte pas le motif pour lequel il est conclu, le salarié peut demander la requalification de son contrat en contrat à durée indéterminée (art. L. 122-3-13). De la même façon, tout contrat conclu pour un motif ne figurant pas dans les cas de recours autorisés peut être requalifié en CDI par le juge. Enfin, l'employeur qui ne respecte pas les différentes dispositions propres aux CDD et au travail temporaire est passible de sanctions pénales (art. L. 152-1-4 et L. 152-2).*

➤ *La durée du contrat (art. L. 122-1-2 et L. 124-2-2)*

En principe, les CDD et les contrats de travail temporaire doivent comporter un terme fixé avec précision dès leur conclusion. On parle de contrat « de date à date » (ex. : du 1er février au 30 avril). Vous ne pouvez pas alors être embauché pour une durée dépassant, renouvellement éventuel compris, 9 mois, 18 mois ou 24 mois selon les cas (voir tableau p. 70). Sur les dispositions particulières applicables au CDD « senior », voir précisions en page 62.
La loi permet cependant que le contrat soit conclu sans terme précis dans les cas suivants : remplacement d'un salarié absent (ou du chef

d'entreprise ou d'exploitation agricole, ou des personnes assimilées, voir ci-dessus), attente d'un recrutement, emplois saisonniers, emplois où d'usage on ne recourt pas à un CDI (voir tableau p. 70). Le contrat doit alors être conclu pour une durée minimale : il prend fin lorsque l'objet pour lequel il a été conclu a été réalisé (ex. : retour du salarié absent, fin de la saison...) et n'est pas enfermé dans une durée maximale (sauf en cas d'attente d'un recrutement : 9 mois).

sachez-le *En cas de remplacement d'un salarié absent, le terme du contrat initialement prévu peut être reporté jusqu'au surlendemain du retour de ce salarié (art. L. 122-3-7 et L. 124-2-5).*

➤ *Le renouvellement du contrat*

Le contrat peut être renouvelé une fois pour une durée inférieure, égale ou supérieure à celle de la période initiale, à trois conditions (art. L. 122-1-2-I et L. 124-2-2-I) :

- le contrat doit comporter un terme précis ;
- la durée totale du contrat, renouvellement compris, ne doit pas dépasser la durée maximale prévue par la loi ;
- si les conditions de renouvellement n'ont pas été prévues dans le contrat, elles doivent faire l'objet d'un avenant écrit soumis au salarié préalablement au terme initialement prévu.

À noter que des dispositions spécifiques s'appliquent aux CDD conclus dans le cadre de la politique de l'emploi (voir p. 20 et suiv.).

➤ *Les absences au cours du contrat*

En cas d'absence pour maladie, accident du travail, congé maternité..., l'exécution du contrat est simplement suspendue. Mais cette suspension n'a pas pour effet de prolonger le contrat. Celui-ci se termine donc à l'échéance prévue, qui peut fort bien, selon les cas, intervenir pendant l'absence du salarié (art. L. 122-3-5 et L. 124-4-8).

sachez-le *Pour les intérimaires, l'indemnisation complémentaire en cas de maladie et d'accident du travail et les modalités du congé maternité sont fixées par voie d'accords collectifs (voir p. 67).*

➤ *Les contrats successifs avec le même salarié*

Il faut distinguer selon que les contrats successifs ont ou non le même objet (art. L. 122-3-11 et L. 124-7).

- **Il s'agit de postes de travail différents.** L'employeur peut librement conclure avec un même salarié des contrats à durée déterminée pour des postes différents. De même, l'entreprise qui utilise un intérimaire peut librement lui confier plusieurs missions successives lorsqu'elles n'ont pas le même objet. La seule limite est que l'employeur ne cherche pas de cette manière à contourner la réglementation.

● **Il s'agit du même poste de travail.** Il est interdit à l'employeur de conclure un nouveau CDD avant une période, calculée en jours d'ouverture de l'entreprise ou de l'établissement concernés, égale :
- au tiers de la durée du contrat initial, renouvellement inclus, si la durée de ce contrat, renouvellement inclus, est au moins égale à 14 jours ;
- à la moitié de la durée du contrat initial, renouvellement inclus, si la durée de ce contrat, renouvellement inclus, est inférieure à 14 jours.

De même, l'entreprise utilisatrice ne peut conserver un même intérimaire pour une autre mission sans laisser s'écouler une période dont la durée est déterminée comme pour les CDD. Cette règle ne joue pas dans les cas suivants (voir tableau p. 70) :
- nouvelle absence d'un salarié absent ;
- travaux urgents pour remédier à une situation dangereuse ;
- emplois à caractère saisonnier ;
- embauches temporaires dans le cadre d'usages.

➤ *Les sanctions (art. L. 122-3-13, L. 124-7 et L. 124-7-1)*

Embauché avec un CDD, vous pouvez revendiquer l'existence d'un contrat à durée indéterminée lorsque :
- le contrat n'a pas été conclu pour l'un des cas de recours prévus par la loi, n'a pas été rédigé par écrit ou ne précise pas le motif de l'embauche (voir ci-dessous) ;
- le contrat ne comporte pas de terme précis ou, à défaut, une durée minimale (lorsque les textes l'autorisent) ;
- le contrat dépasse la durée maximale autorisée, se poursuit au-delà du terme prévu ou succède à un autre de façon irrégulière.

De même, si vous êtes intérimaire, vous pouvez faire valoir que vous êtes lié par un contrat à durée indéterminée avec l'utilisateur lorsque ce dernier :
- continue de vous faire travailler après la fin de votre mission sans nouveau contrat de mise à disposition ou sans avoir conclu avec vous un contrat de travail ;
- vous utilise en dehors des cas prévus par la loi ;
- ne respecte pas la durée maximale autorisée.

Si vous avez été embauché de façon irrégulière par un contrat à durée déterminée ou de travail temporaire, vous pouvez saisir le conseil de prud'hommes selon une procédure d'urgence pour demander la requalification de votre contrat, c'est-à-dire sa transformation en un contrat à durée indéterminée. L'affaire est directement portée devant le bureau de jugement, qui dispose d'un mois pour rendre sa décision. Si elle vous est favorable, le conseil de prud'hommes doit vous accorder une indemnité au moins égale à un mois de salaire (art. L. 122-3-13 et L. 124-7-1). Les syndicats peuvent agir en justice en vos lieu et place (art. L. 122-2-16 et L. 124-20).

Le contrat à durée déterminée (CDD)

➤ *Forme et contenu du contrat (art. L. 122-3-1)*

Sauf cas particuliers (utilisation du chèque emploi service universel, du chèque emploi associatif, du titre emploi entreprise ou du chèque emploi TPE, voir p. 45, ou, lorsque les textes d'application de la loi du 19/05/03 seront parus, du « chèque emploi jeune été »), le CDD doit être écrit et signé par le salarié et l'employeur. À défaut, il est considéré comme étant conclu pour une durée indéterminée. Il doit obligatoirement mentionner :

- la définition précise de son objet, c'est-à-dire le motif de l'embauche (voir les cas de recours, p. 58) ;
- le poste de travail ou l'emploi occupés et, en cas de remplacement, le nom et la qualification du salarié remplacé ;
- la date d'échéance du contrat et, le cas échéant, une clause sur les conditions de son renouvellement ou sa durée minimale s'il est conclu sans terme précis ;
- l'intitulé de la convention collective applicable (voir p. 48) ;
- la durée de la période d'essai éventuellement prévue ;
- le montant de la rémunération et de ses différentes composantes (y compris primes et accessoires de salaires) ;
- le nom et l'adresse de la caisse de retraite complémentaire et, le cas échéant, de l'organisme de prévoyance.

sachez-le *L'accord national interprofessionnel du 13 octobre 2005 « sur l'emploi des seniors en vue de promouvoir leur retour et leur maintien dans l'emploi » prévoit qu'un CDD d'une durée maximum de 18 mois, renouvelable une fois, pourra être conclu avec un salarié de plus de 57 ans, inscrit comme demandeur d'emploi depuis plus de 3 mois ou en convention de reclassement personnalisé, afin de lui permettre d'acquérir, par son activité, des droits supplémentaires en vue de la liquidation de sa retraite à taux plein. Des aménagements législatifs sont nécessaires pour que cette disposition soit applicable.*

➤ *La période d'essai (art. L. 122-3-2)*

Le CDD peut comporter une période d'essai. À défaut d'usages ou de dispositions conventionnelles prévoyant des durées moindres, cette période d'essai ne peut pas dépasser :

- une durée égale à un jour par semaine, dans la limite de 2 semaines maximum, lorsque la durée initialement prévue du contrat est inférieure ou égale à 6 mois (ex. : contrat de 4 semaines - période d'essai maximale possible de 4 jours) ;
- un mois lorsque la durée initialement prévue du contrat est supérieure à 6 mois.

Notez que, dans le cas d'un contrat sans terme précis, la période d'essai est calculée par rapport à la durée minimale.

attention *Le contrat doit vous être transmis au plus tard dans les deux jours suivant l'embauche.*

➤ *L'égalité des droits (art. L. 122-3-3)*

À l'exception des règles concernant le licenciement, les salariés embauchés sous contrat à durée déterminée bénéficient des mêmes avantages légaux, conventionnels ou résultant d'un usage que les salariés sous contrat à durée indéterminée. Cela concerne en particulier la rémunération, qui ne peut être inférieure à celle que percevrait dans la même entreprise, après période d'essai, un salarié sous contrat à durée indéterminée de qualification équivalente et occupant les mêmes fonctions.

S'agissant du congé individuel de formation, des dispositions particulières sont intervenues pour garantir aux salariés sous contrat à durée déterminée des droits équivalant à ceux des salariés permanents.

➤ *La rupture anticipée du contrat (art. L. 122-3-8)*

Le CDD cesse de plein droit à l'arrivée du terme prévu. Sauf accord du salarié et de l'employeur, et hors le cas de rupture pendant la période d'essai, le contrat ne peut être rompu avant ce terme qu'en cas de faute grave du salarié ou de force majeure. Il peut également être rompu avant terme, à l'initiative du salarié, si celui-ci justifie d'une embauche pour une durée indéterminée, sous réserve alors de respecter un préavis calculé comme pour un contrat de travail temporaire (voir p. 68). Exception faite de ce cas, le salarié qui rompt le contrat avant terme peut être condamné à verser des dommages et intérêts à l'employeur (en fonction du préjudice subi). De son côté, l'employeur qui rompt le contrat avant terme s'expose à payer au salarié des dommages et intérêts d'un montant au moins égal aux rémunérations que celui-ci aurait perçues jusqu'au terme du contrat.

En cas d'inaptitude, mon CDD peut-il être rompu avant son terme ?

Le seul fait que vous ayez été reconnu inapte au travail par le médecin du travail n'autorise pas votre employeur à mettre fin à votre CDD de manière anticipée. Toutefois, si votre inaptitude résulte d'un accident du travail ou d'une maladie professionnelle, votre employeur pourra demander au juge la résiliation de votre contrat. Mais vous devrez alors percevoir une compensation financière dont le montant sera fixé par le juge.

sachez-le *L'insuffisance de rendement ne constitue ni une faute grave, ni un cas de force majeure, et ne peut donc justifier la rupture avant terme.*

➤ *L'indemnité de précarité (art. L. 122-3-4)*

Vous avez droit en principe à une indemnité de précarité lorsque le contrat se termine. Attention, cette indemnité n'est pas due dans certains cas : contrats saisonniers, y compris le contrat vendanges, CDD rompu avant son terme par un salarié qui justifie d'une embauche en CDI, CDD conclu avec un jeune pendant ses vacances scolaires ou universitaires, CDD qui se poursuit par un CDI, sauf dispositions conventionnelles plus favorables, contrat conclu au titre des mesures pour l'emploi ou la formation professionnelle (contrat de professionnalisation, CIE...), refus par le salarié en CDD d'un CDI pour occuper le même emploi ou un emploi similaire assorti d'une rémunération au moins équivalente.

Lorsqu'elle est due, l'indemnité est égale à 10 % (ou plus si une convention ou un accord collectif, ou un accord d'entreprise ou d'établissement le prévoient) de la rémunération totale brute perçue pendant la durée du contrat ; toutefois, un accord collectif (branche ou entreprise) peut limiter ce taux à 6 % dès

lors que des contreparties sont offertes aux salariés concernés, notamment sous la forme d'un accès privilégié à la formation professionnelle. Cette indemnité s'ajoute à la rémunération. Elle est versée avec le dernier salaire et doit figurer sur le bulletin de paie correspondant.
S'il y a rupture anticipée non justifiée du fait de votre employeur (voir ci-dessus), l'indemnité se calcule sur l'ensemble des rémunérations, y compris celles qui auraient dû être perçues jusqu'au terme du contrat.

attention *Si la rupture anticipée est de votre fait ou si elle est justifiée par une faute grave, l'indemnité n'est pas due. Elle n'est pas due non plus lorsque le contrat à durée déterminée se transforme en contrat à durée indéterminée ou lorsque vous refusez de conclure un contrat à durée indéterminée pour occuper le même emploi ou un emploi similaire assorti d'une rémunération au moins équivalente.*

➤ *L'indemnité compensatrice de congés payés (art. L. 122-3-3)*

À la fin du contrat, l'employeur doit vous verser une indemnité compensatrice correspondant aux congés payés que vous avez acquis. Elle ne peut être inférieure au 1/10 de la rémunération totale brute due (indemnité de précarité comprise) si vous n'avez pu prendre aucun congé.
L'employeur doit également vous remettre, à la fin de votre contrat, une attestation destinée à l'ASSEDIC qui vous permettra de percevoir, le cas échéant, les allocations du régime d'assurance chômage (sur ces allocations, voir p. 238 et suiv.) : dans ce domaine, les salariés dont le contrat de travail à durée déterminée a pris fin ont les mêmes droits que les salariés licenciés.

Le contrat de travail temporaire

➤ *La forme et le contenu du contrat de travail temporaire (art. L. 124-4)*

Un contrat écrit doit être adressé au salarié intérimaire par l'entreprise de travail temporaire au plus tard dans les 2 jours ouvrables suivant sa mise à disposition auprès de l'utilisateur. Ce contrat doit obligatoirement indiquer :
- le motif précis de la mission avec, s'il y a lieu, le nom et la qualification du salarié remplacé ;

- la date à laquelle se termine la mission ou, à défaut, sa durée minimale et éventuellement la possibilité d'avancer ou de reculer le terme de la mission ;
- les caractéristiques du poste à pourvoir, la qualification professionnelle exigée, le lieu de la mission, les horaires ;
- la nature des équipements de protection individuelle que le salarié doit utiliser ;
- la qualification du salarié intérimaire ;
- le montant de la rémunération que percevrait dans l'entreprise utilisatrice, après période d'essai, un salarié de qualification équivalente occupant le même poste de travail ;
- les modalités de sa rémunération, y compris celles de l'indemnité de précarité ;
- la période d'essai éventuelle ;
- la garantie de rapatriement du salarié à la charge de l'entreprise de travail temporaire si la mission a lieu à l'étranger ;
- le nom et l'adresse de la caisse de retraite complémentaire et de l'organisme de prévoyance dont relève l'entreprise de travail temporaire ;
- la mention que l'embauche du salarié intérimaire par l'utilisateur à la fin de la mission n'est pas interdite.

sachez-le *L'examen médical d'embauche des intérimaires doit être effectué par le médecin du travail de l'entreprise de travail temporaire (art. R. 243-11). En revanche, c'est au médecin de l'entreprise utilisatrice d'effectuer les examens complémentaires requis en cas de travaux comportant des risques spéciaux et de se prononcer sur l'aptitude du salarié à occuper le poste de travail (art. R. 241-50).*

➤ *La période d'essai (art. L. 124-4-1)*

Le contrat de mission peut comporter une période d'essai dont la durée est fixée par voie d'accord collectif de travail (de branche ou d'entreprise). À défaut, celle-ci ne peut dépasser :
- 2 jours, si la durée du contrat est inférieure ou égale à 1 mois ;
- 3 jours, si la durée du contrat est comprise entre 1 et 2 mois ;
- 5 jours, si la durée du contrat est supérieure à 2 mois.

La rémunération pendant la période d'essai ne peut être inférieure à celle normalement prévue au contrat.
Lorsque la mission n'a pas de terme précis, la période d'essai se calcule par rapport à la durée minimale prévue.

La rémunération (art. L. 124-4-2)

La rémunération du salarié intérimaire ne peut être inférieure à celle que perçoit ou percevrait dans l'entreprise utilisatrice, après période d'essai, un salarié de qualification équivalente occupant le même poste. La comparaison doit prendre en compte l'ensemble des éléments de rémunération : salaire de base, primes, indemnités...

Le paiement des jours fériés (art. L. 124-4-2)

Les jours fériés doivent être payés au salarié intérimaire, quelle que soit son ancienneté, dès lors que les salariés de l'entreprise utilisatrice en bénéficient.

Les périodes d'intempéries (art. L. 124-4-5)

Les salariés intérimaires ont droit, en cas d'arrêt de travail pour intempéries, quelle que soit leur ancienneté, à la même indemnisation que les salariés de l'entreprise utilisatrice occupés sur le même chantier.

Les absences en cours de mission (art. L. 124-4-8)

En cas d'absence pour maladie, congé maternité..., l'exécution de la mission est simplement suspendue. Mais cette suspension n'a pas pour effet de prolonger la mission, qui se termine donc à l'échéance prévue.

Les conditions d'exécution du travail (art. L. 124-4-6)

Les salariés intérimaires sont soumis aux dispositions applicables dans les entreprises utilisatrices pour ce qui est de la durée du travail, du travail de nuit, du repos hebdomadaire et des jours fériés, de l'hygiène et de la sécurité, du travail des femmes et des mineurs. Par ailleurs, ils doivent bénéficier des équipements sociaux de l'entreprise utilisatrice, notamment les transports collectifs, la cantine, etc. (art. L. 124-4-7). Ils peuvent également faire présenter par les délégués du personnel de l'entreprise utilisatrice leurs réclamations portant sur leur rémunération, les conditions d'exécution de leur travail, l'accès aux moyens de transports collectifs et aux installations collectives (cantine...). Les équipements de protection individuelle contre les risques (casques, bottes...) sont fournis par l'entreprise utilisatrice.

Les accords collectifs spécifiques à l'intérim

Les salariés intérimaires, placés dans une situation particulière du fait de leurs conditions d'emploi, se trouvent en pratique exclus d'un certain nombre de garanties reconnues aux travailleurs permanents. Pour leur garantir des droits équivalents, les organisations syndicales et patronales de l'intérim ont conclu une série d'accords collectifs portant notamment sur :

- la santé et la sécurité au travail (26 septembre 2002) ;
- l'aménagement-réduction du temps de travail (27 mars 2000) ;
- l'exercice du droit syndical (8 novembre 1984) ;
- le détachement à l'étranger (2 décembre 1986) ;
- les titres de transport en région parisienne (9 juin 1983) ;
- la représentation du personnel (27 octobre 1988) ;
- la retraite complémentaire (9 janvier 1991) ;
- la protection sociale : indemnisation complémentaire en cas de maladie, accident, maternité, régime de prévoyance (2 décembre 1992) ;
- la formation professionnelle (8 juillet 2004).

Ces accords sont tenus à la disposition des salariés intérimaires par les entreprises de travail temporaire. À défaut, il est possible de les consulter auprès de l'inspection du travail.

➤ *La rupture anticipée du contrat de mission (art. L. 124-5)*

L'entreprise de travail temporaire qui rompt le contrat avant le terme prévu est tenue, sauf faute grave de l'intéressé ou cas de force majeure, de proposer à l'intérimaire un nouveau contrat équivalent prenant effet dans un délai maximum de 3 jours ouvrables. À défaut, le salarié a droit à une rémunération correspondant à celle qu'il aurait perçue jusqu'au terme du contrat (y compris l'indemnité de précarité). Le salarié ne peut, de sa propre initiative, rompre par anticipation son contrat de travail temporaire, exception faite du cas où il peut justifier d'une embauche pour une durée indéterminée. Dans cette hypothèse, il doit alors respecter un préavis dont la durée est calculée à raison d'un jour par semaine compte tenu soit de la durée totale du contrat, renouvellement inclus, si celui-ci comporte un terme précis, soit de la durée effectuée lorsque le contrat ne comporte pas un terme précis. Dans tous les cas, le préavis peut être réduit, voire supprimé, par accord entre les parties, et ne saurait être ni inférieur à un jour, ni supérieur à deux semaines.

sachez-le *Hormis le cas visé ci-dessus, le salarié qui rompt le contrat avant la fin de la mission s'expose à devoir verser à l'entreprise de travail temporaire des dommages-intérets en réparation du préjudice subi tel qu'il sera évalué par le conseil de prud'hommes.*

➤ *La rupture au terme du contrat*

Normalement, le contrat de travail temporaire cesse à l'arrivée du terme prévu. En fin de mission, le travailleur intérimaire a droit :

1 - à une indemnité de précarité, encore appelée indemnité de fin de mission, venant s'ajouter à son salaire, égale au moins à 10 % de sa rémunération totale brute (art. L. 124-4-4). Mais cette indemnité n'est pas due dans certains cas : emplois saisonniers, embauche dans le cadre d'un usage, embauche immédiate de l'intérimaire par l'utilisateur, rupture anticipée du fait du salarié, rupture pour faute grave du salarié ;

2 - à une indemnité compensatrice de congés payés, due, quelle que soit la durée du contrat, dès lors qu'il n'a pu les prendre effectivement, au moins égale au 1/10 de sa rémunération totale brute, indemnité de précarité comprise (art. L. 124-4-3).

sachez-le *À la fin de la mission, l'entreprise de travail temporaire doit remettre à l'intérimaire une attestation destinée à l'ASSEDIC lui permettant, le cas échéant, de percevoir des allocations de chômage (voir p. 238). Attention : il est possible que cette attestation ne soit remise qu'à la demande du salarié (art. R. 351-5).*

➤ *L'embauche par l'utilisateur (art. L. 124-6)*

Le salarié intérimaire peut être embauché par l'utilisateur à la fin de la mission. Dans ce cas, la durée des missions effectuées chez l'utilisateur dans les 3 mois précédents doit être prise en compte pour le calcul de l'ancienneté et déduite de la période d'essai éventuelle.

	Cas de recours (1)	Terme (2)	Durée minimale (3)	Renouvellement	Durée maximale (4)	Contrats successifs (5)
Remplacement d'un salarié	• Absence temporaire	TP ou TNP	oui si TNP	1 renouvel. si TP	si TP : 18 mois si TNP : pas de maximum	pas de délai de carence
	• Remplacement sur un poste devant disparaître	TP	non	1 renouvel.	24 mois	délai de carence (calcul : voir précisions p. 61)
	• Attente d'un recrutement	TP ou TNP	oui si TNP	1 renouvel. si TP	9 mois	idem
Augmentation temporaire d'activité	• Accroissement temporaire	TP	non	1 renouvel.	18 mois	idem
	• Exécution d'une tâche occasionnelle	TP	non	1 renouvel.	18 mois	idem
	• Commande exceptionnelle à l'exportation	TP	6 mois	1 renouvel.	24 mois	idem
	• Travaux urgents	TP	non	1 renouvel.	9 mois	pas de délai de carence
	• Emplois saisonniers	TP ou TNP	oui si TNP	1 renouvel. si TP	durée de la saison	idem
Emplois temporaires par nature	• Emplois où d'usage on ne recourt pas au CDI	TP ou TNP	oui si TNP	1 renouvel. si TP	en fonction des usages	idem

(1) Ne figurent pas ici les cas de recours liés à la politique de l'emploi et à la formation (voir p. 20 et suivantes).
(2) TP = terme précis ; TNP = terme non précis.
(3) Terme précis : pas de durée minimale sauf en cas de commande exceptionnelle. Terme imprécis : durée minimale obligatoire.
(4) Durée maximale renouvellement compris. Elle est portée à 24 mois lorsque le contrat est exécuté à l'étranger.
(5) Contrats successifs ayant le même objet (voir p. 60). Délai de carence : délai pendant lequel l'employeur ne peut pas conclure un nouveau contrat avec le même salarié.

Partie III

La vie dans l'entreprise

1 L'égalité des droits

Le principe général, posé par la loi, d'égalité professionnelle entre les femmes et les hommes s'inscrit dans le cadre, plus global, de la lutte contre toutes les formes de discrimination, qu'elles soient liées au sexe, à l'appartenance politique ou syndicale, à la religion... et qu'elles interviennent lors de l'embauche (voir p. 16) ou au cours de la relation de travail. La loi du 23 mars 2006 vise, entre autres dispositions, à accélérer le processus de réduction des écarts de rémunération entre les femmes et les hommes, par le biais, notamment, de la négociation collective.

➤ *Définition (art. L. 123-1)*

L'égalité professionnelle se définit par l'interdiction de toute discrimination. Il est ainsi interdit de :

1 - Mentionner ou faire mentionner le sexe ou la situation de famille du candidat recherché dans une offre d'emploi ou dans toute autre forme de publicité. Les seuls emplois pour lesquels le sexe peut être déterminant concernent les artistes du spectacle, les mannequins et les modèles (art. R. 123-1).

2 - Refuser d'embaucher une personne, prononcer une mutation, résilier ou refuser de renouveler le contrat de travail d'un salarié en considération du sexe, de la situation de famille ou de la grossesse, ou sur la base de critères de choix différents selon le sexe, la situation de famille ou la grossesse.

3 - Prendre, en considération du sexe ou de la grossesse, toute mesure, notamment en matière de rémunération, de formation, d'affectation, de qualification, de classification, de promotion professionnelle ou de mutation.

En cas de litige relatif à l'application des dispositions qui précèdent, le salarié concerné ou le candidat à un recrutement présente des éléments de fait laissant supposer l'existence d'une discrimination, directe ou indirecte, fondée sur le sexe, la situation de famille ou la grossesse. Au vu de ces éléments, il incombe à l'employeur de prouver que sa décision est justifiée par des éléments objectifs étrangers à toute discrimination. Le juge forme sa conviction après avoir ordonné, en cas de besoin, toutes les mesures d'instruction qu'il estime utiles.

➤ Égalité de rémunération (art. L. 140-2, L. 140-3)

Le principe est l'égalité de rémunération entre les femmes et les hommes pour un travail égal ou de valeur égale. Non seulement la rémunération (salaire de base, mais aussi tout avantage) doit être égale, mais les différents éléments qui la composent doivent être fixés selon les mêmes critères pour les hommes et les femmes. Cela signifie une même définition des catégories d'emploi et de qualification, des grilles de salaire et des règles de promotion. Pour la mise en œuvre de ce principe général :

1° sont considérés comme ayant une valeur égale les travaux qui exigent des salariés un ensemble comparable de connaissances professionnelles, de capacités découlant de l'expérience acquise, de responsabilités et de charge physique ou nerveuse ;

2° les différences de salaires pouvant exister entre les établissements d'une même entreprise ne sauraient avoir pour raison l'appartenance à l'un ou l'autre sexe.

En cas de litige, les règles applicables sont celles visées ci-contre.

On signalera également l'existence d'une garantie de « rattrapage salarial » au profit des salariées en congé de maternité (ou des salarié(e)s en congé d'adoption). Ainsi :

- si l'entreprise est couverte par un accord collectif de branche ou d'entreprise déterminant des garanties d'évolution de la rémunération des salariées pendant leur congé de maternité et à la suite de ce congé, ce sont les dispositions de cet accord qui doivent s'appliquer, sachant que, si l'accord a été conclu depuis le 25 avril 2006, elles doivent être aussi favorables que celles prévues par la loi (voir ci-dessous) ;
- si l'entreprise n'est pas couverte par un tel accord, la rémunération de la salariée est majorée, à la suite du congé de maternité, des augmentations générales appliquées dans l'entreprise ainsi que de la moyenne des augmentations individuelles perçues pendant la durée de ce congé par les salariés relevant de la même catégorie professionnelle ou, à défaut, de la moyenne des augmentations individuelles dans l'entreprise.

➤ Les moyens d'application dans l'entreprise

Outre l'application de sanctions pénales (art. L. 152-1 et suivants, L. 154-1 et R. 154-0), la loi prévoit différents moyens pour faire respecter l'égalité des droits dans les entreprises :

- les textes relatifs à l'égalité professionnelle doivent être affichés dans l'entreprise (art. L. 123-7 et L. 140-7) ;

- aucune disposition discriminatoire ne doit figurer dans les contrats de travail et les conventions collectives (art. L. 123-2) ;
- les syndicats peuvent agir en justice en faveur d'un salarié sans justifier d'un mandat de sa part, pourvu que celui-ci ait été averti par écrit et ne s'y soit pas opposé dans un délai de 15 jours à compter de la date à laquelle l'organisation syndicale lui a notifié son intention (art. L. 123-6) ;
- tout licenciement prononcé suite à une action en justice relative à l'égalité professionnelle est nul (art. L. 123-5).

➤ *Comment faire progresser l'égalité professionnelle ?*

Chaque année, l'employeur doit présenter au CE un rapport écrit sur la situation comparée des conditions d'emploi et de formation des femmes et des hommes. Ce rapport comporte une analyse permettant d'apprécier la situation respective des femmes et des hommes en matière d'embauche, de formation, de rémunération effective et d'articulation entre l'activité professionnelle et l'exercice de la responsabilité familiale... (art. L. 432-3-1). Le CE doit formuler un avis motivé sur ce rapport. Pour assurer l'égalité professionnelle, notamment au vu de ce rapport, des mesures de rattrapage concernant l'embauche, la formation, la promotion et les conditions de travail peuvent faire l'objet d'un plan pour l'égalité professionnelle (art. L. 123-4). Des aides financières peuvent en outre être accordées à l'entreprise dans le cadre de contrats pour l'égalité professionnelle conclus avec l'État.

➤ *Quel est le rôle de la négociation collective ?*

La loi du 23 mars 2006 « relative à l'égalité salariale entre les femmes et les hommes » se fixe pour objectif de parvenir à la suppression des écarts salariaux entre les femmes et les hommes. Pour cela, priorité est donnée à la négociation collective, de branche et d'entreprise. À ces deux niveaux, la négociation annuelle sur les salaires devra viser à définir et à programmer les mesures permettant de supprimer les écarts de rémunération entre les femmes et les hommes avant le 31/12/2010. Les conventions collectives qui ne comprendraient pas de clause relative à la suppression des écarts de rémunération entre les femmes et les hommes ne pourront pas être étendues. S'agissant des négociations d'entreprise sur la suppression des écarts de rémunération, leur existence conditionnera la possibilité de déposer les accords sur les salaires effectifs au sein desquels elles prendront place. Un bilan de ces dispositions sera effectué à mi-parcours ; au vu de ce bilan, le gouvernement pourra présenter au Parlement, si nécessaire, un projet de loi instituant une contribution assise sur les salaires et applicable aux entreprises n'ayant pas satisfait à l'obligation d'engagement des négociations.

2 Le salaire

La rémunération est la contrepartie du travail fourni ; elle comprend un salaire de base, auquel s'ajoutent éventuellement des primes, gratifications ou avantages divers. Le plus souvent, le salaire de base est fixé par l'employeur seul. Toutefois, celui-ci doit respecter certains principes : les règles relatives au SMIC, les salaires minimaux conventionnels, le principe d'égalité de rémunération entre hommes et femmes, la non-discrimination (notamment syndicale). L'employeur doit également négocier chaque année les salaires effectifs dans l'entreprise.

Les éléments de rémunération

➤ *Le salaire de base*

C'est la rémunération stable que l'employeur doit verser en contrepartie du travail fourni. La plupart des salariés sont aujourd'hui soumis au principe de la mensualisation, c'est-à-dire qu'ils bénéficient d'un paiement mensuel de salaire calculé sur la base de l'horaire hebdomadaire de travail ; dans ce cas, la rémunération ne dépend pas du nombre de jours travaillés dans le mois.

Comment calculer votre salaire mensuel ?

Exemple pour un salarié travaillant à temps plein dans une entreprise appliquant les 35 heures :

$$\frac{35 \text{ x } 52 \text{ semaines}}{12 \text{ mois}} = 151{,}666 \text{ heures x taux horaire}$$

Quels sont les salariés exclus du principe de la mensualisation ?

Restent exclus de la mensualisation : les travailleurs à domicile, les saisonniers, les intermittents, les intérimaires. Pour ces salariés, la rémunération mensuelle se calcule en multipliant le taux horaire par la durée mensuelle de travail, ce qui, d'un mois à l'autre, peut donc donner lieu à un montant de salaire différent.

➤ *Les primes et gratifications*

Il en existe une grande variété : prime de rendement, prime d'ancienneté, prime d'assiduité, prime de fin d'année, prime de pénibilité, prime de vacances, prime de bilan, prime de mariage, 13e mois, etc. Elles constituent des compléments de salaire et sont obligatoires lorsqu'elles sont prévues par la convention collective ou votre contrat de travail. Quand une prime résulte d'un usage, elle doit réunir trois conditions. Elle doit être :

- constante : la prime doit être payée régulièrement, même si l'employeur la qualifie d'exceptionnelle ;
- générale : la prime doit être versée à l'ensemble du personnel, une catégorie professionnelle, un service ou un atelier de l'entreprise ;
- fixe : le montant de la prime ne doit pas varier d'une fois sur l'autre par la seule volonté de l'employeur. Elle doit suivre un mode de calcul préalablement établi, ou connu et constant.

sachez-le *L'employeur peut toujours revenir sur une prime résultant d'un usage, à condition de prévenir suffisamment à l'avance.*

➤ *Les avantages en nature*

L'employeur fournit, dans certains cas, un logement, le chauffage, des repas, etc. Il s'agit là de compléments de salaire, à condition qu'ils ne correspondent pas à des frais professionnels imposés au salarié par ses conditions d'emploi. Ils sont évalués forfaitairement par la Sécurité sociale ou le Code du travail et sont soumis aux cotisations sociales.

Les heures supplémentaires

Les heures effectuées au-delà de la durée légale de travail hebdomadaire donnent lieu soit à une majoration du salaire horaire soit à un repos (sur la rémunération des heures supplémentaires, voir p. 90).

Les remboursements de frais

Les remboursements de frais professionnels ne constituent pas un complément de salaire. Ils ne sont pas soumis aux cotisations sociales. Le remboursement peut se faire aux frais réels, mais prend parfois la forme d'une indemnité forfaitaire. Ex. : prime de panier ou de transport, indemnité de déplacement.

attention *Le caractère de prime ou de remboursement de frais est indépendant du nom donné par l'employeur. Ex. : prime de panier représentant en réalité un remboursement de frais, indemnité de marteau-piqueur constituant en fait une prime.*

sachez-le *Ces sommes seront considérées comme des salaires malgré leur dénomination lorsqu'elles ne correspondent pas à des dépenses effectives.*

Le SMIC

Le SMIC (salaire minimum interprofessionnel de croissance) est le salaire horaire minimum en dessous duquel vous ne pouvez pas être payé (art. L. 141-1 et suivants). Il indique un salaire brut avant déduction des cotisations sociales et s'applique, exception faite des VRP, à l'ensemble des salariés.

Le montant du SMIC (art. L. 141-3 et 4).

Le SMIC augmente chaque fois que l'indice des prix augmente de 2 %. Le SMIC est également revalorisé tous les 1er juillet.

- Montant du SMIC (horaire brut) au 1er juillet 2006 : 8,27 €, soit 1 254,28 € (sur la base de 35 heures hebdomadaires). Sur les cotisations et contributions sociales, voir le tableau récapitulatif de la page 86.

Le retour à un SMIC unique

Depuis le 1/07/2005, en application de la loi du 17/01/2003, il n'existe plus qu'un SMIC unique, comme cela était le cas avant le passage aux 35 heures et la création des « garanties mensuelles de rémunération » (GMR). Ce retour au SMIC unique s'est fait au terme d'un double mouvement d'alignement des GMR existantes sur la plus élevée d'entre elles (dite « GMR 5 ») et, par l'effet de revalorisations exceptionnelles, de fixation du montant du SMIC au niveau de la GMR la plus élevée.

Les jeunes travailleurs ont-ils droit au SMIC ?

Le SMIC s'applique à tous les travailleurs, y compris aux jeunes, sauf ceux titulaires de certains contrats d'insertion (voir p. 20 et suiv.). Toutefois, l'employeur peut appliquer un abattement de 20 % si le jeune est âgé de moins de 17 ans et de 10 % s'il est âgé de 17 à 18 ans. À noter que cet abattement peut être supprimé par convention ou accord collectif, ou par une clause du contrat de travail. Il l'est, en tout état de cause, dès que le jeune justifie de 6 mois de pratique professionnelle dans la branche d'activité.

➤ *La rémunération mensuelle minimale (art. L. 141-11)*

Tout salarié a droit à une rémunération mensuelle minimale égale au produit du SMIC par son horaire mensuel.
Les heures supplémentaires doivent être payées en plus, et la compensation d'un mois sur l'autre est interdite. Cette rémunération mensuelle minimale doit également être garantie en cas de chômage partiel (voir p. 155).

➤ *Comment savoir si vous percevez le SMIC ?*

Pour vérifier si votre rémunération est au moins égale au SMIC, vous devez prendre en compte le versement de certaines primes : le tableau de la page 79 précise les primes dont il faut, ou non, tenir compte pour comparer son salaire au SMIC, en sachant que, en cas de litige, cette question relève de l'appréciation des tribunaux, qui peuvent parfois prendre des positions différentes.

COMPARAISON DU SALAIRE AVEC LE SMIC	Prise en compte	
	OUI	NON
Salaire de base	x	
Avantages en nature	x	
Primes de rendement ou de productivité, lorsqu'elles constituent un élément prévisible de rémunération	x	
Primes ou majorations aléatoires liées au résultat, à la production, à la productivité, au chiffre d'affaires, au bénéfice de l'entreprise		x
Primes accordées en raison des conditions particulières de travail (primes de danger, de froid, d'insalubrité, travail de nuit, dimanche et jours fériés...)		x
Remboursement de frais, indemnités de déplacement, primes de panier ou de repas, prime de transport		x
Prime de transport de la région parisienne		x
Majorations pour heures supplémentaires		x
Primes d'ancienneté, d'assiduité :		
• présentant un caractère uniforme et sans véritable lien avec l'ancienneté ou l'assiduité réelle du salarié	x	
• calculée en fonction de l'ancienneté ou de l'assiduité réelle du salarié et variant avec celles-ci		x
Primes ou gratifications de fin d'année, 13e mois, prime de vacances et toutes primes dont la périodicité du versement est supérieure à la périodicité de la paie		x
Primes exceptionnelles, aléatoires		x
Autres primes (que ci-dessus) accordées régulièrement	x	

Les minima conventionnels

Les conventions et accords collectifs déterminent les salaires minima applicables à l'ensemble des salariés d'une branche d'activité ou d'une profession.

➤ *Comment sont établis les salaires minima ?*

Les salaires minima sont établis en fonction des qualifications professionnelles, et notamment du coefficient hiérarchique affecté à chaque emploi.
La base de calcul de ces salaires diffère selon les conventions collectives (valeur du point, taux horaire...). Si les salaires minima sont définis par des taux horaires, vous pouvez déterminer les salaires minima qui vous sont applicables en multipliant le taux horaire de votre catégorie professionnelle par votre horaire mensuel.

attention *Les salaires minima ne sont pas toujours actualisés et peuvent être inférieurs au SMIC. Ils sont alors inapplicables.*

➤ *Comment comparer votre rémunération aux salaires minima ?*

Vous devez prendre en compte « toutes les sommes versées en contrepartie ou à l'occasion du travail et ayant le caractère de salaire », sauf les majorations pour heures supplémentaires. Toutefois, votre convention collective peut préciser que certaines primes ne sont pas prises en compte, notamment les primes de pénibilité, d'assiduité ou d'ancienneté...

➤ *Salaires minima et salaires réels*

Dans la pratique, les salaires minima sont nettement inférieurs (de l'ordre de 30 % en moyenne) aux salaires effectivement pratiqués dans la profession. Cependant, l'employeur a l'obligation d'engager chaque année une négociation sur les salaires effectifs (s'il existe une section syndicale dans votre entreprise).

Le paiement du salaire

➤ *Quand devez-vous être payé ?*

Le principe est celui du paiement du salaire une fois par mois (art. L. 143-2). Les salariés qui en font la demande peuvent recevoir un acompte par quinzaine. Des exceptions existent pour les VRP (paiement au moins une fois par trimestre) et pour les salariés non mensualisés. Ces derniers doivent être payés au moins deux fois par mois, à 16 jours au plus d'intervalle.

➤ *Comment devez-vous être payé ?*

Le salaire ou l'acompte peuvent être payés en espèces si le montant mensuel est inférieur à 1 500 €, et si le salarié en fait la demande. Au-delà, le paiement doit être effectué par virement ou par chèque. En outre, certains salariés peuvent être payés, avec leur accord, au moyen du chèque emploi-service universel (CESU), du chèque emploi associatif (voir p. 45) ou du chèque emploi-TPE. Ils reçoivent alors, de l'organisme qui gère ce dispositif, une attestation d'emploi qui tient lieu de bulletin de salaire et doit être conservée sans limitation de durée.

➤ *Le bulletin de salaire (art. L. 143-3, R. 143-2)*

Sauf cas particuliers visés ci-dessus ou utilisation du titre emploi entreprise (voir p. 46), le versement du salaire doit obligatoirement s'accompagner de la remise, par l'employeur, d'un bulletin de salaire précisant :

- le nom et l'adresse de l'employeur, ainsi que l'établissement dont vous dépendez ;
- les références de l'organisme auquel l'employeur verse les cotisations de Sécurité sociale, ainsi que son numéro de cotisant ;
- le code APE de l'entreprise ou de l'établissement ;
- si elle existe, l'intitulé de la convention collective qui vous est applicable, et à défaut les articles du Code du travail relatifs à la durée des congés payés et de préavis en cas de rupture du contrat de travail ;
- votre nom, l'emploi occupé et votre position dans la classification conventionnelle ;
- la période et le nombre d'heures de travail correspondant au salaire payé, en distinguant, s'il y a lieu, les heures qui sont payées au taux normal et celles qui comportent une majoration pour heures supplémentaires ou pour toute autre cause ;
- la nature et le volume du forfait auquel se rapporte le salaire des salariés dont la rémunération est déterminée sur la base d'un forfait hebdomadaire ou mensuel en heures, d'un forfait annuel en heures ou en jours ;
- la nature de la base de calcul du salaire lorsque, par exception, cette base de calcul n'est pas la durée du travail ;
- la nature et le montant des divers accessoires de salaire qui vous sont versés ;

- la rémunération brute avant déduction des cotisations sociales ;
- la nature et le montant de toutes les déductions légales et conventionnelles : CSG, CRDS, cotisations Sécurité sociale, assurance chômage, retraite complémentaire, régime de prévoyance, mutuelle ; le regroupement des cotisations salariales est possible si ces prélèvements sont appliqués à une même assiette et destinés à un même organisme collecteur. Le taux, le montant et la composition de chacun de ces prélèvements sont communiqués au salarié au moins une fois par an ou lorsque prend fin le contrat de travail, soit sur le bulletin de paie, soit sur un document pouvant lui être annexé ;
- la nature et le montant des sommes et indemnités diverses s'ajoutant à la rémunération et non soumises à cotisations ;
- la rémunération nette versée ;
- la date du paiement ;
- les dates de congés et le montant de l'indemnité correspondante.

Le bulletin de paie, ou un récapitulatif annuel remis au salarié, doit mentionner la nature, le montant et le taux des cotisations patronales assises sur la rémunération brute. Lorsque ces cotisations sont mentionnées sur le bulletin de paie, elles peuvent être regroupées dans les mêmes conditions et selon les mêmes modalités de communication au salarié que celles prévues pour les cotisations salariales (voir ci-dessus).

En annexe au bulletin de salaire doivent figurer notamment les droits au repos compensateur acquis au titre soit de la bonification, soit du repos compensateur de remplacement (voir p. 92).

attention *Les bulletins de salaire doivent être conservés précieusement ; quand on vous les réclame, envoyez une photocopie.*

➤ Les réclamations concernant votre salaire

L'acceptation d'un bulletin de paie sans protestation ni réserve ne vous retire pas la possibilité de contester par la suite les salaires perçus (art. L. 143-4). Les réclamations concernant les salaires peuvent être faites pendant 5 ans (art. L. 143-14). Au-delà, elles ne sont plus possibles.

➤ Les saisies sur salaire

Toute personne à qui vous devez de l'argent peut, avec l'autorisation du juge d'instance, faire saisir une partie de votre salaire (art. L. 145-1 et suivants, R. 145-1 et suivants). Le salaire à prendre en considération est le salaire annuel net, et la part saisissable est, pour l'année 2006, de (s'il s'agit d'une dette alimentaire, il n'est pas fait application de ces tranches) :

- 1/20 sur la tranche inférieure ou égale à 3 240 € ;
- 1/10 sur la tranche allant de 3 240 € à 6 370 € ;
- 1/5 sur la tranche allant de 6 370 € à 9 540 € ;
- 1/4 sur la tranche allant de 9 540 € à 12 670 € ;
- 1/3 sur la tranche allant de 12 670 € à 15 810 € ;
- 2/3 sur la tranche allant de 15 810 € à 19 000 € ;
- la totalité sur la tranche supérieure à 19 000 €.

Les tranches sont augmentées de 1 220 € par personne à charge.

sachez-le *Dans tous les cas, il est laissé au salarié une somme égale au montant du RMI pour une personne seule (voir p. 231).*

La participation et l'intéressement

La participation et l'intéressement sont deux dispositifs distincts permettant d'associer les salariés aux performances de l'entreprise : bénéfice annuel de l'entreprise pour la participation, et résultat, gain de productivité ou autre pour l'intéressement. Les sommes attribuées aux salariés n'ont pas la nature de salaire. Elles constituent un complément aléatoire de rémunération, distinct du salaire, non soumis à cotisations sociales (sauf CSG et CRDS), et bénéficient d'un régime fiscal avantageux.
Les mécanismes d'intéressement et de participation doivent être mis en place soit par accord collectif ou accord entre le chef d'entreprise et les représentants d'organisations syndicales représentatives, soit par accord au sein du comité d'entreprise, soit par référendum. Chaque accord détermine des modalités particulières d'application. Il convient donc de vous reporter au contenu de l'accord applicable dans votre entreprise. Cependant, la loi impose le respect d'un certain nombre de règles impératives.

La participation (art. L. 441-1 et suivants)

Toute entreprise de plus de 50 salariés doit mettre en place un système de participation. Cette obligation s'impose également aux unités économiques et sociales employant au moins 50 salariés, qu'elles aient été reconnues par convention ou accord collectif ou par une décision de justice. Toutefois, pour les entreprises ayant conclu un accord d'intéressement et qui viennent à dépasser le seuil de 50 salariés, l'obligation de mettre en place la participation ne s'applique qu'à l'expiration de cet accord.
Le mécanisme est le suivant : une fraction des bénéfices annuels réalisés par l'entreprise est affectée à la participation. Cette réserve spéciale de participation est répartie, en principe, en proportion de leur salaire à tous les salariés, bien que l'accord

de participation puisse prévoir d'autres modalités de répartition (notamment une répartition uniforme, une répartition proportionnelle à la durée de présence dans l'entreprise, ou une répartition combinant ces différents critères).
Les sommes ainsi réparties sont bloquées pendant 5 ans au moins (certains accords en vigueur au 20/02/2001 ont pu ramener ce délai à 3 ans). Toutefois, à certaines conditions, un déblocage anticipé est possible (rupture du contrat de travail, mariage, divorce, naissance, invalidité...).

➤ *L'intéressement (art. L. 441-1 et suivants)*

L'intéressement est un système facultatif. L'intéressement peut être réservé aux salariés d'une catégorie, d'un établissement ou d'une unité de travail, tant qu'il conserve un caractère collectif.
La détermination et la répartition des sommes à affecter à l'intéressement sont fixées librement dans l'accord. La répartition sera alors soit uniforme parmi les salariés visés, soit fonction de critères tels que le salaire, l'ancienneté, la qualification, qui peuvent être combinés. À la différence de la participation, les sommes perçues sont disponibles immédiatement.

sachez-le *Le PERCO (plan d'épargne pour la retraite collectif) est un dispositif facultatif d'épargne salariale destiné à permettre aux salariés de se constituer une épargne en vue de la retraite. Comme les autres dispositifs existants (PEE, plan d'épargne entreprise ; PEI, plan d'épargne interentreprises ; ou PEG, plan d'épargne de groupe), il peut recevoir des versements provenant de l'intéressement ou de la participation, ainsi que des versements volontaires des salariés, complétés le cas échéant par un abondement de l'entreprise. Sur ce point, vous pouvez vous renseigner auprès de vos délégués.*

En cas de procédures collectives (l'AGS)

L'AGS (assurance garantie des salaires), gérée par l'UNEDIC, protège les salariés contre l'insolvabilité de leur employeur en cas de procédures collectives (sauvegarde, redressement ou liquidation judiciaire). L'AGS fait l'avance des salaires et indemnités lorsque l'entreprise ne dispose pas des fonds nécessaires pour les payer.

➤ *Les procédures collectives*

Elles débutent par l'ouverture, sur décision du tribunal de commerce (TC), d'une procédure de sauvegarde, de redressement ou de liquidation judiciaire.

Dès l'ouverture de la procédure, un mandataire judiciaire (représentant des créanciers) est désigné par le TC afin, notamment, d'établir un relevé des créances salariales. Ce relevé est établi sous le contrôle d'un représentant des salariés désigné par le CE, à défaut par les DP, ou à défaut encore par les salariés. Le mandataire judiciaire doit informer par tout moyen, chaque salarié, de la nature et du montant des créances admises ou rejetées, lui indiquer la date du dépôt au greffe du relevé des créances et lui rappeler l'existence du délai pour agir : le salarié dont la créance ne figure pas en tout ou en partie sur le relevé des créances dispose, en effet, pour saisir le conseil de prud'hommes, d'un délai de 2 mois à compter de la publication, dans un journal d'annonces légales, de l'avis indiquant que l'ensemble des créances a été déposé auprès du greffe du TC ; il peut demander au représentant des salariés de l'assister ou de le représenter devant les prud'hommes.

➤ *Les sommes garanties par l'AGS (art. L. 143-11-1 et s.)*

En cas de sauvegarde, l 'AGS couvre les créances résultant des licenciements pour motif économique prononcés pendant la période d 'observation ou pendant le mois suivant l 'arrêté du plan de sauvegarde.

En cas de redressement ou de liquidation judiciaire, l'AGS garantit :

1. Toutes les sommes dues aux salariés à l'ouverture de la procédure de redressement judiciaire. Les rémunérations des 60 derniers jours de travail et les congés payés bénéficient d'un superprivilège qui permet un versement accéléré (disposition également applicable en cas de sauvegarde).

2. Les indemnités de licenciement, de préavis et de congés payés, en cas de licenciement : pendant la période d'observation ; dans le mois suivant l'adoption du plan de redressement ou de cession ; dans les 15 jours suivant la liquidation et pendant la poursuite provisoire de l'activité.

3. Lorsque la liquidation est prononcée, et dans la limite de 1,5 mois de salaire, les rémunérations dues : pendant la période d'observation ; pendant les 15 jours suivant la liquidation et pendant la poursuite provisoire de l'activité.

Sur les plafonds de garantie et les délais de versement des sommes dues, il convient de se renseigner auprès de l'ASSEDIC.

A noter : l'AGS ne couvre pas les sommes qui concourent à l'indemnisation du préjudice causé par la rupture du contrat de travail dans le cadre d'un licenciement pour motif économique, en application d'un accord d'entreprise ou d'établissement ou de groupe, ou d'une décision unilatérale de l'employeur, lorsque l'accord a été conclu et déposé ou la décision notifiée moins de 18 mois avant la date du jugement d'ouverture de la procédure.

Principales cotisations sociales au 1/07/2006			
Risques ou charges	Part employeur (1) %	Part salarié %	Assiette
Contribution sociale généralisée	-	7,50	97 % du salaire brut
Contribution au remboursement de la dette sociale	-	0,50	*Idem*
Contribution solidarité autonomie	0,30	-	Totalité du salaire
Sécurité sociale			
• Assurance maladie, maternité, invalidité, décès	12,80	0,75	Totalité du salaire
• Assurance vieillesse	8,20 1,60	6,55 0,10	Tranche A Totalité du salaire
• Allocations familiales	5,40	-	*Idem*
• Accident du travail	Variable	-	*Idem*
Assurance chômage	4,04	2,44	Jusqu'à 4 PSS
• AGS	0,15	-	*Idem*
Retraite complémentaire			
• Non-cadres (minimum)	4,5 12	3 8	Jusqu'à 1 PSS Entre 1 et 3 PSS
• Cadres (minimum) (2) (3)	4,5 12,6	3 7,7	Tranche A Tranche B
• Cotisation AGFF	1,20 1,30	0,80 0,90	Tranche A Tranche B (4)

Tranche A : partie du salaire inférieure au plafond Sécurité sociale (PSS) : 2 589 € pour l'année 2006.

Tranche B : salaire compris entre 1 et 4 fois le plafond de la Sécurité sociale.

(1) L'employeur doit mentionner sur le bulletin de salaire la nature et le montant des cotisations patronales versées au titre du salaire, ou remettre chaque année au salarié un récapitulatif faisant apparaître ces mêmes éléments.

(2) S'ajoute une cotisation au taux global de 20,3 % (répartition libre entre employeur et salarié) sur le salaire compris entre 4 et 8 fois le PSS.

(3) S'ajoute une contribution exceptionnelle temporaire au taux de 0,35 % (0,22 % employeur, 0,13 % salarié) prélevée sur le salaire jusqu'à 8 fois le PSS.

(4) Pour les non-cadres, la tranche B correspond au salaire compris entre 1 et 3 fois le plafond de la Sécurité sociale ; pour les cadres, de 1 à 4 fois ce plafond.

3 La durée du travail

La réglementation de la durée du travail a été modifiée à plusieurs reprises au cours de ces dernières années, notamment par les lois du 19/01/2000, du 17/01/03 et du 31/03/05. Nous en donnons ici les règles communes à tous les salariés.
De nombreuses dispositions peuvent toutefois être aménagées par branches d'activité ou au sein même de l'entreprise (par accord ou par l'employeur).
Renseignez-vous auprès de vos délégués ou de l'inspection du travail.

La durée légale du travail

➤ *Qu'est-ce que la durée légale ?*

C'est la durée qui sert de base de référence pour le déclenchement des heures supplémentaires. La durée réelle du travail ne correspond pas obligatoirement à la durée légale. Les conventions et accords collectifs peuvent prévoir une durée inférieure. On parle alors de durée conventionnelle. La durée réelle du travail peut aussi être supérieure à la durée légale ; la différence constitue alors des heures supplémentaires.

➤ *Quelle est la durée légale du travail (art. L. 212-1) ?*

Dans toutes les entreprises, quel que soit leur nombre de salariés, la durée légale du travail est fixée à 35 heures par semaine (pour le calcul des heures supplémentaires, voir p. 90).

➤ *Que signifie « travail effectif » (art. L. 212-4) ?*

Il s'agit du temps pendant lequel le salarié est à disposition de l'employeur et doit se conformer à ses directives sans pouvoir vaquer librement à des occupations personnelles. Sauf accord collectif ou usage, seul le temps de travail effectif est rémunéré

et pris en compte pour l'appréciation des durées de travail (durée maximale, heures supplémentaires...).
Sont ainsi exclues, en principe, du temps de travail effectif les périodes suivantes :

- les temps de pause et de restauration quand le salarié n'est pas à la disposition de l'employeur ;
- les temps d'astreinte (voir ci-dessous) ;
- les temps d'habillage et de déshabillage ; mais quand une tenue de travail est imposée, ces temps doivent faire l'objet d'une contrepartie financière ou d'un repos ;
- le temps de déplacement professionnel pour se rendre sur le lieu d'exécution du contrat de travail. Toutefois, s'il dépasse le temps normal de trajet entre le domicile et le lieu habituel de travail, il doit faire l'objet d'une contrepartie soit sous forme de repos, soit financière, déterminée par convention ou accord collectif ou, à défaut, par décision unilatérale de l'employeur prise après consultation du CE ou des DP, s'ils existent. La part de ce temps de déplacement professionnel coïncidant avec l'horaire de travail ne doit pas entraîner de perte de salaire.

➤ *L'astreinte (art. L. 212-4 bis)*

Il s'agit d'une période pendant laquelle le salarié, sans être à la disposition permanente et immédiate de l'employeur, a l'obligation de demeurer à son domicile ou à proximité afin d'être en mesure d'intervenir pour effectuer un travail au service de l'entreprise. Seule l'intervention est considérée comme du temps de travail effectif.
Les temps d'astreinte sans intervention peuvent avoir lieu durant les périodes de repos quotidien ou hebdomadaire.

Je suis d'astreinte un samedi par mois. Comment doit être rémunérée cette journée ?

Seule l'intervention durant l'astreinte doit être rémunérée. La période d'astreinte sans intervention n'est pas considérée comme du temps de travail effectif. Elle n'est donc pas, en principe, rémunérée. Toutefois, elle doit obligatoirement donner lieu à une compensation financière ou à un repos.

Salariés	Durée journalière maximale	Dérogation à la durée journalière maximale	Durée hebdomadaire maximale	Dérogation à la durée hebdomadaire maximale
À partir de 18 ans	**10 heures** (art. L. 212-1). Au-delà de 6 heures consécutives de travail, une pause d'au moins 20 min doit être accordée (art. L. 220-2)	• En cas de surcroît temporaire d'activité, sur autorisation de l'inspecteur du travail après avis du comité d'entreprise ou des délégués du personnel (art. D. 212-13) • Jusqu'à 12 heures par convention collective étendue ou accord d'entreprise (art. D. 212-17)	**48 heures** au cours d'une même semaine (art. L. 212-7)	Exceptionnelle jusqu'à 60 heures, sur autorisation du directeur départemental du travail après avis du comité d'entreprise ou des délégués du personnel (art. L. 212-7, R. 212-9 et 10)
			44 heures sur 12 semaines consécutives (art. L. 212-7) (1)	Exceptionnelle jusqu'à 60 heures, sur autorisation de l'inspecteur ou du directeur départemental du travail (selon les cas) après avis du comité d'entreprise ou des délégués du personnel (art. L. 212-7, R. 212-3 à R. 212-8)
Moins de 18 ans	**8 heures** (art. L. 212-13) avec un maximum de 4 h 30 consécutives (art. L. 212-14) (2)	Exceptionnelle, sur autorisation de l'inspecteur du travail après avis conforme du médecin du travail et dans la limite de 5 heures par semaine (art. L. 212-13)	**35 heures** au cours d'une même semaine (art. L. 212-13) (1)	Exceptionnelle, sur autorisation de l'inspecteur du travail après avis conforme du médecin du travail et dans la limite de 5 heures par semaine (art. L. 212-13)

(1) Salariés travaillant en équipes successives selon un cycle continu : 35 heures en moyenne sur l'année sans dérogation possible (art. 26 Ord. 16.01.82).
(2) Lorsque leur temps de travail quotidien est supérieur à 4 h 30, les salariés de moins de 18 ans doivent bénéficier d'un temps de pause d'au moins 30 minutes consécutives (art. L. 212-14).

➤ *Les heures d'équivalence (art. L. 212-4)*

Dans certaines professions, il existe un régime dit des « heures d'équivalence » qui assimile à une semaine de 35 heures un temps de travail supérieur en raison de périodes d'inactivité (ex. : jeux et casinos, restauration).

➤ *La durée maximale du travail*

La loi fixe les limites maximales, journalières et hebdomadaires, de la durée réelle du travail. Reportez-vous au tableau p. 89.

Les heures supplémentaires

Les heures supplémentaires sont les heures effectuées au-delà de la durée légale de travail ou de la durée équivalente (voir heures d'équivalence ci-dessus).

➤ *Le décompte des heures supplémentaires*

Les heures supplémentaires se décomptent par semaine civile qui débute le lundi à 0 heure et se termine le dimanche à 24 heures. Toutefois, un accord d'entreprise peut prévoir que la semaine civile débute le dimanche à 0 heure et se termine le samedi à 24 heures. En outre, dans les entreprises dont la durée collective hebdomadaire de travail est supérieure à 35 heures, la rémunération mensuelle due au salarié peut être calculée en multipliant la rémunération horaire par les 52/12 de la durée collective hebdomadaire de travail, sans préjudice des majorations dues. Des règles spécifiques peuvent également s'appliquer quand, en application d'une disposition réglementaire ou conventionnelle, le temps de travail est organisé dans un cadre autre que celui de la semaine (cycle, modulation...). Sauf accord plus favorable, seul le temps de travail effectif (voir ci-dessus) est compris dans le décompte.
Le décompte des heures supplémentaires et leur majoration doivent être indiqués sur le bulletin de paie (voir p. 81).

➤ *La rémunération des heures supplémentaires*

Chaque heure supplémentaire donne droit soit à une majoration du salaire horaire, soit à un repos (art. L. 212-5 et suivants).
Le taux de majoration des heures supplémentaires peut être fixé par accord de branche étendu ou par accord d'entreprise ou d'établissement. Il ne peut être inférieur à 10 %. À défaut d'accord, la majoration est de 25 % pour les huit premières heures supplémentaires (de la 36e à la 43e heure) et de 50 % pour les suivantes

(à partir de la 44e). Pour les entreprises dont l'effectif, apprécié au 31/03/2005, était de 20 salariés et moins, le taux de majoration des quatre premières heures supplémentaires (de la 36e à la 39e heure) est fixé à 10 % seulement jusqu'au 31/12/2008 au plus tard (sauf application, avant cette date, d'un accord collectif) (loi du 31/03/2005). On précisera que la date limite de cette disposition dérogatoire, initialement fixée au 31/12/2003, avait été prolongée une première fois jusqu'au 31/12/2005. Le nouveau report de 3 ans, soit jusqu'au 31/12/2008, résulte de la loi du 31/03/2005 ; il ne s'applique qu'aux entreprises (et aux unités économiques et sociales) dont l'effectif était au plus égal à 20 salariés au 31/03/2005 ; pour les autres, c'est-à-dire celles dont l'effectif, apprécié au 31/03/2005, était supérieur à 20 salariés, ce régime dérogatoire a pris fin depuis le 1/01/2006.
En toute hypothèse, en application d'une convention ou d'un accord collectif étendu, ou d'une convention ou d'un accord d'entreprise ou d'établissement, le paiement des heures ainsi que la majoration peuvent être remplacés par un repos appelé « repos compensateur de remplacement ».

sachez-le *Dans les entreprises dépourvues de délégués syndicaux, ce remplacement est subordonné, en l'absence de convention ou d'accord collectif étendu, à l'absence d'opposition du comité d'entreprise ou des délégués du personnel, lorsqu'ils existent.*

Le remplacement peut être total (ex. : repos de 1h15 pour 1 heure majorée à 25 %) ou partiel (par exemple, repos de 1 heure pour toute heure supplémentaire, et paiement des seules majorations).
Les modalités de prise de ce repos compensateur de remplacement obéissent à celles du repos compensateur obligatoire (voir ci-dessous).

➤ *Le salaire au forfait*

Lorsqu'un salarié est amené à effectuer régulièrement des heures supplémentaires, il peut être convenu que son salaire mensuel intègre les majorations pour heures supplémentaires. Il s'agit alors d'une convention de forfait mensuelle, qui doit être prévue soit par la convention collective, soit, par accord écrit du salarié, par une clause du contrat de travail. Dans tous les cas, la rémunération mensuelle versée ne peut être inférieure au salaire horaire dûment majoré des heures supplémentaires effectuées dans le mois. De plus, le salarié a droit aux repos compensateurs correspondant aux heures supplémentaires effectivement réalisées.

➤ *Le contingent annuel d'heures supplémentaires*

Votre employeur dispose d'un « contingent annuel d'heures supplémentaires » qu'il peut faire effectuer à chaque salarié après simple information de l'inspecteur du travail et du comité d'entreprise ou, à défaut, des délégués du personnel (art. L. 212-6).
Le volume de ce contingent est fixé par accord de branche étendu ou par accord d'entreprise ou d'établissement. À défaut, il est fixé par décret (on parle alors, bien que le terme soit impropre, de « contingent légal »). Il peut être fixé en dessous ou au-dessus de ce « contingent légal », égal à 220 heures par an et par salarié, quelle que soit la taille de l'entreprise (contingent réduit, en principe, à 130 heures en cas de modulation, voir p. 96). Au-delà du contingent annuel, l'employeur peut encore vous faire effectuer des heures supplémentaires (dites « hors contingent »), s'il obtient l'autorisation de l'inspecteur du travail après avis du CE (art. L. 212-7) (sur le recours aux « heures choisies », voir p. 93).
À noter que, dans les entreprises de 20 salariés et moins, les heures supplémentaires effectuées en 2006 ne s'imputent sur le contingent qu'à partir de la 37e heure. Ce dispositif transitoire a été prolongé jusqu'au 31/12/2008 par la loi du 31/03/2005, au profit des seules entreprises dont l'effectif, apprécié au 31/12/2005, était au plus égal à 20 salariés. Pour les entreprises qui ont bénéficié de ce régime dérogatoire en 2005, en vertu des dispositions antérieures à la loi du 31/03/2005, mais dont l'effectif, apprécié au 31/03/2005, était supérieur à 20 salariés, toutes les heures effectuées au-delà de 35 heures s'imputent sur le contingent d'heures supplémentaires depuis le 01/01/2006.
Quant aux heures correspondant à la « journée de solidarité » (voir p. 130), elles ne s'imputent pas, dans la limite de 7 heures (avec proratisation pour les salariés à temps partiel), sur le contingent annuel d'heures supplémentaires, et ne donnent pas lieu à repos compensateur.

➤ *Le repos compensateur (art. L. 212-5-1, D. 212-5)*

Les heures supplémentaires ouvrent droit à un repos compensateur obligatoire qui varie selon que le contingent annuel est ou non dépassé et selon que votre entreprise compte plus ou moins de 20 salariés (voir tableau p. 93). Chaque fois que 7 heures de repos sont acquises, vous avez droit à une journée de repos. Vous devez la prendre, en accord avec l'employeur, dans un délai de 2 mois (ou 6 mois si un accord collectif étendu ou un accord d'entreprise le prévoit). Le repos doit être pris en dehors de la période allant du 1er juillet au 31 août et ne peut être accolé à des congés payés. Il faut en faire la demande au moins une semaine à l'avance. Vos droits doivent être indiqués sur le bulletin de paie ou une annexe. Le repos est payé et est considéré comme du temps de travail effectif.

Sauf cas particulier des contingents négociés avant le 18/01/03, le déclenchement du repos compensateur obligatoire se fait à partir du dépassement du contingent conventionnel de branche, et non du contingent légal (et ce quel que soit son volume, supérieur ou inférieur au contingent légal).

En l'absence de contingent fixé par accord collectif, le repos compensateur est déclenché à partir de la 221e heure.

Entreprise	Heures supplémentaires dans la limite du contingent annuel (1)	Heures supplémentaires au-delà du contingent annuel (1)
Jusqu'à 20 salariés	Pas de repos compensateur	Repos de 50 % (1/2 heure) pour toute heure supplémentaire
Au-delà de 20 salariés	Repos de 50 % (1/2 heure) pour chaque heure supplémentaire effectuée au-delà de la 41e heure	Repos compensateur : 100 % (1 heure) pour toute heure supplémentaire

(1) Contingent conventionnel ou contingent légal en l'absence d'accord.

sachez-le *Si le repos n'est pas pris dans les deux mois, le droit n'est pas perdu ; l'employeur doit demander au salarié de prendre son repos dans un délai maximal d'un an.*

➤ *Les « heures choisies » (art. L. 212-6-1)*

Dans le cadre prévu par une convention ou un accord collectif de branche, de groupe, d'entreprise ou d'établissement, le salarié qui le souhaite peut, en accord avec son employeur, effectuer des « heures choisies » au-delà du contingent d'heures supplémentaires applicable dans l'entreprise ou dans l'établissement.

Ces « heures choisies » reposent sur un accord entre le salarié et son employeur ; elles ne sont pas soumises à l'autorisation de l'inspecteur du travail et n'ouvrent pas droit au repos compensateur.

sachez-le *Le nombre des « heures choisies » effectuées par le salarié ne peut avoir pour effet de faire travailler le salarié au-delà des durées maximales de travail.*

La convention ou l'accord collectif visés ci-dessus qui prévoient la possibilité d'effectuer de telles « heures choisies » doivent en outre :

- préciser les conditions dans lesquelles ces heures choisies sont effectuées,
- fixer la majoration de salaire à laquelle elles donnent lieu et, le cas échéant, les contreparties, notamment en termes de repos.

Le taux de la majoration ne peut être inférieur au taux applicable pour la rémunération des heures supplémentaires dans l'entreprise ou dans l'établissement.

sachez-le *Des dispositions sont également prévues pour les cadres (et certains non-cadres disposant d'une réelle autonomie) soumis à une convention de forfait en heures ou en jours. Pour les premiers cités, une convention ou un accord collectif de branche, de groupe, d'entreprise ou d'établissement peuvent ouvrir la faculté, s'ils le souhaitent et en accord avec leur employeur, d'effectuer des heures au-delà de la durée annuelle de travail prévue par la convention de forfait. La convention ou l'accord collectif doivent alors préciser les conditions dans lesquelles ces heures sont effectuées, fixer la majoration de salaire à laquelle elles donnent lieu, ainsi que les conditions dans lesquelles le salarié doit faire connaître son choix. Pour les cadres en forfait jours, un même type d'accord collectif peut ouvrir la faculté, à leur demande et en accord avec leur employeur, de renoncer à une partie de leurs jours de repos en contrepartie d'une majoration de salaire. La convention ou l'accord collectif doivent déterminer notamment le montant de cette majoration, ainsi que les conditions dans lesquelles les salariés doivent faire connaître leur choix.*

Répartition et aménagement du temps de travail

Les horaires de travail sont fixés par l'employeur, qui doit respecter la réglementation sur la durée du travail et les accords applicables dans l'entreprise. Ils doivent être affichés dans chaque établissement.

➤ *L'horaire de travail*

L'horaire de travail fixe les heures de début et de fin de travail, ainsi que les heures et la durée des repos. Le principe selon lequel l'horaire de travail est organisé dans le cadre de la semaine et de manière collective connaît de nombreuses exceptions.

Si l'horaire de travail est en principe collectif, des dérogations sont possibles, notamment en cas d'horaires individualisés (voir p. 95) ou de travail à temps partiel (voir p. 97).

➤ Le nombre de jours de travail par semaine

La règle de répartition des heures de travail dans la semaine est prévue généralement soit dans le cadre de la branche professionnelle par décret, et éventuellement accord collectif, soit directement dans le cadre de l'entreprise par accord collectif. Elle est le plus souvent prévue sur 5 jours, 5,5 jours ou 6 jours. Elle est possible sur 4 jours ou 4,5 jours, si aucune convention ou accord collectif ne s'y opposent, si l'accord du comité d'entreprise ou des délégués du personnel a été obtenu et après information de l'inspecteur du travail.

➤ Les jours de repos liés à la réduction du temps de travail (art. L. 212-9)

La durée légale du travail (fixée à 35 heures) peut être organisée par l'octroi de jours de repos supplémentaires. Ces jours de repos peuvent être attribués par périodes de 4 semaines ou répartis sur l'année. L'octroi de ces jours de repos permet de réduire la durée hebdomadaire moyenne sans que l'horaire collectif de travail soit modifié.

➤ Les équipes de suppléance (art. L. 221-5-1)

Les entreprises industrielles ont la possibilité de mettre en place des équipes spéciales qui travaillent uniquement pendant que les autres salariés sont en repos de fin de semaine, ou encore à l'occasion des jours fériés ou des congés annuels.

➤ Les horaires individualisés (art. L. 212-4-1)

Ils permettent aux salariés d'aménager individuellement leurs horaires de travail, tout en respectant les limites fixées par l'accord les instituant ou, à défaut, le Code du travail. Ils peuvent être mis en place dans l'entreprise après information de l'inspecteur du travail, et si le comité d'entreprise ou les délégués du personnel ne s'y sont pas opposés. S'il n'y a pas de représentants du personnel, il faut l'autorisation de l'inspecteur du travail après consultation du personnel.

➤ La récupération des heures perdues (art. L. 212-2-2, L. 222-1-1, D. 212-1)

L'employeur peut imposer la récupération des heures perdues en raison d'un pont chômé dans l'entreprise, d'une interruption collective de travail résultant de causes accidentelles ou d'un cas de force majeure, ou encore d'inventaire ou d'intempéries. La récupération doit se faire dans les 12 mois précédant ou suivant la perte des heures.

➤ *Le cycle (art. L. 212-7)*

Un cycle de travail est une période répétitive de quelques semaines (8 à 12), à l'intérieur de laquelle le temps de travail est inégalement réparti entre les semaines. Le calcul de la durée de travail s'effectue dans le cadre du cycle, et non dans celui de la semaine civile.
Exemple : un cycle de 4 semaines est organisé selon le rythme : 42 h/42 h/40 h/30 h. La durée moyenne du cycle est de (42 + 42 + 40 + 30)/4 = 38,50 heures. Les heures supplémentaires sont calculées ainsi : (38,50 heures - 35 heures) - 3,5 heures x 4 semaines, soit 14 heures supplémentaires.

➤ *La modulation (art. L. 212-8)*

Elle permet de faire varier la durée hebdomadaire de travail sur tout ou partie de l'année en dérogeant au décompte hebdomadaire des heures supplémentaires (celles-ci font alors l'objet d'un décompte spécifique). La modulation comporte ainsi des périodes de haute et de basse activités (voire des semaines non travaillées), qui se compensent sur l'année, sans que leur total puisse excéder 1 607 heures sur l'année (ou un plafond inférieur fixé par l'accord collectif étendu, ou l'accord d'entreprise ou d'établissement ayant mis en place la modulation).

➤ *Le travail de nuit (art. L. 213-1 et suivants)*

La loi du 9 mai 2001 relative à l'égalité professionnelle entre les femmes et les hommes a levé l'interdiction du travail de nuit des femmes, qui figurait encore dans le Code du travail. Désormais, les conditions de recours au travail de nuit sont identiques pour les hommes et les femmes :

- le recours au travail de nuit doit rester exceptionnel et ne pas porter atteinte à la sécurité et à la santé des salariés ;
- des contreparties sous forme de repos compensateur ou de compensation salariale doivent être attribuées aux salariés effectuant un travail de nuit ; la loi prévoit que le repos doit être accordé de manière prioritaire, par rapport à la compensation salariale ;
- l'introduction, dans une entreprise, du travail de nuit est subordonnée à la conclusion préalable d'un accord collectif de branche étendu ou d'un accord d'entreprise ;
- à défaut d'accord collectif, l'employeur peut recourir au travail de nuit après autorisation de l'inspection du travail.

Les périodes de repos

Comme les durées maximales de travail effectif, les périodes de repos ont été instituées pour préserver la santé des travailleurs.

➤ *Le repos quotidien*

Entre deux journées de travail, tout salarié doit bénéficier d'un repos quotidien d'une durée minimale de 11 heures consécutives (art. L. 220-1). Ce repos peut être réduit dans les cas suivants :

- un accord de branche étendu ou un accord d'entreprise le prévoit ;
- en cas de surcroît exceptionnel d'activité, sur autorisation de l'inspecteur du travail et après avis du CE ou des DP (art. D. 220-3) ;
- en cas d'urgence, afin d'assurer la sécurité des biens ou des personnes (art. D. 220-5).

Tout salarié dont le repos quotidien a été réduit a droit à une période équivalente de repos ou à une contrepartie équivalente.

➤ *Le repos hebdomadaire (art. L. 221-1 et suivants)*

Il est interdit d'occuper un même salarié plus de 6 jours par semaine. Le repos hebdomadaire doit être d'au moins 24 heures consécutives. Il doit, en principe, être donné le dimanche. Mais la loi permet de nombreuses dérogations au principe du repos dominical : hôpitaux, musées, hôtels, restaurants, travail en continu, zones touristiques (art. L. 221-6 et suivants). Elle limite les dérogations individuelles et permet éventuellement d'obtenir la fermeture des établissements le dimanche par le juge des référés.

Le travail du dimanche ne donne en principe pas lieu à majoration particulière de salaire, sauf équipe de suppléance (voir ci-dessous) et dans certaines conditions pour les commerces de détail (art. L. 221-19) ou accord collectif le prévoyant.

Le travail à temps partiel

Le salarié à temps partiel est celui dont l'horaire de travail est inférieur à la durée légale ou conventionnelle hebdomadaire, mensuelle ou annuelle. La loi n'impose aucune durée minimale. Si vous êtes dans ce cas, vous avez les mêmes droits que les salariés à plein temps (congés, ancienneté...) ; votre salaire est simplement proportionnel à votre temps de travail.

➤ *Le droit au temps partiel*

Le temps partiel est réservé en priorité aux salariés de l'entreprise travaillant à plein temps et inversement (art. L. 212-4-9). Il est de droit pour tout salarié qui crée ou reprend une entreprise, dès lors qu'il justifie d'une ancienneté d'au moins 24 mois, consécutifs ou non ; la période de temps partiel pour création d'entreprise est fixée à 1 an, renouvelable une fois, ce droit ne pouvant être exercé pour une nouvelle création ou reprise d'entreprise intervenant moins de 3 ans après la précédente (art. L. 122-32-12). Sous réserve d'avoir 1 an d'ancienneté dans l'entreprise, le temps partiel est aussi de droit pour élever un enfant dans le cadre du congé parental (voir p. 138).

➤ *Le contrat de travail à temps partiel (art. L. 212-4-3)*

Sauf lorsque l'employeur a recours à un dispositif de simplification administrative (CESU, chèque emploi-associatif, chèque emploi-TPE, titre emploi-service), un contrat écrit est obligatoire. Il doit mentionner notamment la qualification professionnelle, la rémunération, la durée et la répartition hebdomadaires ou mensuelles du travail, ainsi que les conditions de modification éventuelle de cette répartition.

attention *La durée du travail fixée dans votre contrat peut à certaines conditions être modifiée automatiquement lorsque vous effectuez régulièrement des heures complémentaires (voir p. 99).*

sachez-le *Au cours d'une journée de travail, les salariés à temps partiel ne peuvent se voir imposer plus d'une interruption d'activité ou une interruption supérieure à 2 heures que si une convention ou un accord collectif de branche étendu, ou un accord d'entreprise ou d'établissement, le prévoient.*

➤ *Le temps partiel modulé (art. L. 212-4-6)*

Les salariés à temps partiel peuvent être soumis à un accord de modulation qui fait varier leur durée de travail sur tout ou partie de l'année, à condition que, sur 1 an, la durée hebdomadaire ou mensuelle n'excède pas en moyenne la durée stipulée au contrat.

➤ *Le temps partiel sous forme de semaines de congés (art. L. 212-4-7)*

Le temps partiel peut être organisé sous la forme d'un horaire à temps plein, mais avec des semaines de congé réparties sur l'année.

➤ *Les heures complémentaires (art. L. 212-4-3)*

Ce sont les heures effectuées au-delà du temps de travail prévu au contrat. Elles ne peuvent, en principe, excéder 10 % de la durée fixée au contrat. Ces heures complémentaires sont rémunérées au taux normal tant qu'elles ne dépassent pas 1/10 de la durée prévue au contrat. Au-delà, elles donnent lieu à une majoration de salaire de 25 %.

sachez-le *Si vous êtes employé à temps partiel et que, pendant une période de 12 semaines consécutives ou pendant 12 semaines au cours d'une période de 15 semaines, l'horaire moyen que vous avez réellement effectué a dépassé de 2 heures au moins par semaine l'horaire prévu dans votre contrat, celui-ci est automatiquement modifié, sous réserve d'un préavis de 7 jours et sauf opposition de votre part. Votre horaire à temps partiel devient alors l'horaire fixé initialement, majoré de la différence entre cet horaire et l'horaire moyen que vous avez réellement effectué.*

➤ *Le contrat de travail intermittent (art. L. 212-4-12 à L. 212-4-15)*

Il s'agit d'un contrat à durée indéterminée conclu pour pourvoir un poste qui répond à des besoins permanents mais comportant, par nature, une alternance de périodes travaillées et non travaillées. Sont donc concernées les seules activités caractérisées par une telle alternance (ex. : le tourisme saisonnier).

Je travaille 35 heures par semaine, du lundi au vendredi, de 13 heures à 20 heures (soit 7 heures par jour). Ai-je droit à une pause durant mes heures de travail ?

À partir de 6 heures de travail consécutives, une pause de 20 minutes minimum est obligatoire. Mais de nombreux accords collectifs prévoient des temps de pause supérieurs. Ces pauses ne sont pas obligatoirement rémunérées.

4 La formation

La formation professionnelle s'adresse à toute personne déjà entrée dans la vie active ou qui s'y engage. Elle peut être réalisée à l'initiative de l'employeur, dans le cadre du plan de formation, ou à l'initiative du salarié, dans le cadre du congé individuel de formation ou du nouveau « droit individuel à la formation ». Les salariés ont, en outre, la possibilité de faire valider leur expérience professionnelle, en vue de l'obtention de tout ou partie d'un titre ou diplôme. Les demandeurs d'emploi relèvent, pour leur part, de dispositifs spécifiques (voir p. 258).

sachez-le *Certaines catégories de salariés en CDI (ceux dont la qualification est insuffisante, ceux comptant au moins 20 ans d'activité professionnelle ou âgés d'au moins 45 ans avec au moins un an de présence dans l'entreprise, les bénéficiaires de l'obligation d'emploi visée p. 36...) peuvent bénéficier de « périodes de professionnalisation » ayant pour objet de favoriser, par des actions de formation, leur maintien dans l'emploi. Sur cette question particulière, on peut se renseigner auprès de ses délégués du personnel.*

Le plan de formation

➤ *Définition et contenu du plan*

Il s'agit du programme annuel des actions de formation que l'employeur prévoit d'organiser. Il peut comprendre différents types d'actions de formation : adaptation au poste de travail ; actions liées à l'évolution des emplois ou participant au maintien dans l'emploi des salariés (la formation peut, sous certaines conditions et limites, conduire au dépassement de la durée légale ou conventionnelle du travail) ; actions ayant pour objet le développement des compétences des salariés. Ces dernières peuvent, en application d'un accord écrit entre le salarié et l'employeur, qui peut être dénoncé dans les 8 jours de sa conclusion, se dérouler hors du temps de travail effectif dans la limite de 80 heures par an et par salarié ou, pour les salariés dont la durée de travail est fixée par une convention de forfait en jours ou de forfait en heures sur l'année, dans la limite de 5 % de leur forfait. Le plan peut également comporter des actions d'entretien et de perfectionnement des connaissances (y compris des actions de lutte contre l'illettrisme), ou un bilan de compétences (art. L. 900-2). L'employeur est seul juge des formations qui seront réalisées dans ce cadre et des salariés qui y participeront. Il peut imposer aux salariés le suivi d'un stage compris dans le plan, le refus étant considéré comme une faute, sauf formation réalisée en partie hors du temps de travail (art. L. 932-1) ou bilan de compétences (art. L. 900-4-1).

sachez-le *L'employeur a l'obligation d'assurer l'adaptation des salariés à leur poste de travail. Il doit veiller au maintien de leur capacité à occuper un emploi, au regard notamment de l'évolution des emplois, des technologies et des organisations (art. L. 930-1). Cette disposition présente l'intérêt de rendre plus facilement contestable devant les tribunaux le licenciement d'un salarié pour inaptitude professionnelle alors même que son employeur ne lui aurait pas proposé une formation lui permettant de s'adapter à l'évolution de son emploi.*

➤ *Statut du salarié en formation*

Le temps passé en formation dans le cadre du plan de formation est considéré comme du travail effectif. Le statut et le salaire restent inchangés, et le pouvoir disciplinaire est maintenu.
La formation se déroule en principe sur le temps de travail. Certaines actions de formation peuvent toutefois se dérouler, pour partie, en dehors du temps de travail (voir ci-dessus), les salariés concernés percevant alors, au titre des heures ainsi effectuées, une allocation de formation dont le montant est au moins égal à 50 % de leur rémunération horaire nette (art. L. 932-1) (voir précisions p. 107). Ils peuvent également, le cas échéant, utiliser les droits à rémunération « capitalisés » sur un compte épargne-temps.

Le congé individuel de formation

Le congé individuel de formation (CIF) offre aux salariés une réponse à leurs besoins de formation les plus divers, professionnels ou non : changement d'activité ou de profession, ouverture plus large à la culture et à la vie sociale... La durée du congé est celle de la formation, avec un maximum de 1 an s'il s'agit d'un stage continu à temps plein, de 1 200 heures s'il s'agit de stages constitués d'enseignements discontinus ou à temps partiel.

➤ *Conditions d'ouverture du droit (art. L. 931-2)*

Votre ancienneté en qualité de salarié doit être de 24 mois (36 pour les salariés d'une entreprise artisanale de moins de 10 salariés), dont 12 mois dans l'entreprise. Cette ancienneté peut être continue ou non, et est acquise quelle que soit la nature des contrats de travail.

sachez-le *Ces conditions d'ancienneté ne s'appliquent pas aux salariés ayant changé d'emploi suite à un licenciement pour motif économique et qui n'ont pas suivi de stage de formation entre le moment de leur licenciement et celui de leur nouvel emploi.*

Un délai de franchise doit être respecté entre votre CIF et tout précédent congé de formation obtenu dans votre entreprise (exception faite du bilan de compétences, du congé-examen et du congé de formation économique sociale et syndicale). Ce délai, calculé en mois, est égal au douzième de la durée, exprimée en heures, du congé de formation précédemment suivi. Il est de 6 mois minimum à 6 ans maximum (art. R. 931-7).

attention *Des conditions particulières ont été prévues pour que les salariés ayant travaillé sous CDD puissent accéder à ce droit, hors de leurs périodes d'activité (voir p. 104). Les intérimaires bénéficient également, en vertu d'accords particuliers, de différentes possibilités d'accès à la formation (voir p. 68).*

Les clauses de dédit-formation sont-elles valables ?

Ces clauses imposent au salarié qui suit une formation financée par l'employeur de rester dans l'entreprise pendant une certaine durée, ou de lui verser une indemnité compensatrice en cas de départ anticipé. Sauf exceptions (voir p. 25), elles sont licites, dès lors que les dépenses engagées par l'employeur vont au-delà de celles prévues par la loi ou la convention collective et qu'elles font l'objet d'une convention particulière conclue avant la formation.

➤ La demande de congé (art. L. 931-12, L. 931-3 et 4)

Vous devez tout d'abord obtenir une autorisation d'absence de votre employeur. La demande doit lui être adressée par lettre recommandée avec demande d'accusé de réception (RAR) au plus tard :

- 120 jours avant l'ouverture d'un stage de plus de 6 mois (s'effectuant en une seule fois à temps plein) ;
- 60 jours avant l'ouverture d'un stage de moins de 6 mois, ou s'effectuant en plusieurs périodes, ou à temps partiel.

Votre employeur est tenu de vous répondre dans un délai de 30 jours. Dès lors que vous remplissez les conditions d'ouverture, il ne peut vous le refuser. Toutefois, il peut reporter le congé si :

- dans une entreprise (ou un établissement) de plus de 200 salariés, 2 % des effectifs seraient simultanément absents au titre du CIF à la date demandée ;
- dans une entreprise (ou un établissement) de moins de 200 salariés, le nombre total d'heures de congé demandées dépasse 2 % des heures de travail effectuées dans l'année ;
- dans une entreprise de moins de 10 salariés, le congé aboutit à l'absence simultanée de 2 salariés au titre du CIF ;
- votre départ est préjudiciable à la bonne marche de l'entreprise.

Le report ne peut alors excéder 9 mois, il doit avoir été décidé après avis du CE ou des délégués du personnel, et peut faire l'objet d'un arbitrage par l'inspecteur du travail (art. R. 931-3).

➤ Le financement du CIF

Des organismes paritaires ont été spécialement créés pour la collecte et la gestion des fonds versés par les entreprises pour financer le CIF. Ces organismes, appelés OPACIF (ou FONGECIF), peuvent prendre en charge tout ou partie du financement de votre formation : frais d'inscription, perte de salaire au cours du congé, et éventuellement frais de transport et d'hébergement. Pour cela, il faut, une fois obtenue l'autorisation d'absence de votre employeur, adresser une demande de financement à l'organisme compétent (celui auquel cotise votre employeur).

Il est conseillé d'adresser sa demande écrite par lettre RAR au moins 6 semaines avant le début de la formation, car c'est le délai fixé à l'OPACIF pour vous donner une réponse. Dans tous les cas, un recours contre une décision négative est possible.

➤ Le statut du salarié durant le congé

Votre contrat de travail est suspendu pendant la durée du congé. La durée du congé est assimilée à du travail effectif pour la détermination des droits résultant du contrat de travail

(congés payés, ancienneté...), et votre protection sociale reste inchangée.
Si la demande de financement a été acceptée, votre employeur devra maintenir votre rémunération à hauteur, selon les cas, de 90 %, 80 % ou 60 % (renseignez-vous auprès de l'OPACIF). Si votre demande a été refusée, votre salaire ne pourra être maintenu, mais l'État financera le maintien de votre protection sociale.

➤ *La situation des salariés en CDD*

Les salariés titulaires (ou ayant été titulaires) d'un contrat à durée déterminée (CDD) doivent remplir des conditions d'ancienneté assouplies pour obtenir le financement de leur formation au cours d'une période d'inactivité (C. trav., art. L. 931-13 et suiv.). Il faut avoir accompli :
- pendant les 5 dernières années : 24 mois consécutifs ou non d'activité salariée, quel qu'ait été le type de contrat de travail ;
- pendant les 12 derniers mois : 4 mois consécutifs ou non sous CDD, à l'exception des contrats d'apprentissage, de professionnalisation, d'accompagnement dans l'emploi, d'avenir, de qualification, d'orientation, d'adaptation, emploi-solidarité, des contrats conclus avec les jeunes au cours de leur cursus scolaire ou universitaire, et des CDD se poursuivant par un contrat à durée indéterminée.

Un bordereau individuel d'accès à la formation (BIAF) doit être remis au salarié au moment de la signature du CDD, cela afin de l'informer de ses droits particuliers au CIF.

attention *Les salariés en cours de CDD peuvent également se prévaloir des conditions de droit commun (voir p. 102) si elles leur sont plus favorables.*

- **Le début de la formation** peut se situer au cours du dernier CDD si le salarié a obtenu une autorisation d'absence (voir ci-dessus). Mais la formation ne peut débuter au-delà du 12e mois suivant l'expiration du CDD.
- **La demande de financement** doit être adressée à l'OPACIF dont relève l'entreprise dans laquelle vous avez exécuté votre dernier CDD. Il faut produire les bulletins de salaire justifiant de vos conditions d'ancienneté. Le financement de la formation, en cas d'accord de l'OPACIF, est assuré dans les conditions de droit commun (voir p. 103).
- **La protection sociale** (Sécurité sociale, assurance chômage et retraite complémentaire) est la même que celle dont vous bénéficiez au cours de votre dernier CDD.

➤ *Le congé-examen (art. L. 931-1)*

Le congé-examen est une modalité particulière du CIF, permettant de s'absenter pour préparer et passer un titre ou un diplôme de l'enseignement technologique homologué (liste des homologations disponible sur le site du Centre inffo : www.centre-inffo.fr).

● **Les conditions** d'ancienneté, d'obtention de l'autorisation d'absence et de demande de financement sont les mêmes que pour le CIF (voir p. 102). En revanche, le délai de franchise n'est pas applicable. De plus, les demandes de congé-examen reportées devront être satisfaites en priorité.

● **La durée du congé** est égale à la durée de l'examen, augmentée de 24 heures de temps de travail maximum par année civile pour la préparation de cet examen.

● **Le statut du salarié** en congé-examen est également le même que pour un CIF (voir p. 103). Mais, dès lors que la demande de financement est acceptée par l'OPACIF, l'employeur doit maintenir intégralement la rémunération antérieure (art. L. 931-8-3).

➤ *Le congé de bilan de compétences (art. L. 931-21)*

Le bilan de compétences permet d'analyser ses compétences afin d'élaborer un projet professionnel et, le cas échéant, un projet de formation. Il peut s'exercer dans le cadre du plan de formation, avec l'accord de l'employeur (voir p. 100), ou bien sous la forme du CIF dans la limite de 24 heures de temps de travail, consécutives ou non. Dans ce cas, le financement du bilan et l'autorisation d'absence ne sont ouverts qu'aux salariés qui justifient d'une ancienneté en qualité de salarié d'au moins 5 ans, consécutifs ou non, dont 12 mois dans l'entreprise. La demande doit indiquer les dates et la durée du bilan de compétences et la dénomination de l'organisme prestataire choisi par le salarié. Elle doit parvenir à l'employeur au plus tard 60 jours avant le début du bilan de compétences. Dans les 30 jours suivant la réception de la demande, l'employeur doit faire connaître par écrit à l'intéressé son accord, ou les raisons de service motivant le report de l'autorisation d'absence. Ce report ne peut excéder 6 mois.

Le droit individuel à la formation

Ce droit, créé par la loi du 4 mai 2004, s'inscrit dans la logique du principe de formation tout au long de la vie professionnelle. Il est ouvert aux salariés titulaires d'un contrat à durée indéterminée (CDI) à temps complet ou à temps partiel, ayant au moins 1 an d'ancienneté dans l'entreprise. Les salariés titulaires

d'un CDD bénéficient également du DIF *prorata temporis*, dès lors qu'ils justifient de 4 mois, consécutifs ou non, en CDD, au cours des 12 derniers mois : sauf précision particulière, les règles applicables sont les mêmes que pour les salariés en CDI.
Pour le calcul des droits ouverts au titre du DIF, la période d'absence du salarié pour un congé de maternité, d'adoption, de présence parentale ou pour un congé parental d'éducation est intégralement prise en compte.

sachez-le *Les salariés employés titulaires d'un des contrats en alternance (apprentissage ou professionnalisation, voir p. 20 et suiv.) ne sont pas concernés par le DIF. Par ailleurs, le salarié titulaire d'un CNE (voir p. 42) bénéficie du DIF (et du CIF) selon les modalités spécifiques prévues pour les salariés ayant été titulaires d'un CDD.*

➤ Mise en œuvre du DIF (art. L. 933-1 et L. 933-3)

● **Initiative.** Le DIF étant un droit, son initiative est confiée au salarié. Sa mise en œuvre requiert toutefois l'accord de l'employeur sur le choix de la formation : ce choix doit en effet, sauf hypothèse visée ci-dessous, faire l'objet d'un accord écrit conclu entre les deux parties.
Lorsque le salarié prend l'initiative de faire valoir ses droits au titre du DIF, en précisant la formation qu'il envisage de suivre, l'employeur dispose d'un délai d'un mois pour notifier sa réponse : l'absence de réponse dans ce délai vaut acceptation du choix effectué par le salarié.
En cas de désaccord entre l'employeur et le salarié sur le choix de l'action de formation pendant deux exercices civils consécutifs, le salarié « bascule » dans le dispositif du congé individuel de formation (CIF) et bénéficie d'une priorité d'instruction et de prise en charge financière par le Fonds pour la gestion du congé individuel de formation (FONGECIF) dont relève l'entreprise, sous réserve que cette action corresponde aux priorités et aux critères définis par cet organisme. L'employeur est alors tenu de verser au FONGECIF le montant de l'allocation de formation (voir p. 101) correspondant aux droits acquis par l'intéressé au titre du DIF, ainsi que les frais de formation.

● **Durée.** Le DIF permet de bénéficier de 20 heures de formation sur l'année, cette durée pouvant être supérieure si un accord collectif le prévoit. Pour les salariés à temps partiel et les salariés en CDD, elle est calculée *prorata temporis*. Ainsi, par exemple, un salarié effectuant un mi-temps pourra prétendre à 10 heures de formation par an. Si le salarié n'utilise pas ses droits à formation, il peut les cumuler pendant 6 années maximum, sans dépasser un plafond de 120 heures. Le plafond est le même pour les salariés à temps partiel : il est déterminé quel que soit le nombre d'années cumulées sur la base des droits annuels acquis *prorata temporis*. Ainsi, par exemple, un salarié à mi-temps pourra cumuler ses droits sur une période de 12 ans.

attention *Chaque salarié est informé par écrit annuellement du total des droits acquis au titre du DIF. Il ne peut, en aucune façon, demander une compensation salariale pour non-utilisation des droits à formation acquis au titre du DIF.*

• **Déroulement.** Les actions de formation mises en œuvre dans le cadre du DIF ont lieu en dehors du temps de travail, sauf accord collectif prévoyant qu'elles se déroulent, en partie, pendant le temps de travail : dans le 1er cas, le salarié perçoit de l'employeur une allocation de formation égale, dans le cas général, à 50 % de la rémunération nette de référence. Le salaire horaire de référence est déterminé en divisant le total des rémunérations nettes versées au salarié par son entreprise au cours des 12 derniers mois précédant le début de la formation par le nombre total d'heures rémunérées au cours de ces mêmes 12 derniers mois. Lorsque le salarié ne dispose pas de l'ancienneté suffisante dans l'entreprise pour ce calcul, sont pris en compte le total des rémunérations et le total des heures rémunérées depuis son arrivée dans l'entreprise. Pour leur part, les heures consacrées à la formation pendant le temps de travail ouvrent droit au maintien de la rémunération par l'employeur.

Pendant la durée de la formation, le salarié bénéficie de la législation de la Sécurité sociale relative à la protection en matière d'accidents du travail et de maladies professionnelles.

• **Situation en cas de rupture du contrat.** En cas de licenciement, sauf faute grave ou lourde, le salarié peut, à condition d'en faire la demande avant la fin de son préavis, utiliser les droits acquis au titre du DIF pour suivre une action de bilan de compétences, de VAE (voir p. 109) ou de formation. Cette action est alors financée par l'employeur, en tout ou partie en fonction des droits acquis par le salarié. À défaut d'une telle demande, les droits issus du DIF sont perdus. La mention de la faculté ainsi offerte au salarié doit figurer dans la lettre de licenciement. En cas de démission, le salarié peut demander à bénéficier de son DIF pour réaliser le même type d'actions, à condition qu'elles soient engagées avant la fin du préavis. En cas de départ à la retraite, les droits non utilisés au titre du DIF sont perdus.

Le congé de formation syndicale

Ce congé permet à tout salarié de suivre ou d'animer une formation économique ou sociale, ou une formation syndicale. Sachez que, outre le congé de formation syndicale, vous pouvez demander à bénéficier, selon votre situation, du congé de formation de cadres et animateurs pour la jeunesse (art. L. 225-1), qui est non rémunéré, et du congé de formation des jeunes travailleurs (art. L. 931-29), qui est rémunéré.

➤ *Bénéficiaires (art. L. 451-1)*

Ce congé est ouvert à tout salarié syndiqué ou non, pour une durée de 12 jours (18 jours pour les animateurs de stage ou les salariés appelés à exercer des responsabilités syndicales) au plus par an. Le congé peut être fractionné, mais chaque absence ne peut être inférieure à 2 jours. Les demandeurs d'emploi y ont également droit (cumul possible avec les allocations de chômage).
Les stages ou sessions doivent être organisés par les syndicats représentatifs au plan national ou assurés par les Instituts du travail (Strasbourg, Sceaux, Lille, Grenoble, Aix-en-Provence, Lyon, Nancy, Bordeaux, Saint-Étienne, Rennes) ou l'INFA de Nogent-sur-Marne.

➤ *Procédure (art. L. 451-1, L. 451-3)*

La demande doit être faite par lettre recommandée avec demande d'accusé de réception au moins 30 jours avant le début du stage. Un modèle de lettre est à votre disposition en fin d'ouvrage (voir p. 285). L'employeur doit répondre dans les 8 jours et ne peut refuser ou reporter la demande que pour des motifs d'effectifs simultanément absents ou des raisons de service. Le refus peut être contesté devant le conseil des prud'hommes, qui statue en dernier ressort selon les formes applicables au référé.

➤ *Le statut du salarié durant le congé*

Dans les entreprises occupant au moins 10 salariés, les congés de formation économique, sociale et syndicale sont rémunérés par l'employeur dans la limite de 0,08 pour 1 000 de la masse salariale de l'année en cours (art. L. 451-1).
La durée du congé est assimilée à du travail effectif pour la détermination des droits résultant du contrat de travail (congés payés, ancienneté, prestations sociales...) (art. L. 451-2).

La validation des acquis de l'expérience (VAE)

Ce dispositif permet de faire valider son expérience professionnelle dans le but d'obtenir un titre ou diplôme homologué. Peuvent en bénéficier toutes les personnes capables de justifier d'une expérience professionnelle, quel que soit leur statut : salarié (en CDI, CDD, intérim, emplois-jeunes...), demandeur d'emploi, non-salarié, fonctionnaire, bénévole (par exemple dans une association ou un syndicat)...

➤ *Les conditions d'accès à la VAE*

Les acquis susceptibles d'être validés au titre de la VAE sont ceux qui correspondent à l'exercice, continu ou non, pendant une durée cumulée d'au moins 3 ans, d'activités salariées, non salariées ou bénévoles. Les acquis dont la validation est demandée doivent être en rapport avec le diplôme, le titre à finalité professionnelle ou le certificat de qualification des branches professionnelles que l'intéressé souhaite se voir reconnaître.

attention *La VAE est un droit reconnu aux salariés et non une obligation. Un employeur ne peut donc obliger un salarié qui ne le souhaite pas à s'engager dans une telle démarche.*

Les titres ou diplômes susceptibles d'être obtenus, en totalité ou en partie, au titre de la VAE sont notamment les suivants :

- les diplômes de l'enseignement technologique (CAP, BEP, bac pro, bac technologique, BTS...),
- les diplômes délivrés, au nom de l'État, par les établissements d'enseignement supérieur (DUT, DEUG, licence...),
- certains diplômes ou titres des ministères de l'Agriculture (CAPA, BTSA...), de la Jeunesse et des Sports (BEES, BEATEP...), ou du ministère chargé de l'Emploi,
- les titres ou diplômes homologués par la Commission nationale de la certification professionnelle,
- les diplômes délivrés par les grandes écoles.

En revanche, la VAE ne peut s'appliquer pour demander l'obtention du baccalauréat général.

➤ *La procédure*

- **La demande** de VAE doit être adressée à l'autorité ou à l'organisme qui délivrent le diplome, le titre ou le certificat de qualification, dans les délais et les conditions qu'ils ont préalablement fixés et rendus publics. Pour l'enseignement supérieur, celle demande doit être adressée au chef d'établissement. Pour plus de précisions, on peut se renseigner auprès des DDTEFP, auprès de l'ANPE, ou sur le site Internet www.travail.gouv.fr

sachez-le *Au cours d'une même année civile, vous ne pourrez déposer qu'une seule demande pour le même diplôme, titre ou certificat de qualification. S'il s'agit de diplômes ou titres différents, le nombre de demandes au cours de la même année civile est limité à trois.*

La demande doit être accompagnée d'un dossier constitué par le candidat, qui comprend les documents rendant compte des expériences acquises dans les activités (salariées, non salariées, bénévoles) qu'il a exercées, en rapport avec le titre ou le diplôme demandés, et de leur durée. Le contenu précis de ce dossier est fixé par l'autorité ou l'organisme qui délivrent le titre ou le diplôme.

- **Évaluation.** La demande de validation est soumise au jury constitué et présidé conformément au règlement et aux dispositions régissant le diplôme ou le titre auquel le demandeur postule. Le jury procède à une évaluation destinée à vérifier si les acquis dont fait état le candidat correspondent aux compétences, aptitudes et connaissances exigées par le règlement visé ci-dessus pour la délivrance du titre, ou du diplôme, demandé. Le cas échéant, une mise en situation professionnelle, réelle ou reconstituée, peut être organisée, de même que peut être prévu un entretien avec le candidat.
- **Décision.** Le jury peut attribuer la totalité du titre, diplôme ou certification demandés, s'il considère que l'expérience acquise le justifie. Il peut également estimer que l'expérience ne correspond qu'à une partie du diplôme, titre ou certification demandés et ne procéder alors qu'à une validation partielle. Dans ce cas, il doit préciser la nature des compétences, aptitudes et connaissances devant faire l'objet d'un contrôle complémentaire pour obtenir la totalité du titre ou du diplôme demandés. Le demandeur dispose alors d'un délai de 5 ans pour se soumettre à ce contrôle complémentaire (pas de délai pour les diplômes de l'enseignement supérieur).

sachez-le *Les salariés peuvent bénéficier d'un congé spécifique d'une durée maximale de 24 heures, consécutives ou non, en vue de participer aux épreuves de validation ou à leur préparation. Renseignements auprès des délégués du personnel ou de l'inspection du travail.*

5 Les conditions de travail

Le travail ne doit présenter aucun risque pour votre santé et l'employeur est tenu d'appliquer un certain nombre de règles impératives pour qu'il en soit ainsi, notamment en matière de prévention. Si au cours des dernières décennies cette réglementation portait exclusivement sur l'hygiène et la sécurité, la tendance actuelle est de prendre en considération les conditions de travail dans leur ensemble, y compris en luttant contre certains comportements (par exemple, toutes les formes de harcèlement).

Les obligations de l'employeur

L'employeur est tenu d'assurer aux salariés qu'il emploie des conditions de travail qui ne portent atteinte ni à leur sécurité ni à leur santé.

➤ *Les obligations de l'employeur en matière d'hygiène et de sécurité*

L'employeur a la responsabilité de mettre en œuvre les mesures destinées à garantir la santé physique et mentale, l'hygiène et la sécurité des salariés dans l'entreprise. C'est ainsi qu'il doit tenir les établissements et locaux de travail dans un état constant de propreté et les aménager de manière à garantir la sécurité des salariés (art. L. 232-1 et L. 233-1). Il doit également respecter les dispositions concernant les locaux affectés au travail, les repas et boissons, les installations sanitaires, les sièges, les substances dangereuses, les machines dangereuses, la prévention des incendies, etc.

sachez-le *Les mesures d'application de la réglementation en matière d'hygiène et de sécurité dans l'entreprise ou l'établissement doivent figurer dans le règlement intérieur (art. L. 122-34).*

Par ailleurs, l'employeur doit assurer une formation pratique et appropriée en matière d'hygiène et de sécurité à tout travailleur nouvellement embauché ou qui change de poste (art. L. 231-3-1).

➤ *Les sanctions pénales (art. L. 263-2 et suivants)*

L'employeur, ou l'un de ses représentants (titulaire d'une délégation de pouvoir), qui ne respecte pas les règles d'hygiène et de sécurité dans l'entreprise peut être condamné à une amende de 3 750 € appliquée autant de fois qu'il y a de salariés concernés par l'infraction (1 an d'emprisonnement et 9 000 € s'il y a récidive). En cas d'accident du travail, ou de risque d'accident du travail, l'employeur est en outre passible des sanctions prévues par le Code pénal, notamment pour mise en danger de la personne, ou pour atteintes volontaires ou non à l'intégrité de la personne.

Peut-on fumer sur les lieux de travail ?

Il est interdit de fumer dans les locaux collectifs de travail, sauf espaces réservés. Dans les autres lieux de travail, l'employeur doit faire un plan d'aménagement pour, en cas de nécessité, protéger les non-fumeurs. Le non-respect des interdictions peut donner lieu à une sanction pénale et disciplinaire (décret du 29 mai 1992).

➤ *Le rôle du CHSCT*

Un comité d'hygiène, de sécurité et des conditions de travail (CHSCT) doit être mis en place dans tous les établissements ayant au moins 50 salariés (art. L. 236-1) (voir p. 126).
Sa mission générale est de contribuer à la protection de la santé physique et mentale et de la sécurité des salariés, ainsi qu'à l'amélioration de leurs conditions de travail (art. L. 236-2). Concrètement, le CHSCT :

- vérifie que les règles d'hygiène et de sécurité sont appliquées ;
- inspecte à intervalles réguliers les locaux et les machines ;

- enquête sur les accidents du travail ou les maladies professionnelles ;
- propose toutes les actions de prévention qu'il juge utiles, y compris des actions de prévention contre le harcèlement moral et le harcèlement sexuel ;
- intervient en cas de danger grave et imminent (art. L. 236-9).

De plus, le CHSCT doit être consulté par l'employeur avant toute modification importante des conditions de travail (art. L. 236-2).

Les droits des salariés

En matière de conditions de travail, les salariés disposent d'un droit de retrait en cas de situation dangereuse et d'un droit d'expression.

➤ *Le droit de retrait (art. L. 231-8 et suivants)*

Tout salarié a le droit de se retirer d'une situation de travail dont il a un motif raisonnable de penser qu'elle présente un danger grave et imminent pour sa vie ou sa santé. Il signale immédiatement la situation dangereuse à l'employeur. Celui-ci ne peut l'obliger à reprendre son activité tant que le danger persiste et n'a pas le droit de le sanctionner, ni d'opérer une retenue sur son salaire pour cette raison. Par ailleurs, tout membre du CHSCT ayant connaissance d'un danger grave et imminent doit en avertir l'employeur. Celui-ci (ou son représentant) doit immédiatement prendre les mesures nécessaires pour y remédier.

sachez-le *Lorsque l'inspecteur du travail constate sur un chantier du bâtiment et des travaux publics qu'un salarié ne s'est pas retiré d'une situation de travail comportant un danger grave et imminent, il peut prendre toutes les mesures utiles et, notamment, prescrire l'arrêt temporaire de la partie des travaux en cause (art. L. 231-12).*

➤ *Le droit d'expression (art. L. 461-1 et suivants)*

Tous les salariés ont un droit à l'expression directe et collective sur le contenu, les conditions d'exercice et l'organisation de leur travail. Cette expression a pour objet de définir les actions de travail, l'organisation de l'activité et la qualité de la production dans l'entreprise. Les opinions que les salariés, quelle que soit leur place dans la hiérarchie, émettent dans l'exercice de ce droit ne peuvent motiver une sanction ou un licenciement. Le droit s'exerce sur les lieux et pendant le temps de travail. Le temps consacré à l'expression est payé comme temps de travail.

La lutte contre le harcèlement

Depuis l'intervention de la loi de modernisation sociale (L. n° 2002-73 du 17/01/02), le harcèlement moral fait l'objet, au même titre que le harcèlement sexuel, de dispositions spécifiques du Code du travail. Ces dispositions, dont certaines sont communes à ces deux types de harcèlement, visent à prévenir ces pratiques et à les réprimer.

➤ *La lutte contre le harcèlement sexuel*

Même si les femmes salariées sont les premières concernées par ces agissements, les dispositions qui suivent s'appliquent à toutes les victimes de harcèlement sexuel, femmes ou hommes.

● **Définition.** Peuvent être qualifiés de harcèlement sexuel les agissements de harcèlement de toute personne dans le but d'obtenir, à son profit ou au profit d'un tiers, des faveurs de nature sexuelle (art. L. 122-46). Il n'est pas nécessaire, pour qu'il y ait harcèlement sexuel, qu'il existe un rapport hiérarchique ou d'autorité entre le « harceleur » et sa victime.

● **Sanction.** Tout salarié qui se rend coupable de harcèlement sexuel s'expose à une sanction disciplinaire que l'employeur doit prendre, ainsi qu'à une sanction pénale (emprisonnement et amende). À noter que, dans une affaire où les faits de harcèlement impliquaient un supérieur hiérachique, la Cour de cassation a considéré que le harcèlement sexuel était nécessairement constitutif d'une faute grave, privative de préavis et d'indemnité de licenciement. Si c'est l'employeur lui-même qui se rend coupable de harcèlement sexuel, il encourra des sanctions pénales. Celles-ci consistent en une peine d'un an d'emprisonnement et de 15 000 € d'amende (art. 222-33 du Code pénal) .

➤ *La lutte contre le harcèlement moral*

● **Définition.** Le harcèlement moral consiste à faire subir à un salarié des agissements répétés qui ont pour objet ou pour effet une dégradation des conditions de travail susceptible de porter atteinte à ses droits et à sa dignité, d'altérer sa santé physique ou mentale, ou de compromettre son avenir professionnel (art. L. 122-49). Comme le harcèlement sexuel, le harcèlement moral n'est pas nécessairement le fait de l'employeur ou d'un supérieur hiérarchique de la « victime ».

● **Sanction.** Tout salarié qui se rend coupable de harcèlement moral est passible d'une sanction disciplinaire (art. L. 122-50). Des sanctions pénales sont également prévues à l'encontre de celui qui se rend coupable de harcèlement moral (salarié ou employeur), pouvant aller jusqu'à un an d'emprisonnement et 15 000 € d'amende.

● **Intervention d'un médiateur.** Le Code du travail (art. L. 122-54) prévoit la possibilité, pour les salariés victimes de harcèlement moral ou pour ceux qui sont accusés de telles pratiques, de demander l'intervention d'un médiateur, extérieur ou non à l'entreprise. Il s'agit là d'une possibilité et non d'une obligation, qui peut être utilisée même en l'absence de toute procédure devant les tribunaux. Le recours au médiateur s'effectue dans les conditions suivantes :

- le choix du médiateur doit faire l'objet d'un accord entre les parties. Il peut s'agir d'une personne salariée de l'entreprise ou extérieure à l'entreprise, y compris un conseiller prud'homal en activité. On signalera que la loi du 3 janvier 2003 a supprimé l'obligation de discrétion qui s'imposait au médiateur concernant les données dont il a connaissance dans l'exécution de sa mission, relatives à la santé (physique ou mentale) des personnes concernées ;
- le médiateur s'informe de l'état des relations entre les parties, tente de les concilier et leur soumet des propositions qu'il consigne par écrit en vue de mettre fin au harcèlement ;
- en cas d'échec de sa mission de conciliation, le médiateur informe les parties des éventuelles sanctions pénales et disciplinaires encourues et des garanties procédurales prévues en faveur de la victime.

Que dois-je faire si j'estime être victime de harcèlement ?

Si vous estimez être victime de harcèlement sexuel ou moral au sein de votre entreprise, vous pouvez demander l'intervention de vos délégués du personnel. Vous pouvez également vous adresser à l'inspecteur du travail ou, si vous décidez de porter l'affaire devant les tribunaux, autoriser les organisations syndicales représentatives dans votre entreprise à agir en justice pour votre compte (voir p. 116).

➤ *Dispositions communes*

Ces dispositions communes à toutes les formes de harcèlement visent principalement la prévention, la protection des victimes ou témoins, ainsi que les règles de preuve en cas de litige devant les tribunaux.

● **Prévention.** Il appartient à l'employeur de prendre toutes les dispositions nécessaires en vue de prévenir les actes de harcèlement sexuel ou moral ; il doit en outre protéger la santé physique et mentale des salariés. De son côté, le CHSCT peut proposer des actions de prévention en matière de harcèlement sexuel ou moral. Sur le contenu du règlement intérieur et l'intervention du médecin du travail, voir pages 51 et 154.

● **Protection des victimes ou des témoins.** Dans un souci d'efficacité, la loi organise la protection des victimes et des témoins de harcèlement sexuel ou moral. Ainsi :

- aucun salarié, aucun candidat à un recrutement, à un stage ou à une période de formation en entreprise ne peut être sanctionné, licencié ou faire l'objet d'une mesure discriminatoire, directe ou indirecte, notamment en matière de rémunération, de formation, de reclassement, d'affectation, de qualification, de classification, de promotion professionnelle, de mutation ou de renouvellement de contrat, pour avoir subi ou refusé de subir des agissements constitutifs de harcèlement sexuel ou moral ;
- aucun salarié ne peut être sanctionné, licencié ou faire l'objet d'une mesure discriminatoire pour avoir témoigné d'agissements de harcèlement sexuel ou moral, ou pour les avoir relatés ;
- toute rupture du contrat de travail, toute disposition ou tout acte contraires aux règles qui précèdent sont nuls de plein droit. Ainsi, par exemple, le licenciement d'un salarié au motif qu'il aurait subi des faits de harcèlement moral ou sexuel, ou qu'il aurait témoigné de tels faits, serait nul de plein droit. Rappelons que, en présence d'une cause de nullité de licenciement, le juge doit soit prononcer la réintégration du salarié si celui-ci en fait la demande, soit lui attribuer des dommages-intérêts qui ne peuvent être inférieurs à ceux accordés en cas de licenciement sans cause réelle et sérieuse (voir p. 172) et qui viendront s'ajouter aux autres indemnités auxquelles le salarié peut éventuellement prétendre (indemnité de licenciement, indemnité compensatrice de congés payés, indemnité de préavis...).

● **Intervention des délégués du personnel ou des organisations syndicales.** Si un délégué du personnel constate, notamment par l'intermédiaire d'un salarié, qu'il existe une atteinte aux droits des personnes, à leur santé physique et mentale qui

ne serait pas justifiée par la nature de la tâche à accomplir ni proportionnée au but recherché, il en saisit immédiatement l'employeur. Celui-ci, ou son représentant, doit procéder sans délai à une enquête avec le délégué et prendre les dispositions nécessaires pour remédier à cette situation. En cas de carence de l'employeur ou de divergence sur la réalité de cette atteinte et à défaut de solution trouvée avec l'employeur, le salarié, ou le délégué si le salarié concerné averti par écrit ne s'y oppose pas, saisit le bureau de jugement du conseil de prud'hommes qui statue selon les formes applicables au référé. Le juge peut ordonner toutes les mesures propres à faire cesser cette atteinte et assortir sa décision d'une astreinte qui sera liquidée au profit du Trésor (art. L. 422-1-1).
De leur côté, les organisations syndicales représentatives dans l'entreprise peuvent exercer en justice, en faveur d'un salarié de l'entreprise, toutes les actions qui naissent des dispositions relatives à la protection des victimes ou témoins de harcèlement sexuel ou moral. Elles doivent pour cela justifier d'un accord écrit de l'intéressé, ce dernier pouvant en outre toujours intervenir à l'instance engagée par le syndicat et y mettre fin à tout moment (art. L. 122-53).

● **Charge de la preuve.** En cas de litige relatif à l'application des dispositions relatives au harcèlement sexuel ou moral, le salarié qui prétend être victime de ce harcèlement doit établir des faits qui permettent de présumer l'existence d'un tel harcèlement. Au vu de ces éléments, il incombe à la partie défenderesse de prouver que les agissements qui lui sont reprochés ne sont pas constitutifs d'un tel harcèlement et que sa décision est justifiée par des éléments objectifs étrangers à tout harcèlement. Le juge forme ensuite sa conviction après avoir ordonné, en cas de besoin, toutes les mesures d'instruction qu'il estime utiles.

attention *Il ne faut pas confondre harcèlement moral et discrimination syndicale. Si la frontière entre les deux est parfois difficile à établir, il est conseillé d'aller sur le terrain de la discrimination syndicale : la procédure est moins complexe et les chances d'obtenir gain de cause plus nombreuses.*

6

Sanctions et pouvoir disciplinaire

La loi organise la protection des salariés en matière de sanctions disciplinaires. Elle définit ce qu'il faut entendre par sanction, interdit certaines sanctions, oblige l'employeur à respecter une procédure destinée à informer le salarié concerné et à lui permettre de se défendre. Enfin, elle prévoit la possibilité de saisir le conseil de prud'hommes pour contester les sanctions prononcées.

Définition des sanctions

➤ *Qu'est-ce qu'une sanction (art. L. 122-40) ?*

Constitue une sanction toute mesure prise par l'employeur à la suite d'un agissement qu'il considère comme fautif, que cette mesure soit de nature à affecter immédiatement ou non la présence du salarié dans l'entreprise, sa fonction, sa carrière ou sa rémunération. Les simples observations verbales ne sont pas des sanctions. La définition de la loi est très large : la sanction peut être un avertissement, un blâme, une mise à pied, une mutation, une rétrogradation... Ce qui compte, c'est la volonté de l'employeur de sanctionner le salarié en raison d'un agissement considéré comme fautif.

sachez-le *Les règles protectrices en matière de sanctions disciplinaires doivent être respectées par l'employeur quelle que soit la taille de l'entreprise et quelle que soit l'ancienneté du salarié concerné.*

➤ *Le rôle du règlement intérieur (art. L. 122-34)*

Le règlement intérieur, qui est obligatoire dans toutes les entreprises ou établissements d'au moins 20 salariés, doit, s'agissant du droit disciplinaire, fixer les règles générales et permanentes relatives à la discipline, et notamment la nature et l'échelle des sanctions (par ex. : avertissement, blâme, mise à pied, licenciement...). Lorsqu'un règlement intérieur existe, l'employeur ne peut prendre d'autres sanctions que celles prévues par ce règlement.

➤ *Les sanctions interdites*

Sont interdites par la loi les amendes et les sanctions pécuniaires (art. L. 122-42). L'employeur ne peut donc pratiquer de retenue sur les salaires en raison d'une faute ou d'un agissement qu'il considère comme fautif.

attention *Ne sont pas considérées comme des sanctions pécuniaires interdites : les mises à pied disciplinaires avec suspension de la rémunération, les rétrogradations ou mutations disciplinaires dans un autre poste entraînant une diminution de salaire dès lors que la rémunération versée correspond bien à l'emploi occupé. Toutefois, comme la rétrogradation ou la mutation s'analysent en une modification de son contrat de travail, le salarié est en droit de les refuser, sachant que dans ce cas l'employeur a la possibilité, au titre de son pouvoir disciplinaire, de prononcer une autre sanction qui peut être le licenciement !*

Par ailleurs, la loi interdit toute sanction (mais aussi tout licenciement, tout refus d'un stage..., voir p. 17) fondée sur l'origine, le sexe, les mœurs, l'orientation sexuelle, l'âge, la situation de famille ou la grossesse, les caractéristiques génétiques, l'appartenance ou la non-appartenance, vraie ou supposée, à une ethnie, une nation ou une race, les opinions politiques, les activités syndicales ou mutualistes, les convictions religieuses, l'apparence physique, le patronyme, l'état de santé ou le handicap, ou encore l'exercice normal du droit de grève (art. L. 122-45).
Toute décision contraire prise par l'employeur est nulle de plein droit (sur la protection des victimes ou témoins de harcèlement moral ou sexuel, voir précisions p. 116).

La procédure disciplinaire

➤ *Les délais (art. L. 122-44)*

Toute poursuite disciplinaire doit être impérativement engagée par l'employeur dans les 2 mois qui suivent le jour où il a eu connaissance du fait considéré comme fautif.
Par ailleurs, une sanction vieille de plus de 3 ans ne peut plus être invoquée par l'employeur à l'appui d'une nouvelle sanction, y compris un licenciement.

sachez-le *Le salarié titulaire d'un « contrat nouvelles embauches » bénéficie, comme tous les autres salariés, des garanties offertes par la procédure disciplinaire, y compris pendant la période de « consolidation de l'emploi » (voir p. 42). Cette procédure doit donc être respectée par l'employeur avant d'infliger une sanction au salarié, qu'il s'agisse, par exemple, d'une mise à pied, ou d'une rupture du contrat pour faute.*

➤ *L'entretien préalable (art. L. 122-41)*

L'employeur qui envisage de prendre une sanction doit vous convoquer préalablement à un entretien, sauf s'il s'agit d'un avertissement ou d'une sanction de même nature qui n'ont pas d'incidence (immédiate ou non) sur votre présence dans l'entreprise, votre fonction, votre carrière ou votre rémunération. Le cas échéant, l'employeur peut prononcer une mise à pied immédiate à titre conservatoire, mais il ne peut pas prendre de sanction définitive sans que l'entretien préalable ait eu lieu.
La convocation doit être faite par lettre recommandée (ou lettre remise en main propre contre décharge) précisant l'objet, la date, l'heure et le lieu de l'entretien, ainsi que le droit de vous faire assister par une personne de votre choix appartenant à l'entreprise (art. R. 122-17) ; il pourra s'agir, par exemple, d'un représentant élu du personnel (membre du CE, délégué du personnel) ou d'un délégué syndical. Un délai suffisant doit s'écouler entre la convocation et l'entretien pour vous permettre de préparer votre défense. Lors de l'entretien, l'employeur doit vous indiquer les motifs de la sanction envisagée et recueillir vos explications.

➤ *Notification et motivation de la sanction (art. L. 122-41)*

Dans tous les cas, l'employeur ne peut vous infliger de sanction sans vous avoir informé par écrit des griefs retenus contre vous. Lorsque l'entretien préalable est obligatoire, la sanction doit être motivée et notifiée par lettre recommandée ou remise en main propre. Elle ne peut intervenir avant le surlendemain du jour de l'entretien, ni plus de 1 mois après.

sachez-le *Passé le délai de 1 mois, les faits pour lesquels le salarié a été convoqué à l'entretien préalable ne peuvent plus être sanctionnés. La sanction prononcée en méconnaissance de cette règle est nulle.*

➤ *Le licenciement disciplinaire*

En cas de licenciement pour motif disciplinaire, les règles spécifiques exposées ci-dessus s'ajoutent à la procédure de lienciement pour motif personnel exposée en p. 168 et suivantes.

Les recours

➤ *La contestation auprès de l'employeur*

En cas de désaccord avec l'employeur, la première démarche doit être de contester, par lettre recommandée avec demande d'accusé de réception, la sanction qui vous a été notifiée, en conservant un double du courrier (un modèle de lettre, qui doit être adapté à chaque situation particulière, est à votre disposition en p. 285). Vos délégués peuvent vous aider dans cette démarche.

➤ *La contestation devant les prud'hommes*

Si l'employeur refuse de revenir sur la sanction, vous pouvez saisir le conseil de prud'hommes (voir p. 160). Celui-ci vérifiera la régularité de la procédure suivie et appréciera si les faits qui vous sont reprochés sont de nature à justifier la sanction prononcée. L'employeur doit fournir au conseil de prud'hommes les éléments qu'il a retenus pour prendre sa sanction. Au vu de ces éléments, de ceux fournis par le salarié et de ceux résultant de mesures d'instruction qu'il peut ordonner, le conseil forme sa conviction. Si un doute subsiste, il doit profiter au salarié (art. L 122-43). Le conseil de prud'hommes peut annuler la sanction si celle-ci est :

- irrégulière (procédure non respectée) ;
- illicite (sanctions interdites ou non prévues par le règlement intérieur) ;
- injustifiée (les faits reprochés ne sont pas établis) ;
- disproportionnée avec la faute commise. Dans ce cas, l'employeur peut prononcer une nouvelle sanction, qui doit être notifiée au salarié dans le mois suivant l'annulation de la première sanction.

Si le conseil de prud'hommes valide la sanction, le fait pour le salarié de refuser de s'y soumettre constitue une cause réelle et sérieuse de licenciement.

attention *En cas de licenciement disciplinaire irrégulier, seule une indemnité peut être obtenue et non une annulation (voir p. 166 et suivantes).*

7 Les représentants du personnel

Afin de permettre la représentation des salariés dans l'entreprise, la loi a mis en place trois institutions distinctes : la section syndicale d'entreprise, le comité d'entreprise, les délégués du personnel. Chacune de ces institutions est pourvue d'une mission particulière et dotée de moyens d'action qui lui sont propres. Est également présenté dans ce chapitre le CHSCT, qui exerce des fonctions spécifiques dans le domaine de la sécurité et des conditions de travail.

La section syndicale

La section syndicale est le regroupement de plusieurs salariés d'une entreprise adhérant à un même syndicat. Aucune condition d'effectif n'est exigée pour la création d'une section syndicale. Toute section syndicale fait partie d'un syndicat. Le syndicat a vocation à réunir et animer les sections syndicales d'un secteur d'activité déterminé et d'un champ géographique donné.

➤ *Liberté syndicale dans l'entreprise (art. L. 412-2)*

La liberté syndicale est le droit reconnu, à tout syndicat, de se constituer, de s'organiser et de mener des actions dans l'entreprise dans le respect du cadre légal, sans autorisation de l'employeur. La liberté syndicale interdit au chef d'entreprise d'exercer des pressions à l'encontre d'une organisation syndicale, sous peine de sanctions pénales. Cette liberté garantit au salarié la faculté d'adhérer au syndicat de son choix ou de ne pas adhérer. Elle interdit à tout employeur de prendre en considération l'appartenance à un syndicat ou l'exercice d'une activité syndicale pour arrêter ses décisions en matière d'emploi (embauche, carrière, licenciement...).

➤ *Rôle de la section syndicale (art. L. 412-6)*

Le rôle de la section syndicale est de représenter les intérêts matériels et moraux de l'ensemble des salariés de l'entreprise auprès de l'employeur. Toutefois, son rôle dans l'entreprise ne se confond pas avec celui des représentants élus (voir p. 124). Elle a pour vocation d'organiser collectivement les salariés de l'entreprise en vue d'améliorer leurs conditions de travail et d'emploi.

➤ *Moyens de la section syndicale*

Pour exercer ses fonctions, la section syndicale dispose d'un certain nombre de moyens.

- **Panneaux d'affichage** (art. L. 412-8). L'employeur doit mettre à la disposition de chaque section syndicale, selon des modalités fixées par accord, des panneaux réservés aux informations syndicales, distincts de ceux dont disposent les représentants élus du personnel.
- **Publications et tracts** (art. L. 412-8). Les publications et tracts de nature syndicale peuvent être librement diffusés aux salariés dans l'enceinte de l'entreprise, aux heures d'entrée et de sortie du travail. Un accord d'entreprise peut également autoriser la mise à disposition de ces publications et tracts, soit sur un site syndical mis en place sur l'intranet de l'entreprise, soit par diffusion sur la messagerie électronique de l'entreprise.
- **Local syndical** (art. L. 412-9). Dans les entreprises de plus de 200 salariés, l'employeur doit mettre un local à la disposition des sections syndicales d'entreprise.
- **Réunion de la section** (art. L. 412-10). La section syndicale a la possibilité de se réunir mensuellement. Des réunions peuvent également avoir lieu à l'occasion de l'invitation de personnalités extérieures (syndicales ou non).
- **Crédit d'heures** (art. L. 412-20). Chaque section syndicale dispose, au profit de son ou de ses délégués syndicaux et des salariés de l'entreprise appelés à négocier un accord d'entreprise, d'un crédit global spécifique dans la limite de 10 heures par an dans les entreprises occupant au moins 500 salariés et de 15 heures par an dans celles occupant au moins 1 000 salariés.

➤ *Le délégué syndical (art. L. 412-11)*

Le délégué syndical représente le syndicat auprès de l'employeur. Chaque syndicat représentatif peut désigner un délégué syndical dans les entreprises d'au moins 50 salariés et à certaines conditions dans des entreprises plus petites (accord collectif plus favorable, délégué du personnel désigné comme délégué syndical). Le délégué syndical participe notamment aux négociations dans l'entreprise. Comme les autres représentants du personnel, il bénéficie d'un crédit d'heures, de la liberté de déplacement et de la protection contre le licenciement.

Les élections

Les élections professionnelles permettent la mise en place dans l'entreprise des délégués du personnel et des membres du comité d'entreprise.

➤ *Périodicité des élections (art. L. 423-18, L. 433-13)*

Les élections professionnelles ont lieu tous les 4 ans (élections intervenues depuis le 04/08/2005). Elles se déroulent selon un scrutin de liste à deux tours. Au 1er tour, seules les organisations syndicales représentatives peuvent présenter des candidats. Un 2e tour de scrutin doit avoir lieu si le nombre de votants est inférieur à la moitié des électeurs inscrits ou en cas d'absence de listes syndicales. Au 2e tour, les candidatures sont libres.
Pour chaque élection, le personnel est réparti en deux collèges électoraux : celui des « ouvriers et employés » et celui des « ingénieurs, chefs de service, techniciens, agents de maîtrise ». Dans les entreprises qui comptent au moins 25 cadres, un collège spécial « cadres » doit obligatoirement être constitué. Les listes sont présentées par collège.

➤ *La préparation des élections*

L'employeur doit informer le personnel, par voie d'affichage, de l'organisation des élections et inviter les organisations syndicales à établir leurs listes de candidats. L'employeur et les syndicats doivent fixer les modalités d'organisation et de déroulement des opérations électorales. L'ensemble de ces règles figure dans le « protocole d'accord préélectoral ».

sachez-le *Les organisations syndicales intéressées doivent examiner, à l'occasion de l'élaboration du protocole d'accord préélectoral, les voies et moyens pour atteindre une représentation équilibrée des femmes et des hommes sur les listes de candidatures.*

➤ *Électorat et éligibilité*

- **Pour être électeur,** il faut :
- être salarié de l'entreprise dans laquelle les élections ont lieu ;
- être âgé d'au moins 16 ans ;
- avoir au moins 3 mois d'ancienneté dans l'entreprise ;
- ne pas avoir encouru de condamnation privative du droit de vote politique.

- **Pour être éligible,** il faut :
- être électeur ;

- avoir travaillé dans l'entreprise depuis au moins 1 an et avoir 18 ans accomplis ;
- ne pas avoir de lien de parenté avec l'employeur ;
- ne pas être déchu des fonctions syndicales et, pour les élections des membres du CE, ne pas être condamné pour indignité nationale.

➤ *Déroulement du vote*

L'employeur doit assurer les moyens matériels et le secret du vote : bulletins de vote en nombre suffisant et égal pour chaque liste, enveloppes uniformes sans signes distinctifs, isoloirs, deux urnes par collège pour les titulaires et les suppléants.

Les délégués du personnel

Quand l'entreprise compte au moins 11 salariés, l'employeur doit organiser la mise en place et l'élection des délégués du personnel.

➤ *À quoi sert un délégué du personnel (art. L. 422-1) ?*

Le délégué du personnel (DP) est un représentant élu des salariés auprès de l'employeur ; il a pour mission :

- de présenter à l'employeur les réclamations, individuelles ou collectives, relatives aux salaires et à l'application dans l'entreprise de l'ensemble des textes organisant la relation de travail (Code du travail, lois, règlements, conventions, accords collectifs...) ;
- de saisir l'inspection du travail quand l'employeur ne respecte pas ses obligations. Il peut accompagner l'inspecteur du travail lors de ses visites dans les locaux de l'entreprise.

➤ *Les moyens des délégués du personnel*

- **Crédit d'heures** (art. L. 424-1). Les délégués du personnel disposent chaque mois d'un « crédit d'heures » (en principe 10 heures si l'entreprise compte de 11 à 49 salariés, 15 heures au-delà) pour exercer leur mandat. Chaque délégué a une totale liberté dans l'utilisation de ces heures, sous réserve d'un lien direct avec sa mission. Ces heures sont payées comme s'il s'agissait d'heures de travail.
- **Local et panneaux d'affichage** (art L. 424-2). L'employeur doit mettre à la disposition des délégués du personnel le local nécessaire à l'accomplissement de leurs missions. Il doit également prévoir des panneaux réservés aux informations que les délégués du personnel souhaitent porter à la connaissance du personnel.
- **Liberté de déplacement** (art. L. 424-3). Durant leurs heures de délégation ou en dehors de leurs heures de travail, les délégués du personnel peuvent se déplacer librement dans l'entre-

prise, et notamment prendre des contacts avec les salariés sur leur poste de travail. Cette faculté ne doit pas occasionner de gêne importante dans l'accomplissement du travail des salariés.

• **Réunion avec l'employeur** (art. L. 424-4). Une fois par mois, l'employeur, ou son représentant, doit recevoir collectivement les délégués du personnel. En dehors de cette réunion, ils peuvent également être reçus, soit collectivement, en cas d'urgence, soit individuellement, par catégorie professionnelle ou service, selon les questions qu'ils ont à traiter.

• **La protection** (art. L. 425-1). Pour assurer aux délégués une sécurité et une indépendance dans l'exercice de leurs fonctions, tout projet de licenciement les concernant doit être soumis à une autorisation préalable de l'inspection du travail. Toute entrave à leurs fonctions peut être sanctionnée pénalement.

sachez-le *Dans des conditions strictement définies par la loi, et sous réserve qu'une convention de branche ou un accord professionnel étendu en prévoie les modalités, les représentants élus du personnel au CE (ou, à défaut, les DP) peuvent conclure des accords d'entreprise ou d'établissement en l'absence de délégués syndicaux dans cette entreprise ou cet établissement. En l'absence de représentants élus, de tels accords pourront être conclus par un ou des salariés expressément mandatés pour la négociation par une organisation syndicale représentative sur le plan national.*

Le comité d'entreprise

Quand l'entreprise compte au moins 50 salariés, l'employeur doit organiser la mise en place et l'élection d'un comité d'entreprise (CE).

➤ *L'expression de l'intérêt des salariés*

Le CE a vocation à exprimer l'intérêt collectif des salariés. Pour l'exercice de cette fonction, il doit être informé et consulté sur les décisions relatives à la marche générale de l'entreprise.

• La loi peut prévoir une simple information du CE. Exemple : un mois après chaque élection du CE, le chef d'entreprise doit l'informer de la situation économique et financière de l'entreprise.

• Dans d'autres cas, la loi organise une procédure de consultation du comité d'entreprise. Exemple : le comité d'entreprise est consulté préalablement à tout projet de licenciement pour motif économique de plus de 10 salariés (voir p. 178 et suivantes).

Dans le cadre d'une procédure de consultation, l'employeur doit communiquer au CE toutes les informations nécessaires.

Le comité doit disposer d'un délai suffisant pour examiner ce projet. L'employeur est tenu de fournir au comité d'entreprise les éléments d'explication justifiant sa décision. L'intérêt de cette procédure est d'instaurer une confrontation entre l'employeur et les représentants des salariés.

- Enfin, la loi attribue au CE un droit d'alerte. Exemple : s'il a connaissance de faits susceptibles de caractériser un recours abusif aux CDD ou à l'intérim, ou lorsqu'il constate dans l'entreprise un accroissement important du nombre de salariés occupés sous ces statuts, le CE peut saisir l'inspecteur du travail afin que celui-ci effectue les constatations qu'il estime utiles.

sachez-le *En cas de dépôt d'une offre publique d'acquisition, les CE de l'entreprise « cible » et de l'entreprise auteur de l'offre doivent être informés. Le CE de l'entreprise « cible » peut recourir à un expert ; il peut surtout décider d'auditionner l'auteur de l'offre, qui doit alors lui présenter, sous peine de sanction, sa politique industrielle et financière, ses plans stratégiques pour la société visée et les répercussions de la mise en œuvre de l'offre sur l'ensemble des intérêts, l'emploi, les sites d'activité et la localisation des centres de décision de ladite société. Une procédure d'information est également prévue lorsque l'entreprise est dépourvue de CE (art. L. 432-1).*

La gestion des activités sociales et culturelles

Les activités sociales et culturelles dans l'entreprise au bénéfice des salariés sont confiées par la loi au comité d'entreprise.
Il s'agit d'activités qui ont pour but d'améliorer les conditions collectives d'emploi, de travail et de vie du personnel au sein de l'entreprise (ex. : activité sportive, exposition, activité en faveur des enfants du personnel).

Comité d'entreprise et comité central d'entreprise

Dans les entreprises qui ont plusieurs établissements de plus de 50 salariés, des comités d'établissement et un comité central d'entreprise doivent être mis en place.
Les œuvres sociales sont gérées par les différents comités d'établissement. En matière économique et professionnelle, les comités d'établissement ont les mêmes attributions que les comités d'entreprise. Le comité central d'entreprise est compétent pour les questions qui concernent l'ensemble de l'entreprise et qui excèdent ainsi les pouvoirs des chefs d'établissement.

Les membres du comité d'entreprise

Le comité d'entreprise est composé du chef d'entreprise et des représentants élus du personnel. Les syndicats représentatifs

implantés dans l'entreprise peuvent désigner un représentant syndical avec voix consultative et non délibérative.
Le chef d'entreprise (ou l'un de ses représentants) préside le CE. Mais la direction et la représentation du comité d'entreprise appartiennent au secrétaire du comité d'entreprise, qui est désigné parmi les membres élus du comité d'entreprise.

sachez-le *Dans les entreprises de moins de 200 salariés, les délégués du personnel peuvent également être les représentants du personnel au comité d'entreprise ; dans ce cas, le nombre de représentants élus est réduit, mais les deux institutions conservent leurs attributions et modes de fonctionnement.*

➤ *Les moyens du comité d'entreprise*

Comme les délégués du personnel, les membres élus du comité d'entreprise disposent de moyens pour exercer leur mandat : local, crédit d'heures, liberté de déplacement, protection contre le licenciement (voir p. 126)... Le CE peut également, dans certaines situations, se faire assister d'un expert (expert-comptable, par exemple).

➤ *Les réunions du comité d'entreprise*

Dans les entreprises de plus de 150 salariés, le comité d'entreprise doit se réunir une fois par mois. Les délibérations adoptées lors de cette réunion sont consignées dans un procès-verbal établi par le secrétaire. Ce procès-verbal peut être porté à la connaissance des salariés selon des modalités fixées par le comité.

Le CHSCT

La loi impose la présence d'un comité d'hygiène, de sécurité et des conditions de travail (CHSCT) dans tous les établissements comptant au moins 50 salariés. Cependant, sans condition d'effectif, l'inspecteur du travail peut imposer la création d'un CHSCT dans tout établissement où il estime cette mesure nécessaire en raison de la nature des travaux effectués, de l'agencement et de l'équipement des locaux.

➤ *À quoi sert un CHSCT ?*

Le CHSCT a trois domaines de compétence :
- la protection de la santé physique et mentale et de la sécurité des salariés de l'établissement. L'intervention du CHSCT consiste principalement à remédier aux situations dommageables consta-

tées (ex. : une cadence de production trop soutenue). Il peut également proposer des mesures de prévention en matière de harcèlement sexuel et moral ;

- l'amélioration des conditions de travail. Dans ce domaine, l'action du CHSCT consiste à intervenir, même en l'absence de danger, dans le but d'améliorer le bien-être des salariés pendant leur temps de travail (ex. : il peut proposer une étude sur l'aménagement des locaux de travail) ;
- la protection de l'environnement.

➤ *Les membres du CHSCT (art. L. 236-5 et R. 236-6)*

Le CHSCT est présidé par le chef d'entreprise ou son représentant. La délégation du personnel est désignée par un collège réunissant les élus au comité d'entreprise et les délégués du personnel. Les représentants sont désignés pour 2 ans et bénéficient d'un crédit d'heures minimum mensuel, qui varie avec l'effectif de l'établissement.

sachez-le *Les représentants du personnel au CHSCT ont droit à la même protection contre les licenciements que celle reconnue aux membres du comité d'entreprise. Leur licenciement ne peut donc intervenir qu'après avis du comité d'entreprise et autorisation de l'inspection du travail.*

Des personnes sont membres de droit du CHSCT, mais avec voix consultative (ex : le médecin du travail assurant la surveillance du personnel).

L'inspecteur du travail est un invité permanent du CHSCT : il peut assister à toutes les réunions et doit recevoir les mêmes informations que les autres membres.

➤ *Le fonctionnement du CHSCT (art. L. 236-3 et L. 236-2-1)*

L'employeur doit fournir au CHSCT les informations et moyens nécessaires à l'exercice de ses fonctions et à la préparation des réunions. Le CHSCT doit pouvoir disposer d'un local approprié.

Toutefois, il n'a pas de budget de fonctionnement propre et ne peut utiliser celui du comité d'entreprise. Le CHSCT se réunit :

- au moins une fois par trimestre, à l'initiative de l'employeur, ou plus fréquemment en cas de besoin (notamment dans les branches d'activité à haut risque) ;
- à la suite d'un accident ayant eu ou ayant pu avoir des conséquences graves ;
- à la demande motivée de deux membres au moins du CHSCT.

8 Les congés

Les principaux congés auxquels vous avez droit sont traités dans ce chapitre, avec les jours fériés. Certains congés spécifiques (pour maternité, paternité, maladie, formation…) sont traités dans d'autres parties de votre guide : reportez-vous à l'index, en p. 7.
Le départ en congé n'entraîne pas la rupture de votre contrat de travail, qui est simplement suspendu. Au terme du congé, vous devez retrouver votre emploi dans l'entreprise. Notez qu'il est toujours plus sûr de demander à l'employeur de formaliser son accord par écrit pour votre départ en congé.

Les jours fériés

➤ *Les 11 jours fériés légaux (art. L. 222-1)*

Les 11 jours fériés légaux prévus par le Code du travail sont : le 1er janvier, le lundi de Pâques, le 1er mai, le 8 mai, l'Ascension, le lundi de Pentecôte, le 14 juillet, l'Assomption (15 août), la Toussaint (1er novembre), le 11 novembre, le 25 décembre.
Aux jours fériés légaux peuvent s'ajouter des jours fériés pour fête professionnelle ou locale. Ex. : la Saint-Éloi dans la métallurgie, le Vendredi saint et le 26 décembre en Alsace-Moselle.

➤ *Les conséquences de la création d'une journée de solidarité (art. L. 212-16)*

La journée de solidarité est destinée à assurer le financement des actions en faveur de l'autonomie des personnes âgées ou handicapées. Pour les salariés, cette journée prend la forme d'une journée supplémentaire de travail (avec proratisation pour les salariés à temps partiel), dont la date est fixée par accord collectif. Il peut s'agir soit d'un jour férié précédemment chômé autre que le 1er mai, soit d'un jour de RTT, soit de toute autre modalité permettant le travail d'un jour pré-

cédemment non travaillé en application de dispositions conventionnelles ou des modalités d'organisation des entreprises. En l'absence d'accord collectif, la Journée de solidarité est le lundi de Pentecôte, ou, si le lundi de Pentecôte est déjà travaillé, le jour fixé par l'employeur aprés consultation du CE (ou, à défaut, des DP). Lorsque l'entreprise travaille en continu ou est ouverte tous les jours de l'année, l'accord collectif ou, à défaut, l'employeur peuvent fixer, le cas échéant, une Journée de solidarité différente pour chaque salarié. Elle peut enfin, sous certaines conditions, être fractionnée en heures.
La journée de solidarité s'applique à tous les salariés. Toutefois, si elle est fixée un jour férié, elle ne concerne pas les jeunes travailleurs de moins de 18 ans ; si un accord collectif fixe un jour non férié comme Journée de solidarité, c'est aux partenaires sociaux qu'il revient de fixer les conditions dans lesquelles ces salariés effectueront cette journée.

sachez-le *Le travail de la journée de solidarité dans les conditions légales ne constitue pas une modification du contrat de travail.*

Cette journée, dans la limite de 7 heures (proratisée pour les salariés à temps partiel), ne donne pas lieu à rémunération lorsque le salarié est mensualisé (voir p. 75) ainsi que, dans la limite de la valeur d'une journée de travail, pour les salariés dont la rémunération est calculée par référence à un nombre annuel de jours de travail (« forfait jours ») (art. L. 212-16). Les salariés non mensualisés doivent être rémunérés normalement pour le travail accompli durant cette journée.

sachez-le *Si vous avez déjà accompli, au titre de l'année en cours, une journée de solidarité, telle que définie ci-dessus, et que vous devez effectuer une nouvelle journée, en raison d'un changement d'employeur, les heures travaillées ce jour donnent lieu à rémunération supplémentaire. La loi vous autorise également à refuser d'exécuter cette journée supplémentaire de travail sans que ce refus constitue une faute ou un motif de licenciement.*

Le repos pendant les jours fériés

Sauf pour les salariés de moins de 18 ans (avec des exceptions), la loi n'impose pas le chômage des jours fériés autres que le 1er mai. Le repos des jours fériés dépend de la convention collective ou des usages applicables.
Seul le repos du 1er mai est en principe obligatoire pour tous les salariés (art. L. 222-5). Toutefois, ce repos peut ne pas être respecté dans certains établissements ou services ne pouvant interrompre le travail : hôpitaux, usines à feu continu, par exemple. La journée du 1er mai est alors payée double (art. L. 222-7).

sachez-le La plupart des conventions collectives prévoient le chômage des jours fériés ; renseignez-vous.

➤ Le paiement des jours fériés chômés

Le paiement des jours fériés chômés est obligatoire pour les salariés remplissant les conditions suivantes : 3 mois d'ancienneté et 200 h de travail au cours des 2 mois précédents, présence les jours de travail qui précèdent et suivent le jour férié. Les conventions collectives prévoient souvent des conditions plus favorables. Pour les salariés qui restent exclus de la « mensualisation » (voir p. 75), aucune rémunération n'est due, sauf convention ou accord collectif plus favorables. En revanche, le 1er mai doit être payé à tous les salariés, sans aucune condition (art. L. 222-6).
La récupération des jours fériés chômés est interdite (art. L. 222-1-1).

➤ Les « ponts »

On parle de «pont» lorsque l'employeur accorde le repos d'une journée comprise entre un jour férié chômé et les jours de repos hebdomadaire (ex. : pont de l'Ascension). La pratique des ponts résulte soit des dispositions d'une convention collective de branche ou d'entreprise, soit des usages, soit d'une décision unilatérale de l'employeur. Les heures de travail perdues en raison d'un pont peuvent faire l'objet d'une récupération, à condition d'avoir fait chuter l'horaire hebdomadaire en dessous de la durée légale.

Les congés payés

Tout salarié a droit à un congé annuel payé par l'employeur, s'il a été occupé à son service pendant au moins 1 mois de travail effectif au cours de l'année de référence (art. L. 223-1, L. 223-2).

➤ Qu'appelle-t-on «année de référence» ?

L'année de référence pour l'acquisition des congés va du 1er juin de l'année précédente au 31 mai de l'année en cours (art. R. 223-1). Toutefois, un accord de branche étendu ou un accord d'entreprise permettant la mise en place d'une modulation ou d'une réduction du temps de travail par jours de repos peuvent fixer une période différente. En outre, dans les professions où sont instituées des caisses de congés payés (bâtiment et travaux publics, dockers, spectacle...), l'année de référence va du 1er avril au 31 mars. Dans ces professions, les congés ne sont pas payés directement par l'employeur, mais par la caisse de congés payés.

➤ À combien de jours de congés avez-vous droit ?

Vous avez droit à 2,5 jours ouvrables de congé par mois effectivement travaillé pendant l'année de référence.
Ainsi, pour 12 mois de travail effectif, vous aurez droit à 30 jours ouvrables, pour 10 mois à 25 jours ouvrables, pour 6 mois à 15 jours ouvrables, etc. Lorsque le calcul des congés n'aboutit pas à un nombre entier, la durée des congés doit être arrondie au chiffre supérieur. Ex. : 9 mois de travail ouvrent droit à un congé de 23 jours ouvrables (22,5 arrondi à 23), 5 mois ouvrent droit à 13 jours... (art. L. 223-2).

➤ Que signifie « travail effectif » ?

Il s'agit du travail effectivement accompli au cours de l'année de référence. Toutefois, la loi assimile certaines absences à des périodes de travail effectif : les congés payés de l'année précédente, les repos compensateurs, les jours de repos acquis au titre de la réduction du temps de travail, le congé maternité, les congés de formation économique, sociale et syndicale, les arrêts pour accident de travail ou maladie professionnelle, les congés pour événements familiaux... (art. L. 223-4), les congés de formation (art. L. 931-7).
Les périodes de maladie et les jours de grève ne sont pas légalement assimilés à un temps de travail effectif, mais peuvent l'être par la convention collective ou l'accord de l'employeur.

➤ Qu'est-ce qu'un « jour ouvrable » ?

Les jours ouvrables sont tous les jours de la semaine à l'exception du dimanche et des jours fériés chômés. Le samedi, même non travaillé, est un jour ouvrable. Ainsi, les 30 jours ouvrables auxquels vous avez droit pour 12 mois de travail effectif correspondent à 5 semaines de vacances. Il ne faut pas confondre les jours « ouvrables » et les jours « ouvrés », qui sont les jours effectivement travaillés de la semaine (lundi au vendredi, en général).

➤ Comment calculer vos congés ?

Pour le calcul des congés, la loi assimile à un mois de travail effectif les périodes équivalant à quatre semaines ou 24 jours de travail (art. L. 223-4). Attention : les 24 jours correspondent à une semaine de 6 jours ; il faut retenir une équivalence de 22 jours pour une semaine de 5,5 jours et de 20 jours pour une semaine de 5 jours (ou encore de 16 jours pour une semaine de 4 jours).
Trois bases de calcul existent donc :

1. Les mois entiers de travail accomplis de date à date (ex. : 1er juillet au 1er août, 13 septembre au 13 octobre, 21 février au 21 mars...) ;

2. Les périodes de 4 semaines complètes (qui ne se suivent pas obligatoirement, ex. : 1 semaine en juin, 1 en juillet, 2 en octobre) ;

3. Les périodes de 20 jours de travail (qui ne se suivent pas obligatoirement).

Chacune de ces bases de calcul donne droit à 2,5 jours ouvrables de congés. La plus favorable doit être retenue.

➤ *Jours fériés et maladie durant les congés*

La présence, pendant vos congés, d'un jour férié chômé dans l'entreprise a pour effet de prolonger ceux-ci d'une journée, sauf si le jour férié est un dimanche. En revanche, la maladie pendant les congés est sans incidence sur leur durée. Sauf accord de l'employeur ou disposition plus favorable de la convention collective, vous ne pourrez donc ni prolonger vos congés, ni en demander le report à une date ultérieure : vous aurez toutefois la possibilité de cumuler l'indemnité de congés payés et les indemnités journalières de la Sécurité sociale.

➤ *Les congés supplémentaires*

Tout salarié ayant moins de 22 ans au 30 avril de l'année en cours et n'ayant pas droit à 30 jours de congés peut bénéficier d'un congé supplémentaire non rémunéré pour atteindre les 30 jours ouvrables de repos (art. L. 223-3).

Toute femme salariée ayant moins de 22 ans au 30 avril de l'année en cours bénéficie d'un congé supplémentaire de 2 jours par enfant à charge lorsque son congé légal est supérieur à 6 jours. Lorsque son congé légal est inférieur à 6 jours, le congé supplémentaire est réduit à 1 jour par enfant (art. L. 223-5).

Par ailleurs, des congés supplémentaires en raison de l'âge ou de l'ancienneté peuvent être accordés par convention ou accord collectif de travail (art. L. 223-3).

➤ *Quand pouvez-vous prendre vos congés ?*

Les congés peuvent être pris dès l'ouverture des droits, c'est-à-dire avant la période normale fixée par la loi (1er mai au 31 octobre), en cas d'accord avec l'employeur. Cette disposition ne remet toutefois pas en cause le principe selon lequel, à défaut de convention ou d'accord collectif les fixant, la période et l'ordre des départs en congés sont arrêtés par l'employeur, qui doit respecter les usages et consulter le comité d'entreprise ainsi que les délégués du personnel (art. L. 223-7). En tout état de cause, cette période doit comprendre la période légale qui court du 1er mai au 31 octobre et être portée à la connaissance des salariés 2 mois avant son ouverture. L'employeur ne peut obliger un salarié à prendre ses vacances en dehors de cette période, sauf accord du salarié ou application des dispositions d'une convention collective ou d'un accord collectif d'établissement.

sachez-le *Les salariés de retour d'un congé de maternité ou d'adoption ont droit à leur congé payé annuel, quelle que soit la période de congé payé retenue, par accord collectif ou par l'employeur, pour le personnel de l'entreprise. Ainsi, les salarié(e)s dont le congé de maternité ou d'adoption aura coïncidé avec la période de prise des congés payés applicable dans l'entreprise pourront bénéficier de leur congé payé à leur retour de congé, même si ladite période a expiré.*

Lorsqu'il a fixé vos dates de congé, l'employeur ne peut plus, dans le mois précédant votre départ, les modifier sans votre accord (sauf circonstances exceptionnelles, art. L. 223-7). Vous devez impérativement respecter les dates fixées.

sachez-le *Les conjoints et les partenaires liés par un PACS travaillant dans la même entreprise ont droit à un congé simultané.*

La répartition des congés dans le temps fait l'objet de règles devant, en tout état de cause, être respectées (art. L. 223-7 et 8) :

1 - Chaque salarié doit bénéficier d'un congé principal d'au moins 12 jours ouvrables continus, compris entre deux jours de repos hebdomadaires. Lorsque le droit à congé est inférieur à 12 jours, le congé doit être pris en une seule fois. Ce congé principal et continu doit en principe être attribué pendant la période légale, sauf dérogation prévue par convention ou accord collectif, ou acceptation du salarié. Les jours restant dus peuvent donner droit, à défaut de convention collective ou d'accord du salarié, à 2 jours supplémentaires de congé lorsque vous prenez au moins 6 jours ouvrables en dehors de la période légale, et 1 jour si vous prenez entre 3 et 5 jours ouvrables.

2 - Le congé principal continu ne peut excéder 24 jours ouvrables. La « 5e semaine » devra donc être prise à part du congé principal. Seuls les salariés justifiant de contraintes géographiques particulières, comme les travailleurs étrangers retournant dans leur pays d'origine pendant leurs congés, peuvent accoler la 5e semaine à ce congé.
Le fractionnement de la 5e semaine ne donne pas droit à des congés supplémentaires.

➤ *Le paiement des congés (art. L. 223-11)*

Pendant vos congés, l'employeur doit vous verser une indemnité de congés payés. Celle-ci a un caractère de salaire, elle est soumise aux cotisations sociales. L'indemnité de congés payés peut se calculer selon deux méthodes (maintien de salaire ou règle du dixième), l'employeur devant retenir la plus avantageuse pour vous.

- **La règle du maintien de salaire :** l'employeur vous verse une indemnité égale à la rémunération que vous auriez perçue si vous aviez travaillé pendant vos congés.
- **La règle du dixième :** l'employeur vous verse une indemnité égale au dixième de la rémunération totale perçue au cours de l'année de référence écoulée (1er juin - 31 mai, voir p. 132).

La rémunération prise en compte pour le calcul de l'indemnité de congés payés comprend tous les salaires perçus (salaire de base, primes...), à l'exception des remboursements de frais, des primes liées aux conditions de travail (ex. : prime de salissure), des primes semestrielles ou annuelles dont le montant n'est pas diminué par les congés (ex. : 13e mois, prime de vacances...).

sachez-le *Si votre contrat est rompu avant la prise de vos congés, quelle que soit la situation (démission, licenciement sauf faute lourde, fin de CDD ou de mission d'intérim), l'employeur doit vous verser une indemnité compensatrice de congés payés égale au montant des rémunérations ou de l'indemnité que vous auriez perçues si vous aviez pris les congés que vous avez acquis.*

Les congés légaux pour événements familiaux

Ces congés s'appliquent à défaut de dispositions conventionnelles plus favorables (pour les congés maternité, paternité ou adoption, voir p. 135).

➤ *Congés rémunérés (art. L. 226-1)*

Tout salarié a le droit de s'absenter sans perte de salaire : 4 jours pour son mariage (ou remariage), 2 jours pour le décès du conjoint ou d'un enfant (disposition également applicable aux partenaires liés par un PACS), 1 jour pour le mariage d'un enfant, 1 jour pour le décès du père, de la mère, du beau-père, de la belle-mère, d'un frère ou d'une sœur, 3 jours pour la naissance d'un enfant (congé qui vient s'ajouter au congé de paternité auquel le salarié a droit dans les conditions visées p. 149).

➤ *Congés non rémunérés*

Ils sont prévus pour s'occuper d'une personne malade. Ainsi :

- tout salarié a droit à un congé non rémunéré en cas de maladie ou d'accident constatés par certificat médical d'un enfant de moins de 16 ans dont il a la charge. La durée est de 3 jours/an, voire 5 jours si l'enfant est âgé de moins de 1 an ou si le salarié a la charge d'au moins 3 enfants âgés de moins de 16 ans (sur la possibilité de travailler à temps partiel, voir p. 98) (art. L. 122-28-8) ;
- tout salarié, dont un ascendant, un descendant ou une personne partageant son domicile souffrent d'une pathologie mettant en jeu le pronostic vital peut bénéficier d'un congé de solidarité familiale d'une durée maximale de 3 mois. Ce congé peut, avec l'accord de l'employeur, être transformé en temps partiel (art. L. 225-15).

Le congé de présence parentale

Ce congé s'adresse aux parents d'un enfant malade, accidenté ou handicapé, qui a besoin d'une présence parentale à ses côtés. Le dispositif présenté ici est applicable aux demandes de congé formulées depuis le 1/05/2006.

➤ *Les conditions (art. L. 122-28-9)*

Le droit au congé de présence parentale (CPP) est ouvert, sans condition d'ancienneté, à tout salarié dont un enfant à charge au sens des prestations familiales (voir p. 212) est atteint d'une maladie, d'un handicap ou qui est victime d'un accident d'une particulière gravité rendant indispensables une présence soutenue et des soins contraignants ; cette condition est attestée par un certificat médical qui précise la durée prévisible du traitement. Le CPP n'est pas rémunéré mais ouvre droit, sous certaines conditions, à l'allocation journalière de présence parentale (voir p. 223).

➤ *La durée du congé*

Le nombre de jours de congé dont peut bénéficier le salarié au titre du CPP est au maximum de 310 jours ouvrés, au sein d'une période maximale de droit de 3 ans pour un même enfant et pour une même maladie, accident ou handicap. Aucun de ces jours de congé ne peut être fractionné.

La durée initiale de la période au cours de laquelle le salarié peut bénéficier du droit à congé est définie dans le certificat médical établi par le médecin qui suit l'enfant. Cette durée fait l'objet d'un nouvel examen tous les 6 mois.

➤ *La demande*

Le salarié doit informer son employeur par lettre RAR, ou remise en main propre contre décharge, au moins 15 jours avant sa première absence, à laquelle est joint le certificat médical visé page 137. Ensuite, lorsqu'il souhaite prendre un ou plusieurs jours de congé qui s'imputeront sur les 310 jours ouvrés dont il dispose, il devra en informer son employeur au moins 48 heures à l'avance.

Si les conditions sont réunies, la demande ne peut être refusée.

À l'issue du CPP, le salarié retrouve son précédent emploi ou un emploi similaire assorti d'une rémunération au moins équivalente. En cas de décès de l'enfant ou de diminution importante des ressources du ménage, le salarié retrouve également son précédent emploi ou un emploi similaire assorti d'une rémunération au moins équivalente, sous réserve d'adresser une demande motivée à son employeur par lettre RAR un mois au moins avant la date souhaitée de son retour.

Le congé parental

Ce congé (ou l'exercice d'une activité à temps partiel dans ce cadre) est de droit, si le salarié a au moins 1 an d'ancienneté dans l'entreprise à la date de la naissance de l'enfant ou de son arrivée au foyer pour adoption. Ce congé n'est pas rémunéré mais ouvre droit, sous certaines conditions, au complément de libre choix d'activité (voir p. 216).

➤ *Quand peut-on prendre un congé parental ?*

Vous pouvez le faire, au moment que vous choisirez, pendant une période qui va de la fin du congé maternité ou d'adoption pris par vous-même ou votre conjoint jusqu'au 3e anniversaire de l'enfant ou de l'arrivée au foyer s'il s'agit de l'adoption d'un enfant de moins de 3 ans.

Si la demande est faite dans les règles (voir ci-dessous), votre employeur ne peut la refuser (art. L. 122-28-1).

➤ *La durée*

La durée initiale du congé ou de l'activité à temps partiel ne peut excéder 1 an. Elle peut ensuite être prolongée 2 fois pour prendre fin au plus tard au 3e anniversaire de l'enfant ou de son arrivée au foyer en cas d'adoption. Toutefois, si l'enfant adopté a plus de 3 ans et moins de 16 ans, le congé parental ou la période à temps partiel ne peuvent excéder 1 an à compter de son arrivée au foyer.

➤ La demande

Au moment de la demande, vous devez choisir entre le temps partiel et le congé. Le temps partiel s'entend d'une durée de travail qui ne peut être inférieure à 16 heures hebdomadaires.
Vous pouvez toujours passer d'une formule à l'autre au moment de la prolongation. La demande doit être faite par lettre RAR (voir modèle p. 286) ou par lettre remise en main propre contre décharge. Lorsque le congé ou l'activité à temps partiel suivent immédiatement la fin du congé de maternité ou d'adoption, la demande doit être adressée au moins 1 mois avant. En dehors de ce cas, le délai est de 2 mois. Pour une prolongation, le délai est de 1 mois.

sachez-le *À la fin ou en cours de congé, le salarié peut de sa propre initiative suivre un bilan de compétences et une action de formation. La formation lui est due en cas de changement de techniques ou de méthodes de travail sur son poste de travail.*

Les autres congés

➤ Congés pour activité d'intérêt général

L'employeur est tenu d'accorder le temps nécessaire à l'exercice de diverses fonctions ou activités : membre du conseil général ou municipal, conseiller ou défenseur prud'homme, conseiller du salarié (art. L. 122-14-14), juré d'assises ou témoin à un procès, participation à des instances de la formation professionnelle, conseil d'administration d'une caisse de Sécurité sociale ou d'Allocations familiales, représentation d'une association ou d'une mutuelle.

➤ Congé sabbatique (art. L. 122-32-17)

Il s'agit d'un congé non rémunéré d'une durée comprise entre 6 et 11 mois. Pour en bénéficier, le salarié doit avoir au moins 6 années d'activité professionnelle, dont 3 ans d'ancienneté dans l'entreprise à la date du congé, et n'avoir pas bénéficié dans les 6 années précédentes d'un congé sabbatique ou pour création d'entreprise, ou d'un congé-formation d'au moins 6 mois. La demande doit être faite à l'employeur (par lettre RAR ou lettre remise en main propre contre décharge) au moins 3 mois à l'avance, en précisant la durée du congé. L'employeur peut différer au maximum pendant 6 mois le départ en congé (9 mois dans les entreprises de moins de 200 salariés). À l'issue du congé, le salarié retrouve son emploi ou un emploi similaire assorti d'une rémunération au moins équivalente. Une reprise avant la date prévue nécessite l'accord de l'employeur.

➤ Congé ou temps partiel pour création d'entreprise

Ce congé (ou cette période à temps partiel) non rémunéré est ouvert à tout salarié ayant une ancienneté d'au moins 2 ans, consécutifs ou non, dans l'entreprise (art. L. 122-32-12 et s.). La demande doit être faite par lettre recommandée avec AR ou par lettre remise en main propre contre décharge et doit préciser l'activité que le salarié prévoit de créer ou de reprendre.

sachez-le *Si l'employeur ne répond pas dans les 30 jours qui suivent la demande, il est réputé avoir donné son accord. Sous certaines conditions, il peut différer le départ en congé.*

La durée maximale du congé (ou de la période à temps partiel) est de 1 an, renouvelable une fois si le salarié en fait la demande 2 mois avant son terme (le renouvellement ou la prolongation du temps partiel est de 1 an maximum). À l'issue du congé (ou de la période d'activité à temps partiel), le salarié doit retrouver son précédent emploi ou un emploi similaire assorti d'une rémunération au moins équivalente. Il peut également rompre son contrat de travail (démission), sans avoir à respecter de préavis. Dans l'un ou l'autre cas, il doit informer l'employeur de ses intentions 3 mois avant la fin de son congé ou de sa période à temps partiel.

sachez-le *Le congé pour création d'entreprise n'est pas rémunéré. Le salarié qui en bénéficie peut cependant demander le déblocage anticipé de sa participation (ou des sommes inscrites sur son plan d'épargne entreprise ou interentreprise), ou utiliser son CET.*

➤ Compte épargne temps (CET)

Le CET, mis en place par accord collectif (de branche, de groupe, d'entreprise ou d'établissement), permet aux salariés d'accumuler des droits à congé rémunéré ou de bénéficier d'une rémunération, immédiate ou différée, en contrepartie des périodes de congé ou de repos non prises. Le CET peut être alimenté, notamment, par le report d'une partie des congés payés annuels, le repos compensateur, le temps libéré par la réduction du temps de travail, la conversion en jours de primes et indemnités, d'augmentations de salaire... Les droits affectés sur le CET peuvent être utilisés, à l'initiative du salarié, notamment pour compléter sa rémunération, alimenter un plan d'épargne salariale, indemniser en tout ou partie un congé (congé parental d'éducation, congé pour création ou reprise d'entreprise, congé sabbatique, congé de solidarité internationale...), un passage à temps partiel, une formation en dehors du temps de travail... Renseignements auprès des représentants du personnel.

9 La maladie

La maladie du salarié, dès lors qu'elle l'oblige à interrompre son activité et l'empêche ainsi de fournir le travail pour lequel il est normalement payé, pose deux questions principales :
- la maladie entraîne-t-elle la rupture du contrat de travail ?
- de quels revenus disposera le salarié pendant son arrêt maladie ?

Notez que des règles spécifiques s'appliquent en cas d'interruption de travail due à un accident du travail ou à une maladie professionnelle (voir p. 150).

Les effets sur le contrat de travail

➤ *La suspension ou la rupture du contrat de travail*

Les absences de courte durée pour maladie ou accident ne constituent pas une rupture du contrat de travail. Celui-ci est simplement suspendu et vous devez retrouver votre emploi à la fin de votre absence. Ce principe est consacré par un grand nombre de conventions collectives, qui fixent en général la durée pendant laquelle le contrat de travail est suspendu : si vous êtes malade, n'hésitez donc pas à vous reporter aux dispositions de la convention collective qui vous est applicable.

Il arrive cependant que la maladie ou l'accident puissent entraîner la rupture du contrat de travail :

1 - La maladie de courte durée n'est pas une cause de rupture de votre contrat, qu'il s'agisse d'un contrat à durée indéterminée, à durée déterminée ou d'un contrat de mission. Vous pouvez néanmoins être licencié pour d'autres motifs : économique, faute personnelle, etc.

2 - L'employeur peut vous licencier lorsque votre absence prolongée ou répétée, du fait d'une maladie ou d'un handicap, perturbe le bon fonctionnement de l'entreprise et entraîne la nécessité pour l'employeur de procéder à un remplacement définitif.

3 - En cas d'inaptitude physique constatée par le médecin du travail, l'employeur ne peut vous licencier avant d'avoir préalablement tenté de vous reclasser (voir p. 152).
Pour les règles concernant le licenciement (procédure et indemnités), reportez-vous en p. 168 et suivantes.

Existe-t-il des dispositions spécifiques en cas de longue maladie ?

Tout salarié atteint d'une maladie de longue durée au sens de la Sécurité sociale (infection par le VIH-Sida, cancer, tuberculose active, sclérose en plaques...) bénéficie d'autorisations d'absence pour suivre les traitements médicaux rendus nécessaires par son état de santé (art. L. 122-24-5). Sauf dispositions conventionnelles plus favorables, ces autorisations d'absence n'ouvrent pas droit à rémunération.

➤ *Les obligations du salarié*

En cas d'absence pour maladie, vous devez :

- informer votre employeur dans les plus brefs délais (en général 48 heures) du motif et de la durée probable de votre absence et lui adresser un certificat médical ;
- vous abstenir de toute activité pendant votre arrêt maladie ;
- reprendre votre travail à la date prévue, sauf prolongation de votre arrêt établie par certificat médical envoyé à l'employeur.

Le non-respect de ces obligations constitue une faute susceptible de justifier votre licenciement.
Vis-à-vis de la Sécurité sociale, vous êtes également tenu aux obligations suivantes, sous peine de suppression totale ou partielle des indemnités journalières (voir p. 201) : transmission à votre caisse d'assurance maladie, dans les 48 heures, de l'arrêt de travail remis par votre médecin, qu'il s'agisse de l'arrêt de travail initial ou de sa prolongation (celle-ci ne pouvant, en principe, être établie que par le médecin qui a prescrit l'arrêt initial ou le médecin traitant) ; respect des heures de sortie autorisées, dans les limites indiquées par le médecin sur l'arrêt de travail ; répondre aux convocations du service du contrôle médical de la caisse d'assurance maladie.

Les revenus en cas d'arrêt maladie

Ils sont composés des indemnités journalières de Sécurité sociale et, le cas échéant, d'un complément d'indemnisation versé par l'employeur.

➤ *Les indemnités journalières*

Les indemnités journalières sont dues à compter du 4e jour d'arrêt, sous réserve de remplir certaines conditions (voir p. 201). Elles sont égales au minimum à 50 % de votre salaire, pris en compte dans la limite du plafond de la Sécurité sociale (voir p. 201).

➤ *Le complément d'indemnisation*

Un complément d'indemnisation à la charge de l'employeur est la plupart du temps prévu par les conventions collectives. Il prend la forme d'un maintien total ou partiel de la rémunération, après un délai de carence de quelques jours, qui ne se cumule pas avec les indemnités journalières de la Sécurité sociale. Le montant, le point de départ et la durée du maintien de la rémunération ainsi que les conditions d'ancienneté varient selon les conventions collectives.

En toute hypothèse, les salariés compris dans le champ d'application de l'accord sur la mensualisation (voir p. 75) et ayant au moins 3 ans d'ancienneté bénéficient au minimum, à compter du 11e jour d'arrêt : du maintien de 90 % de la rémunération brute pendant 30 jours et des 2/3 de la rémunération brute pendant les 30 jours suivants. Les délais d'indemnisation sont augmentés de 10 jours par période entière de 5 ans d'ancienneté au-delà des 3 premières années, dans la limite de 90 jours pour chacun (soit 180 jours au total). Notez que ces conditions d'ancienneté ne s'appliquent pas aux femmes visées en p. 145.

Attention, il s'agit de jours d'arrêt de travail, donc de jours « calendaires » comprenant les samedis et les dimanches. La rémunération brute à prendre en compte est celle que vous auriez perçue si vous aviez travaillé.

En cas d'arrêt de travail dû à un accident du travail ou à une maladie professionnelle, les conventions collectives prévoient parfois des compléments d'indemnisation plus favorables. L'accord de mensualisation (voir p. 75) accorde le maintien de la rémunération dès le premier jour d'arrêt et non dès le 11e.

sachez-le *À défaut d'usage, de convention ou d'accord le précisant, la cure thermale, même prescrite par le médecin, ne donne pas lieu à versement des indemnités conventionnelles, sauf incapacité de travail.*

10 Maternité, paternité et adoption

Les femmes enceintes qui exercent une activité salariée bénéficient, à l'occasion de leur grossesse, d'un certain nombre de dispositions spécifiques : interdiction des discriminations, réglementation de leurs conditions de travail, limitation des possibilités de licenciement, droit à un congé rémunéré avant et après l'accouchement. Ces dispositions s'appliquent, pour certaines d'entre elles, en cas d'adoption. De leur côté, les pères peuvent bénéficier, sous certaines conditions, d'un congé de paternité.

Les droits de la femme enceinte

La femme enceinte bénéficie, en application des dispositions du Code du travail, d'un certain nombre de garanties et protections.

➤ *Les dispositions protectrices*

1 - L'employeur ne doit pas prendre en considération l'état de grossesse d'une femme pour refuser de l'embaucher, résilier son contrat de travail pendant la période d'essai ou, sous réserve de ce qui est dit ci-dessous, prononcer une mutation (art. L. 122-25). Il lui est interdit de faire des recherches d'une quelconque manière sur l'état de grossesse. De même, une femme enceinte candidate à un emploi n'est pas tenue de révéler son état.
En cas de litige, l'employeur doit communiquer au juge tous les éléments justifiant sa décision. Si un doute subsiste, il profite à la salariée en état de grossesse.
La grossesse fait également partie des motifs de discrimination prohibés par la loi (voir p. 17 et 72).

2 - Lorsque son état de santé l'exige (certificat médical), la salariée enceinte peut être affectée temporairement dans un autre emploi, à sa demande ou à l'initiative de l'employeur.

Dans ce cas, son salaire doit être maintenu. Si l'affectation est proposée dans un autre établissement, la salariée doit donner son accord. En cas de désaccord, il appartient au médecin du travail d'arbitrer. La salariée retrouve son emploi initial à la fin de la grossesse ou dès que son état de santé le permet.

3 - Elle a droit à une autorisation d'absence sans perte de salaire pour se rendre aux examens médicaux obligatoires dans le cadre de la grossesse et des suites de l'accouchement (art. L. 122-25-3).

4 - Elle a droit à un congé maternité (sur l'indemnisation, voir p. 203) pendant lequel son contrat est suspendu (art. L. 122-26). Sa durée est prise en compte pour l'acquisition des droits liés à l'ancienneté (art. L. 122-26-2) (voir aussi p. 146).

5 - La femme en état de grossesse apparent peut démissionner sans avoir à respecter le préavis qui lui est imposé, et sans être tenue de ce fait à payer d'indemnité de rupture (art. L. 122-32).

sachez-le *Dans certaines conditions, les femmes enceintes ou ayant accouché, travaillant la nuit, peuvent demander à être affectées temporairement à un poste de jour (la demande peut également émaner du médecin du travail). Si l'employeur ne peut donner suite à cette demande, le contrat de travail de la salariée est suspendu jusqu'à la date du début du congé légal de maternité. La salariée bénéficie alors d'une garantie de rémunération, composée d'une indemnité journalière versée par la Sécurité sociale dans les conditions prévues en matière d'assurance maladie (voir p. 201) et d'un complément de rémunération versé par l'employeur, selon les mêmes modalités qu'en matière de mensualisation (voir p. 143). Des dispositions semblables s'appliquent aux femmes enceintes ou de retour de congé de maternité qui occupent des postes de travail les exposant à des risques particuliers fixés par le décret n° 2002 1082 du 23 octobre 2002 (JO du 25 octobre 2002).*

➤ La protection spécifique contre le licenciement

Il faut distinguer deux périodes :

1 - Au cours de toute la durée de la grossesse, et après la naissance (ou l'adoption), y compris pendant toute la durée légale du congé de maternité (ou d'adoption) ainsi que pendant les 4 semaines suivantes, l'employeur ne peut licencier la salariée que si elle a commis une faute grave non liée à l'état de grossesse, ou si l'employeur se trouve dans l'impossibilité, pour un motif étranger à la grossesse, à l'accouchement ou à l'adoption, de maintenir le contrat de travail (art. L. 122-25-2).

Le licenciement qui n'obéit pas à l'un de ces deux motifs est nul si, dans les 15 jours suivant sa notification, la salariée envoie à l'employeur (par lettre recommandée avec demande d'AR) un certificat de grossesse justifiant son état de grossesse ou une attestation délivrée par le service départemental d'aide sociale à l'enfance ou l'œuvre d'adoption autorisée qui a procédé au placement. La réintégration est alors de droit, si la salariée la demande. À défaut, l'employeur pourra être condamné à verser les salaires que la salariée aurait perçus jusqu'à l'expiration des périodes de protection, et au paiement de dommages et intérêts.

2 - Pendant toute la durée du congé maternité ou du congé d'adoption, le licenciement, même s'il est prononcé pour l'un des deux seuls motifs autorisés (voir ci-dessus), ne peut prendre effet. Le contrat de travail ne pourra prendre fin, au plus tôt, qu'à l'expiration du congé (art. L. 122-27).

attention *Ces dispositions ne font pas échec à l'arrivée du terme d'un CDD et ne s'appliquent pas pendant la période d'essai (voir aussi p. 144).*

Le congé de maternité ou d'adoption

➤ *Durée du congé de maternité (art. L. 122-26)*

La salariée enceinte a le droit de suspendre son contrat de travail pendant une durée variable en fonction des situations suivantes :

- **Premier et deuxième enfant :** le congé est de 16 semaines, soit 6 semaines avant la date présumée de l'accouchement (congé prénatal), 10 semaines après (congé postnatal).
- **Troisième enfant ou plus :** le congé est de 26 semaines, soit 8 semaines de congé prénatal, 18 semaines de congé postnatal. Ont droit à ce congé les femmes qui ont déjà mis au monde deux enfants ou qui assument la charge d'au moins deux enfants.
- **Naissances multiples :** le congé prénatal passe à 12 semaines lorsque des jumeaux sont attendus, 24 semaines s'il s'agit de triplés (ou plus). Le congé postnatal passe à 22 semaines dans les deux cas. Il est possible d'allonger le congé prénatal de 2 semaines en cas d'attente d'un 3e enfant, de 4 semaines en cas d'attente de jumeaux. Le congé postnatal sera écourté d'autant.
- **État pathologique :** en cas de « grossesse pathologique » médicalement constatée, le congé prénatal peut être augmenté de 2 semaines. De même, en cas de « couches pathologiques », le congé postnatal peut être augmenté de 4 semaines.

- **Hospitalisation de l'enfant :** la salariée peut reprendre son activité à la fin de la 6e semaine suivant l'accouchement si son enfant est hospitalisé depuis la naissance et reporter à la date où l'enfant sortira de l'hôpital le congé auquel elle a encore droit.
- **Accouchement prématuré :** la durée totale du congé maternité n'est pas modifiée ; en conséquence, le congé postnatal est allongé de la durée du congé prénatal qui n'a pu être pris. En outre, l'article 15 de la loi n° 2006-340 du 23 mars 2006 (*JO* du 24) crée une période supplémentaire de congé maternité pour les mères dont l'accouchement survient, à compter du 1er janvier 2006, plus de six semaines avant la date prévue et exige l'hospitalisation postnatale de l'enfant. La période supplémentaire - égale au nombre de jours courant depuis la date réelle de l'accouchement jusqu'au début du congé légal de maternité de la mère - est indemnisée dans les mêmes conditions que ce dernier.
- **Accouchement tardif :** la durée du congé postnatal n'est pas modifiée ; la durée totale du congé maternité s'en trouve donc allongée.
- **Décès de la mère :** lorsque la mère décède lors de l'accouchement ou au cours du congé postnatal, le père peut bénéficier du congé maternité restant à courir (art. L. 122-26-1). Il bénéficie alors de la protection contre le licenciement et, s'il en remplit les conditions, des indemnités journalières (sous réserve notamment de cesser toute activité salariée durant la période d'indemnisation).

attention *La salariée peut ne pas prendre l'intégralité du congé auquel elle a droit, mais il lui est interdit de travailler pendant une période de 8 semaines entourant l'accouchement, dont au moins 6 après la date de celui-ci (art. L. 224-1).*

Durée du congé de maternité (en semaines)

	Naissance unique		Naissances multiples	
	1er ou 2e enfant	3e enf. et +	2 enfants	+ de 2 enfants
Congé prénatal (1)	6	8	12	24
Congé postnatal (1)	10	18	22	22
Total	16	26	34	46

(1) La durée du congé pré- et postnatal peut être prolongée respectivement de 2 et 4 semaines maximum en raison de l'état pathologique.

À la fin de son congé de maternité (ou d'adoption), la salariée doit retrouver son emploi ou un emploi similaire assorti d'une rémunération au moins équivalente ; elle a également droit à un entretien avec son employeur en vue de son orientation professionnelle.

➤ *Durée du congé d'adoption (art. L. 122-26)*

La femme salariée qui adopte un enfant a le droit de prendre un congé à partir de la date d'arrivée de l'enfant au foyer : elle peut même, afin de préparer l'arrivée de l'enfant, demander que son congé d'adoption commence au maximum 7 jours calendaires avant cette arrivée (art. L. 122-26).

La durée maximale du congé d'adoption est égale à celle du congé postnatal, soit :

- 10 semaines en cas d'adoption simple (ou 18 semaines si la salariée, ou le couple, assume déjà la charge de 2 enfants) ;
- 22 semaines en cas d'adoptions multiples.

Lorsque les deux conjoints sont salariés, le congé peut être pris par le père adoptif plutôt que par la mère. Si les deux parents décident de se répartir ce congé, sa durée, telle que fixée ci-dessus, est majorée de 11 jours (ou 18 jours en cas d'adoptions multiples) : dans ce cas, cette durée ne peut être fractionnée en plus de deux périodes, qui peuvent être simultanées (les deux parents peuvent donc être en même temps auprès de leur enfant) et dont la plus courte ne peut être inférieure à 11 jours. Ainsi, par exemple, en application de cette disposition, l'un des parents salariés peut prendre le congé principal (10, 18 ou 22 semaines selon les cas) et l'autre le congé de 11 jours (ou 18 jours selon les cas).

Le congé ouvre droit à la protection spéciale contre le licenciement (voir p. 145), et aux indemnités journalières de Sécurité sociale lorsque les conditions sont remplies (voir p. 203).

attention *Pour bénéficier du congé d'adoption, il faut avertir votre employeur du motif de votre absence, lui adresser l'attestation justifiant de l'arrivée au foyer de l'enfant adopté et lui préciser la date à laquelle vous entendez mettre fin à votre congé et retrouver votre emploi. Le plus sûr est d'effectuer cette formalité par lettre recommandée avec demande d'accusé de réception.*

sachez-le *Si vous devez vous rendre dans un DOM ou à l'étranger pour adopter un ou plusieurs enfants, vous pouvez prendre, avant votre congé d'adoption, un congé de 6 semaines maximum, non rémunéré. Il faut pour cela être titulaire de l'agrément d'adoption et faire la demande (par lettre recommandée avec AR ou par lettre remise en main propre contre décharge) à l'employeur au moins 2 semaines avant la date de départ, en précisant cette date et celle du retour dans l'entreprise.*

Le congé de paternité

À l'occasion de la naissance d'un ou de plusieurs enfants, les pères salariés ont droit à un congé de paternité, qui peut être indemnisé par la Sécurité sociale.

➤ *Les bénéficiaires*

Le congé de paternité s'adresse à tous les salariés, quelle que soit leur ancienneté dans l'entreprise (il est également ouvert, sous certaines conditions, aux demandeurs d'emploi et aux stagiaires en formation professionnelle). Pour en bénéficier, vous devez avertir votre employeur (de préférence par lettre recommandée avec demande d'AR) au moins un mois avant la date à laquelle vous entendez faire débuter votre congé. Cette lettre doit préciser la date de début et de fin de votre congé (voir modèle p. 289).

Le congé doit être pris dans les 4 mois qui suivent la naissance. Il peut donc être accolé au congé de naissance de 3 jours (voir p. 137), mais également être pris plus tard, sous réserve de respecter la limite des 4 mois suivant la naissance. En outre, si l'enfant est hospitalisé, ou si la mère est décédée avant la fin de son congé de maternité (voir p. 147), le père peut demander le report de ce délai de 4 mois à la fin de l'hospitalisation de l'enfant ou à l'expiration de la durée du congé postnatal dont il a bénéficié.

➤ *La durée et l'indemnisation du congé de paternité*

● **Durée maximale.** La durée maximale (le salarié peut prendre moins) du congé est de 11 jours consécutifs dans le cas général, et de 18 jours consécutifs en cas de naissances multiples (tous les jours de la semaine sont comptés, y compris le dimanche). Ce congé ne peut pas être fractionné ; il s'ajoute au congé de naissance de 3 jours visé à la page 137. À l'issue de son congé de paternité, le salarié retrouve son précédent emploi ou un emploi similaire assorti d'une rémunération au moins équivalente.

● **Indemnisation du congé.** Pendant le congé de paternité, le contrat de travail est suspendu et le salarié n'est pas rémunéré. Toutefois, pendant ce congé, la Sécurité sociale pourra lui verser des indemnités journalières sous réserve qu'il remplisse les conditions d'ouverture des droits aux prestations d'assurance maternité (voir p. 203). Ces indemnités sont du même montant que celle versée en cas de maternité (voir p. 203). Le cumul est impossible avec une indemnité d'assurance maladie, d'accident du travail, d'assurance chômage, ainsi qu'avec l'allocation de présence parentale. Le versement des indemnités doit être demandé auprès de la CPAM dont relève le salarié.

11 Accidents du travail - Inaptitude

Les salariés victimes d'un accident du travail ou reconnus atteints d'une maladie professionnelle bénéficient d'une protection particulière de leur emploi, leur contrat de travail ne pouvant, en principe, être rompu. Ils bénéficient également de prestations de Sécurité sociale (indemnités journalières, remboursement des soins) plus favorables que celles servies en cas de maladie non professionnelle (voir p. 206).

Définitions

➤ *L'accident du travail et l'accident de trajet*

● **L'accident du travail** est défini par la loi comme l'accident survenu, quelle qu'en soit la cause, par le fait ou à l'occasion du travail, à toute personne travaillant, à quelque titre ou en quelque lieu que ce soit, pour un ou plusieurs employeurs. L'accident survenu à un salarié en mission pour son employeur, en France ou à l'étranger, est présumé être un accident de travail, qu'il survienne ou non à l'occasion d'un acte professionnel, sous réserve du droit pour l'employeur ou la Sécurité sociale de prouver que le salarié avait interrompu sa mission pour un motif personnel.

● **L'accident de trajet** est celui qui survient pendant l'horaire normal du trajet, à l'aller ou au retour entre le lieu du travail et la résidence du salarié, ou le lieu dans lequel il prend habituellement ses repas. Le trajet peut ne pas être le plus direct lorsque le détour effectué est rendu nécessaire dans le cadre d'un covoiturage régulier.

attention *Sauf cas de force majeure, impossibilité absolue ou motifs légitimes, l'accident de travail, ou de trajet, doit être déclaré à l'employeur (ou à l'un de ses préposés) dans la journée de sa survenance, ou au plus tard dans les 24 heures. Vous avez intérêt à vous assurer le témoignage des personnes présentes au cours de l'accident.*

Les maladies professionnelles

Leur liste est fixée de façon limitative par décret, en fonction des produits dangereux utilisés (ex. : plomb, amiante) ou des situations nuisibles pour la santé (ex. : radioactivité). Il existe en outre une procédure spéciale de reconnaissance complémentaire fondée sur l'expertise individuelle.

Effets sur le contrat de travail

La suspension du contrat (art. L. 122-32-1)

Le contrat de travail est suspendu pendant toute la durée de l'arrêt de travail ainsi que pendant le délai d'attente et la durée du stage éventuel de réadaptation, de rééducation ou de formation professionnelle. Cette période est prise en compte pour la détermination de tous les avantages légaux ou conventionnels liés à l'ancienneté et pour le calcul des droits à congés payés.

Au terme de l'arrêt de travail, le salarié qui est déclaré apte à reprendre son travail par le médecin du travail doit retrouver son emploi ou un emploi similaire assorti d'une rémunération équivalente (art. L. 122-32-4). À défaut de se conformer à cette obligation, l'employeur peut être condamné à réintégrer le salarié ou à lui verser une indemnité correspondant à 12 mois de salaire minimum (art. L. 122-32-7). Si le médecin du travail déclare le salarié inapte à reprendre son poste, l'employeur est tenu de rechercher une solution de reclassement (voir p. 152).

Pour les salariés victimes d'accidents du trajet, le régime de la suspension est celui de la maladie (voir p. 141).

La protection contre le licenciement

Au cours de la suspension du contrat de travail consécutive à un accident du travail ou à une maladie professionnelle, l'employeur ne peut vous licencier que si vous avez commis une faute grave, ou s'il se trouve dans l'impossibilité, pour un motif étranger à l'accident ou à la maladie, de maintenir le contrat de travail (art. L. 122-32-2). La règle s'applique même si la procédure de licenciement a été engagée avant l'accident, et même si le salarié se trouve dans les deux premières années de son contrat « nouvelles embauches » (CNE, voir p. 42). Elle ne fait pas obstacle à l'échéance du terme d'un contrat à durée déterminée.

Tout licenciement intervenu pendant la période de suspension pour un motif non autorisé est nul : il ne peut prendre effet qu'à l'issue de la période de suspension. De plus, l'employeur sera tenu de réintégrer le salarié si ce dernier en fait la demande.

À défaut de réintégration, il pourra être condamné à verser des dommages et intérêts et l'indemnité compensatrice de préavis.

L'inaptitude

Pour des raisons de santé (accident du travail ou non, maladie professionnelle ou non), le salarié peut être reconnu inapte à occuper son emploi habituel. La loi prévoit alors des mesures destinées à protéger l'emploi de ces salariés.

➤ *L'avis d'inaptitude*

Le médecin du travail est fréquemment amené à se prononcer sur l'aptitude des salariés à occuper ou reprendre leur poste de travail. Lorsqu'il délivre un avis d'inaptitude, il désigne dans des conclusions écrites les tâches que le salarié ne peut plus accomplir. L'avis d'inaptitude interdit à l'employeur d'occuper le salarié à son poste de travail et provoque la suspension du contrat de travail.

sachez-le *Le classement par la Sécurité sociale en invalidité ou l'attribution d'un taux d'incapacité ne valent pas inaptitude. Seul le médecin du travail peut se prononcer sur l'inaptitude d'un salarié.*

➤ *L'obligation de reclassement*

L'employeur a l'obligation de reclasser tout salarié reconnu inapte par le médecin du travail à occuper son poste de travail. Cette obligation s'impose aussi bien quand l'inaptitude est temporaire que lorsqu'elle est définitive, et même si le médecin du travail a prononcé l'inaptitude à tout emploi dans l'entreprise. Elle s'applique également aux salariés en CNE (voir p. 42).
L'employeur doit rechercher un emploi approprié aux capacités du salarié, qui soit aussi comparable que possible à l'emploi précédemment occupé. À cet effet, il doit, au besoin, mettre en œuvre les mutations ou transformations de postes de travail nécessaires (au sein de l'entreprise et, le cas échéant, du groupe auquel elle appartient), ou un aménagement du temps de travail, et solliciter l'avis du médecin du travail.
Au cours de la recherche de reclassement, le contrat de travail est suspendu. Si le salarié n'est pas reclassé dans l'entreprise à l'issue d'un délai de 1 mois à compter de la date de l'examen de reprise du travail ou s'il n'est pas licencié, l'employeur est tenu de verser à l'intéressé, dès l'expiration de ce délai, le salaire correspondant à l'emploi que celui-ci occupait avant la suspension de son contrat de travail.

➤ *Le licenciement*

L'employeur ne peut prononcer un licenciement fondé sur l'inaptitude qu'en cas d'impossibilité de procéder au reclassement ou en cas de refus, par le salarié, du reclassement proposé, ce refus ne pouvant toutefois constituer une faute grave (voir également précisions ci-dessous). Pour procéder à ce licenciement, l'employeur devra se conformer à la procédure applicable au licenciement pour motif personnel (voir p. 173).

Les sommes dues au salarié dépendent de l'origine de l'inaptitude.

- Inaptitude d'origine professionnelle : sauf refus abusif de reclassement, le salarié a droit à une indemnité de licenciement correspondant au double de l'indemnité légale de licenciement (art. L. 122-32-6), ainsi qu'à l'indemnité compensatrice de préavis (voir p. 182). L'employeur devra par ailleurs faire connaître par écrit les motifs qui s'opposent au reclassement (art. L. 132-32-5).

L'employeur qui ne respecte pas l'obligation de reclassement pourra être condamné au versement d'une indemnité d'un montant minimum de 12 mois de salaire (art. L. 122-32-7).

- Autres cas : l'indemnité de licenciement versée correspond à l'indemnité légale ou conventionnelle (voir p. 183).

S'il y avait une possibilité de reclassement ou en cas de refus non abusif du reclassement proposé, l'employeur pourra être condamné à verser une indemnité pour licenciement sans cause réelle et sérieuse (voir p. 172).

Le refus par le salarié d'accepter un reclassement impliquant une modification de son contrat peut-il être considéré comme abusif ?

Non. Le salarié est en droit de refuser une proposition de reclassement, même si elle est compatible avec son état de santé, dès lors qu'elle entraîne une modification de son contrat de travail (nouveau statut, diminution de sa rémunération...). Si l'employeur a procédé au licenciement du salarié, il pourra être condamné au versement d'indemnités pour licenciement sans cause réelle et sérieuse.

12

La médecine du travail

Tout salarié doit pouvoir bénéficier de la médecine du travail, désormais désignée sous l'appellation de « services de santé au travail » (art. L. 241-1 et suivants). Selon l'importance des entreprises, ces services peuvent être propres à une seule entreprise ou communs à plusieurs (art. L. 241-3). Les services de santé au travail sont assurés par un ou plusieurs médecins du travail dont le rôle, exclusivement préventif, est de veiller à la protection de la santé des salariés (art. L. 241-2).

➤ *La mission du médecin du travail (art. R. 241-41)*

Le médecin du travail est le conseiller de l'employeur, des salariés, des représentants du personnel et des services sociaux en ce qui concerne notamment : l'amélioration des conditions de vie et de travail dans l'entreprise ; l'hygiène générale de l'établissement ; l'adaptation des postes, des techniques et des rythmes de travail à la physiologie humaine ; la protection des salariés contre l'ensemble des nuisances, les risques d'accident du travail ou d'utilisation des produits dangereux. Il peut proposer des mutations ou transformations de poste, notamment lorsque l'âge, la résistance physique ou l'état de santé physique ou mentale du salarié le justifient.

➤ *Les examens médicaux (art. R. 241-48 et suivants)*

Le médecin du travail procède aux examens médicaux obligatoires, et notamment : la visite d'embauche, où il s'assure de l'aptitude médicale du salarié pour le poste proposé ; la visite périodique, qui a lieu au moins tous les 24 mois et permet de s'assurer du maintien de l'aptitude ; la visite de reprise qui permet de vérifier l'aptitude à reprendre le poste après une maternité, ou une absence pour accident du travail (de plus de 8 jours) ou maladie (de plus de 21 jours). Tout salarié peut, en outre, bénéficier d'un examen médical à la demande de l'employeur ou à sa demande, cette dernière ne pouvant motiver une sanction. Le temps et les frais de transport des examens médicaux sont à la charge de l'employeur.

13 Le chômage partiel

Dans certaines circonstances exceptionnelles, et afin d'éviter des licenciements économiques, l'employeur peut réduire l'horaire de travail en dessous de la durée de travail en vigueur dans l'entreprise, ou encore procéder à la fermeture temporaire de l'établissement. Selon les cas, la perte de salaire qui en résulte peut être couverte, totalement ou en partie, par des systèmes d'indemnisation, qu'il s'agisse du chômage partiel ou du chômage partiel « total ».

Le chômage partiel

Le chômage partiel est une mesure provisoire de réduction collective d'horaires ou de fermeture de l'entreprise. Il donne lieu à une indemnisation des salariés concernés.

➤ *Qu'est-ce que l'allocation d'aide publique ?*

Si l'horaire de travail devient inférieur à la durée légale ou à la durée conventionnelle si elle est inférieure à la durée légale, la perte des heures peut donner lieu au versement d'une allocation publique. La réduction de l'horaire de travail (qu'il y ait ou non fermeture temporaire de l'établissement) doit être due à la conjoncture économique, à des difficultés d'approvisionnement en matières premières ou en énergie, à des intempéries de caractère exceptionnel, à un sinistre, à une transformation, restructuration ou modernisation de l'entreprise, ou à toute autre circonstance exceptionnelle sauf cas de conflit collectif propre à l'établissement. L'allocation d'aide publique est versée par l'employeur ; elle correspond, depuis le 01/07/2001 :

- à 2,44 € par heure de travail perdue pour les entreprises dont l'effectif ne dépasse pas 250 salariés ;
- à 2,13 € pour les entreprises dont l'effectif est supérieur à 250 salariés.

La limite maximale d'indemnisation est de 600 heures, sachant qu'à l'intérieur de ce contingent il peut être fixé, par arrêté ministériel, un nombre d'heures pouvant être indemnisées en cas de modernisation des installations et des bâtiments de l'entreprise, dans la limite correspondant au volume horaire de 4 semaines : pour 2006, ce contingent spécifique est fixé à 100 heures.

sachez-le *L'indemnisation publique est accordée au vu d'une demande préalable de l'employeur à la direction départementale du Travail. Si l'indemnisation publique n'est pas accordée, la mise en chômage partiel peut être considérée comme une modification du contrat de travail (voir p. 54). Les représentants du personnel doivent être consultés sur le recours au chômage partiel.*

➤ Qu'est-ce que l'indemnité conventionnelle ?

À l'allocation publique peut s'ajouter une indemnisation conventionnelle due par l'employeur en vertu de l'accord national interprofessionnel du 21 février 1968. Toutefois, ne sont pas indemnisés les arrêts de travail pour intempéries ou circonstances exceptionnelles, ni les salariés qui auraient refusé un travail de remplacement ou des heures de récupération depuis la dernière période de chômage partiel.

L'indemnité conventionnelle est égale à 50 % de la rémunération brute (ou au minimum 4,42 €), diminuée du montant de l'allocation publique. L'employeur est donc tenu de verser au minimum 4,42 € - 2,44 € = 1,98 € pour chaque heure perdue (entreprise de 250 salariés au plus). Ainsi, au total, le salarié doit obtenir au minimum 4,42 € par heure perdue. Ces indemnités doivent figurer sur le bulletin de paie.

attention *Il existe des accords professionnels particuliers qui instituent une indemnisation spécifique pour certaines branches non couvertes par l'accord du 21 février 1968 (ex. : agriculture, textile...) ou qui améliorent l'indemnisation prévue par ce dernier (ex. : chimie, chaussure, papier-carton, cartonnage...). Malgré tout, certaines branches ne sont couvertes par aucun accord.*

➤ Qu'est-ce que la rémunération mensuelle minimale ?

Les salariés mensualisés qui se trouvent dans une situation de chômage partiel, indemnisé ou non, bénéficient d'une garantie de rémunération minimale (voir p. 78), sous réserve que leur durée habituelle de travail soit au moins égale à la durée légale hebdomadaire.

La rémunération mensuelle minimale ainsi garantie est égale au produit du SMIC par le nombre d'heures correspondant à la durée légale du travail pour le mois considéré. Le salarié qui se trouve en chômage partiel bénéficie, le cas échéant, d'une indemnité complémentaire égale à la différence entre cette rémunération mensuelle garantie et le montant du salaire et des indemnités légales et conventionnelles de chômage partiel qu'il a perçu. Cette indemnité complémentaire est versée mensuellement par l'employeur, l'État lui en remboursant ensuite une partie.

sachez-le *Les allocations de chômage partiel sont imposables et soumises à la CSG et à la CRDS, avec des possibilités d'exonération ou d'application d'un taux réduit. Elles ne sont, en revanche, soumises à aucune cotisation d'assurance maladie.*

Le chômage partiel total

➤ *Qui est concerné ?*

Les salariés qui se trouvent, du fait d'une mesure de chômage partiel, en situation d'arrêt de travail depuis au moins 4 semaines peuvent bénéficier des allocations de l'assurance chômage (allocation d'aide au retour à l'emploi, voir p. 241), même si leur contrat de travail n'est pas rompu. Ils doivent alors remplir les conditions pour le bénéfice de ces allocations, à l'exception de celle relative à la privation involontaire totale d'emploi. Les allocations chômage se substituent à l'aide publique et conventionnelle lorsqu'elle est versée.

➤ *Quelle est la durée d'indemnisation ?*

Les salariés privés d'emploi admis au bénéfice du chômage partiel total peuvent être indemnisés à ce titre pendant 182 jours au plus. Cependant, si la suspension de l'activité de leur entreprise est imputable à un sinistre ou à une calamité naturelle, l'indemnisation peut se poursuivre, éventuellement, jusqu'à la date prévue de la reprise d'activité de l'entreprise.
Si vous trouvez un emploi au cours de cette période, vous serez considéré comme démissionnaire.

attention *En cas de rupture du contrat de travail, les allocations versées au titre du chômage partiel total s'imputeront sur les durées d'indemnisation visées page 243.*

14 Les litiges

En cas de désaccord ou de litige avec votre employeur, parlez-en le plus tôt possible à vos délégués du personnel ou à vos délégués syndicaux afin d'organiser avec eux la défense de vos droits et d'examiner les actions et démarches possibles auprès de votre employeur. Prenez également contact avec l'inspection du travail, qui pourra vous renseigner et, dans certains cas, intervenir auprès de votre employeur. Si ce dernier ne modifie pas sa position, vous pouvez porter le litige devant le conseil de prud'hommes.

L'inspection du travail

L'adresse et le nom de l'inspecteur qui contrôle votre entreprise doivent obligatoirement être affichés dans les locaux de travail. À défaut, vos délégués du personnel ou vos délégués syndicaux peuvent facilement vous communiquer cette adresse.

➤ *Pourquoi faire appel à l'inspecteur du travail ?*

Vous pouvez solliciter l'inspecteur du travail dont dépend votre entreprise pour une information, ou pour une intervention auprès de votre employeur.

- **Une simple information :** des permanences sont souvent organisées par l'inspection du travail à jours et heures fixes. Il suffit de vous renseigner. S'il vous est impossible de vous déplacer, vous pouvez toujours écrire ou encore, pour une information très simple, téléphoner.

- **Une intervention auprès de votre employeur :** celle-ci est possible si l'employeur ne respecte pas une disposition légale ou réglementaire, ou encore refuse d'appliquer la convention collective. Il est préférable que la demande d'intervention soit formulée par l'intermédiaire d'un délégué. Vous pouvez aussi prendre rendez-vous avec l'inspecteur du travail et venir accompagné d'un délégué. Dans tous les cas, l'inspecteur du travail est tenu de garder secrète l'origine des plaintes et réclamations.

➤ Les attributions (art. L. 611-1)

Les inspecteurs du travail sont chargés de contrôler l'application de la législation et de la réglementation du travail, ainsi que des conventions et accords collectifs. Ils veillent en particulier au respect des règles d'hygiène et de sécurité. Ils sont assistés par des contrôleurs du travail.
Dans certaines professions, il existe des inspecteurs spécialisés : agriculture, transports, mines et carrières...

sachez-le *Les inspecteurs du travail disposent de différents moyens d'intervention quand la sécurité des salariés est en cause (art. L. 231-9, voir p. 103). Ils peuvent mettre en demeure l'employeur (art. L. 230-5 et L. 231-5), saisir le juge pour obtenir la fermeture temporaire d'un atelier ou d'un chantier (art. L. 263-1), ou même ordonner eux-mêmes l'arrêt des travaux sur un chantier du bâtiment et des travaux publics (art. L. 231-12).*

➤ Les pouvoirs de décision

Ils concernent notamment :
- l'autorisation de licenciement des représentants du personnel ;
- le retrait des dispositions illégales des règlements intérieurs ;
- l'autorisation des heures supplémentaires au-delà du contingent annuel ;
- la répartition du personnel et des sièges dans les collèges pour les élections professionnelles.

Une décision de l'inspecteur du travail est toujours susceptible d'un recours hiérarchique devant le ministre du Travail (ou parfois devant le directeur régional du Travail) et d'un recours contentieux devant le tribunal administratif. Les jugements rendus par les tribunaux administratifs sont susceptibles de recours devant le Conseil d'État.

sachez-le *Il existe des délais à respecter pour introduire les recours (en général 2 mois).*

attention *En dehors des décisions qu'il a légalement le droit de prendre, l'inspecteur du travail ne donne qu'un avis, un conseil, une opinion ou une interprétation.*

➤ *En cas d'infraction (art. L. 611-1, L. 611-10)*

Chaque fois qu'une loi ou un règlement sont assortis de sanctions pénales, l'inspecteur du travail peut dresser un procès-verbal en cas d'infraction. Dans certains cas, il doit préalablement adresser une mise en demeure à l'employeur. Les procès-verbaux sont transmis au procureur de la République, qui décide de la suite à leur donner. Les infractions sont jugées, selon les cas, par le tribunal de police ou par le tribunal correctionnel.

➤ *Le droit d'entrée (art. L. 611-8, L. 611-12)*

Les inspecteurs et les contrôleurs du travail ont le droit d'entrer dans les établissements et locaux de travail compris dans leur champ d'attribution territorial. L'employeur ne peut s'y opposer. Ils ont également accès aux documents et registres obligatoires prévus par le Code du travail (livre de paie, registre du personnel...). Ils doivent se faire accompagner des délégués du personnel lorsqu'ils effectuent une visite de l'entreprise (art. L. 422-1) et informer de leur présence les membres du CHSCT.

Les conseils de prud'hommes

Les conseils de prud'hommes sont, sauf cas exceptionnels (par exemple les litiges concernant les marins embarqués), les seuls tribunaux compétents pour régler les litiges individuels qui peuvent survenir entre employeurs et salariés à l'occasion du contrat de travail (art. L. 511-1).

➤ *Organisation et fonctionnement*

Les conseils de prud'hommes sont composés de juges élus, les conseillers prud'hommes, qui représentent en nombre égal les salariés et les employeurs (art. L. 512-1 et suivants). Les conseils sont divisés en cinq sections spécialisées : industrie, commerce, agriculture, activités diverses, encadrement.

sachez-le *Les affaires relevant de l'agriculture sont regroupées au niveau d'un seul conseil de prud'hommes par ressort de tribunal de grande instance.*

Chaque section comprend au moins un « bureau de conciliation » et un « bureau de jugement » (art. L. 515-1). Chaque affaire passe d'abord en principe devant le bureau de conciliation. Le bureau de jugement est saisi lorsque la conciliation n'a pas abouti (art. L. 511-1). Par ailleurs, il existe dans chaque conseil de prud'hommes une formation de référé commune à l'ensemble des sections (art. L. 512-2).

attention *Chaque conseil de prud'hommes est doté d'un « secrétariat-greffe » auprès duquel vous pouvez obtenir tout renseignement sur le fonctionnement de ce conseil.*

Avant d'aller aux prud'hommes

Même si votre affaire vous paraît claire et la position de votre employeur injuste, vous n'en devez pas moins préparer soigneusement votre dossier, examiner ce que vous voulez obtenir et apprécier vos chances de succès avant de saisir le conseil de prud'hommes.

Pour cela, il est important de commencer par réunir et classer par ordre chronologique tous les éléments en votre possession se rapportant au litige : lettres de l'employeur, doubles de vos courriers, témoignages, bulletins de paie, etc. Prenez ensuite contact avec votre syndicat au plan local, qui vous conseillera et pourra vous mettre en relation avec un défenseur pour vous assister dans votre procès. Le syndicat pourra aussi vous recommander le nom d'un avocat compétent en droit du travail.

sachez-le *Vous pouvez également défendre votre affaire seul. Vous faire assister, c'est augmenter vos chances de succès. Mais, dans ce dernier cas, n'oubliez pas que cela reste votre affaire personnelle...*

Peut-on bénéficier de l'aide juridictionnelle devant les prud'hommes ?

Oui, l'aide juridictionnelle peut être accordée à l'occasion d'une action devant le conseil de prud'hommes, puis éventuellement en appel et en cassation. Il faut évidemment remplir pour cela les conditions d'accès à cette aide, notamment la condition de ressources.

➤ Quel conseil de prud'hommes saisir (art. R. 517-1) ?

Vous pouvez vous adresser à votre choix :
1 - au conseil du lieu de votre établissement ou au conseil du lieu de votre domicile si vous travaillez en dehors de tout établissement ;
2 - au conseil du lieu où vous avez été engagé ;
3 - au conseil du siège social de votre entreprise.
Si vous avez des difficultés pour trouver l'adresse du conseil de prud'hommes, adressez-vous à vos délégués du personnel ou syndicaux, ou à la mairie.

➤ Rédaction et dépôt de votre demande (art. R. 516-9)

En général, les secrétariats-greffes des conseils de prud'hommes mettent à votre disposition des formulaires à remplir. Vous devez indiquer vos différents « chefs de demande » en les chiffrant. Exemple :

- indemnité de licenciement 1 000 € ;
- indemnité compensatrice de préavis (2 mois) 2 000 € ;
- rappel de salaire 400 € ;
- remise d'un certificat de travail...

Vous n'êtes pas limité par les chefs de demande prévus sur les imprimés. Une fois votre demande rédigée, vous pouvez soit vous rendre au secrétariat-greffe pour la déposer, soit l'envoyer par lettre recommandée avec accusé de réception.

attention *Si aucun de vos chefs de demande ne dépasse 4 000 € (depuis le 20/09/2005), le jugement rendu par le conseil de prud'hommes ne sera pas susceptible d'appel. Il ne pourra être contesté que devant la Cour de cassation, qui ne rejugera pas votre affaire mais appréciera seulement si le jugement est conforme au droit.*

➤ Représentation et assistance (art. R. 516-4, R. 516-5)

Que ce soit en conciliation, devant le bureau de jugement ou en référé, votre présence est obligatoire sauf raison légitime (maladie, problèmes familiaux, etc.), auquel cas vous devez vous faire représenter. Il en est de même pour votre employeur.
Par ailleurs, vous pouvez vous faire assister. Les personnes susceptibles de vous assister ou de vous représenter devant les prud'hommes sont : tout salarié appartenant à la même branche d'activité ; votre conjoint ; les délégués, permanents ou non, des organisations syndicales (défenseur prud'homme) ; un avocat.

attention *La personne qui vous représente doit impérativement être munie d'un pouvoir signé de votre main. Un modèle de pouvoir est disponible à la fin de cet ouvrage.*

➤ La conciliation (art. R. 516-13 et suivants)

Sauf si vous avez choisi de saisir la formation de référé (voir page suivante), votre affaire passe d'abord en principe devant le bureau de conciliation.
Les principales étapes de l'audience de conciliation sont les suivantes :
1 - Le bureau recueille vos explications ainsi que celles de votre employeur et s'efforce d'aboutir à une conciliation qui peut être partielle ou totale.
2 - Si une conciliation totale se révèle impossible, le bureau doit instruire l'affaire et la mettre en état d'être jugée. Pour cela, il peut ordonner toute mesure d'instruction, et en particulier désigner un conseiller rapporteur pour faire une enquête et réunir les éléments d'information nécessaires (art. R. 516-21 et suivants).
3 - Par ailleurs, le bureau de conciliation peut prendre, à titre provisoire, des décisions immédiatement applicables telles que la remise d'un certificat de travail ou de bulletins de paie, ou encore le versement d'une provision sur les salaires et indemnités qui vous sont dus lorsque l'obligation de l'employeur n'est pas sérieusement contestable (art. R. 516-18).

sachez-le *Ces décisions pourront être remises en cause par le bureau de jugement lorsqu'il jugera l'affaire sur le fond.*

4 - Le bureau établit un procès-verbal de l'audience de conciliation et renvoie l'affaire devant le bureau de jugement.

➤ Le jugement (art. R. 516-26 et suivants)

Lors de l'audience de jugement, chaque partie expose son point de vue en rappelant ses demandes et dépose son dossier.
À l'issue des débats, le bureau de jugement peut soit rendre sa décision immédiatement (ce qui est rare), soit fixer une date ultérieure pour le prononcé du jugement. Celui-ci vous sera ensuite notifié par lettre recommandée avec accusé de réception.

attention *Le bureau de jugement peut aussi, s'il l'estime nécessaire, désigner un conseiller rapporteur pour réunir des informations complémentaires. Dans ce cas, votre affaire sera renvoyée à une audience ultérieure.*

➤ Le référé prud'homal

Le référé prud'homal permet d'obtenir une décision rapide et immédiatement applicable lorsque vos demandes ne sont pas sérieusement contestables (art. R. 516-30 et R. 516-31). La formation de référé peut décider, par exemple, la remise d'un certificat de travail ou de bulletins de paie, le versement d'une provision sur des salaires dus et non payés, la réintégration de salariés licenciés lorsque leur licenciement est interdit sous peine de nullité. Les ordonnances de référé sont provisoires : le bureau de jugement peut rendre une décision différente s'il est appelé à juger l'affaire sur le fond.

➤ L'exécution des décisions

Vous avez reçu la notification officielle de la décision (ordonnance de référé, décision du bureau de conciliation, jugement) ; comment la faire exécuter ? Le problème ne se pose pas si votre adversaire exécute spontanément la décision. C'est en général son avocat qui s'en occupe ; vous pouvez donc le contacter en cas de retard. En cas de difficultés persistantes, vous devez demander au secrétariat-greffe une copie du jugement en vue de l'exécution (la « grosse ») et la remettre à un huissier de justice qui pourra procéder, si besoin, à une saisie.

sachez-le *Les ordonnances de référé et les décisions du bureau de conciliation peuvent toujours être exécutées immédiatement. Ce n'est pas le cas des jugements, dont l'exécution est suspendue lorsque votre adversaire fait appel. Vous devez donc vous renseigner. Toutefois, même en cas d'appel, vous pouvez obtenir l'exécution immédiate du jugement en ce qui concerne le paiement des salaires et indemnités auquel a été condamné l'employeur (à l'exclusion des dommages et intérêts, et dans la limite de 9 mois de salaire) (art. R. 516-37 et R. 516-18).*

➤ Les voies de recours (art. R. 517-3 et suivants)

Le jugement précise si la décision est rendue en premier ou dernier ressort : en premier ressort, le jugement est susceptible d'appel ; en dernier ressort, seul un pourvoi en cassation est possible. Les délais pour agir sont précisés par le jugement. Le délai est en principe de 1 mois, à compter de la notification du jugement, pour faire appel d'une décision rendue en premier ressort (délai fixé à 15 jours si la décision a été rendue en référé) ; il est fixé à 2 mois pour un pourvoi en cassation contre une décision rendue par la cour d'appel ou par le conseil de prud'hommes statuant en dernier ressort.

Le départ de l'entreprise

1 La démission

La démission est l'acte par lequel le salarié prend l'initiative de rompre son contrat de travail à durée indéterminée. Elle doit résulter d'une volonté claire et non équivoque du salarié. À l'inverse du licenciement, la démission n'est pas réglementée par la loi, mais le salarié doit, en principe, respecter un délai de préavis.

Sur les règles particulières applicables à la rupture d'un contrat « nouvelles embauches » (CNE), on se reportera aux précisions figurant p. 42.

Les conditions de la démission

➤ *Les conditions de validité de la démission*

La démission du salarié ne peut se présumer : pour être valable, elle doit résulter d'une volonté claire et non équivoque du salarié. Cela signifie qu'il ne doit y avoir aucun doute sur la décision du salarié de démissionner, et que cette décision doit résulter du libre choix du salarié et non de contraintes ou de pressions extérieures (notamment de l'employeur ou de ses représentants). C'est en fonction de ces éléments que les tribunaux ont pu considérer que ne constituaient pas des démissions valablement formulées :

- le simple fait pour un salarié de ne pas reprendre son travail à la suite d'un arrêt maladie ou de ses congés payés ;
- une démission donnée par écrit par un salarié sujet à un état dépressif de nature à altérer son jugement ;
- une démission provoquée par le comportement fautif d'un employeur (reproches incessants, imputation au salarié d'une faute non justifiée, etc.).

sachez-le *La démission, une fois donnée, est en principe définitive. La rétractation peut toutefois être admise par les tribunaux s'il est démontré que la démission ne reflétait pas la volonté claire et non équivoque du salarié et si la rétractation « suit » de très près la démission (une rétractation par écrit est préférable).*

➤ La procédure

Aucune procédure n'est prévue par la loi. Une démission verbale est donc tout à fait valable. Toutefois, pour d'évidentes raisons de preuve, il est préférable de signifier votre démission à votre employeur par lettre recommandée avec accusé de réception (un modèle de lettre est à votre disposition à la fin de cet ouvrage). Cette formalité peut même être rendue obligatoire par la convention collective qui vous est applicable ou les dispositions de votre contrat de travail : n'hésitez donc pas à relire attentivement l'une et l'autre. La démission n'a pas à être motivée ; elle n'a pas non plus à être acceptée par l'employeur pour être valable.

attention *Si vous êtes en CDD, vous ne pouvez pas, sauf cas particuliers, démissionner pendant la durée de votre contrat (voir p. 63).*

Les effets de la démission

➤ Faut-il effectuer un préavis ?

Le salarié qui démissionne doit en principe effectuer un préavis dont la durée est fixée soit par la loi (pour les assistantes maternelles, les VRP et les journalistes), soit par la convention collective ou les usages applicables dans la localité du lieu de travail ou la profession. Le contrat de travail peut prévoir un délai inférieur au préavis fixé par la convention ou les usages, mais jamais un délai plus long. En l'absence de telles dispositions, l'employeur ne peut exiger du salarié démissionnaire qu'il effectue un préavis. Notez aussi que certains salariés peuvent démissionner sans avoir à observer de préavis, même si celui-ci est prévu (ex. : les femmes enceintes).

➤ Quelles sont les indemnités dues ?

Le salarié qui démissionne n'a droit à aucune indemnité particulière, si ce n'est, le cas échéant, l'indemnité compensatrice de congés payés (s'il lui restait des congés à prendre), l'indemnité compensatrice de préavis (si un préavis était dû et qu'il en a été dispensé par son employeur, à l'initiative de ce dernier), et, si la convention ou l'accord d'entreprise le prévoient, le versement d'éventuelles primes. Le salarié démissionnaire peut également demander le déblocage anticipé de sa participation.

attention *La démission n'ouvre pas droit, sauf cas particuliers, au versement des allocations de chômage (voir p. 237). D'où la nécessité de bien réfléchir avant de prendre une telle décision.*

2 Le licenciement

Le licenciement est la décision la plus grave que peut prendre l'employeur à l'encontre d'un salarié puisqu'elle a pour conséquence directe la perte de l'emploi. C'est la raison pour laquelle cette décision fait l'objet d'une réglementation très stricte, tant sur la procédure qui l'entoure que sur les raisons qui la motivent, cela afin de protéger les salariés contre les risques d'arbitraire et les conséquences de la perte trop brutale de leur emploi.

attention *La rupture du « contrat nouvelles embauches » (CNE) dans les deux premières années qui suivent sa conclusion obéit à des règles particulières ; sur ce point, il convient de se reporter aux précisions figurant en p. 42.*

Définition du licenciement

Le licenciement est la rupture par l'employeur d'un contrat de travail à durée indéterminée (CDI). Il est réglementé par les articles L. 122-4 et suivants du Code du travail, qui définissent les règles et garanties individuelles applicables à tous les licenciements, y compris économiques, et par les articles L. 321-1 et suivants, qui concernent les dispositions applicables aux seuls licenciements économiques.

➤ *Licenciement et démission*

Si vous prenez l'initiative de rompre votre contrat, il ne s'agit pas d'un licenciement mais d'une démission. À l'inverse du licenciement, la démission n'est pas réglementée par la loi (voir p. 166).

➤ *Licenciement, CDD, intérim*

Les contrats de travail à durée déterminée (CDD), comme les contrats de mission dans l'intérim, cessent automatiquement à la date ou à l'échéance prévues à l'embauche. Il ne s'agit alors pas d'un licenciement. La rupture anticipée du CDD ou du contrat de mission obéit à des règles particulières (voir p. 63 et 68).

sachez-le *Si votre contrat de travail est rompu pour cas de force majeure en raison d'un sinistre (ex. : incendie entraînant la destruction totale de l'entreprise), vous aurez droit, si vous êtes titulaire d'un CDI, à une indemnité égale à l'indemnité compensatrice de préavis (voir p. 182) et à l'indemnité minimum de licenciement visée en p. 183. Si vous êtes en CDD, vous aurez droit à l'indemnité due en cas de rupture anticipée du contrat (voir p. 64).*

➤ Licenciement et période d'essai

Pendant la période d'essai, le contrat de travail peut être librement rompu par le salarié ou l'employeur (sauf préavis mentionné dans la convention collective ou le contrat). Les dispositions concernant le licenciement ne s'appliquent pas (sur la période d'essai, voir p. 53).

➤ Licenciement et retraite

Le départ ou la mise à la retraite suivent des règles propres différentes de celles prévues en cas de démission ou de licenciement (voir p. 191).

La justification du licenciement

La loi n'autorise l'employeur à licencier pour raison personnelle ou économique que s'il justifie d'un motif réel et sérieux. À défaut, il peut être condamné à verser des dommages et intérêts au salarié licencié. Par ailleurs, certaines situations et certains motifs interdisent absolument le licenciement ; le congédiement prononcé en méconnaissance de ces règles est sanctionné plus fortement.

attention *En cas de licenciement, inscrivez-vous le plus rapidement possible à l'ASSEDIC, afin de faire valoir vos droits à indemnisation par l'assurance chômage (voir p. 238).*

➤ L'exigence d'une cause réelle et sérieuse (art. L. 122-14-3)

Quels que soient l'ancienneté du salarié, l'effectif de l'entreprise et le motif invoqué (personnel ou économique), le licenciement doit obligatoirement reposer sur une cause réelle et sérieuse.
La loi ne donne pas de définition de la cause réelle et sérieuse. Ce sont donc les conseils de prud'hommes qui en apprécient l'existence en cas de litige, au vu des éléments fournis par les

parties et au besoin par des mesures d'instruction. La loi précise seulement que « si un doute subsiste, il profite au salarié ».
La cause est réelle si elle se fonde sur des faits objectifs et incontestables. Elle doit encore être exacte, c'est-à-dire que le licenciement ne doit pas avoir pour origine un autre motif (avouable ou non). Elle doit également être sérieuse, c'est-à-dire être suffisante pour justifier un licenciement. Dans tous les cas, les motifs s'apprécient au moment du licenciement ; ils ne peuvent reposer sur des faits ou éléments postérieurs à la décision de licencier.
Seuls les motifs qui figurent dans la lettre de notification du licenciement (voir p. 175) sont ceux qui, en cas de litige, seront examinés par le juge pour apprécier la justification du licenciement. Ainsi, s'il apparaît que ce sont d'autres motifs ou faits qui ont fondé la décision de l'employeur, le licenciement sera considéré comme injustifié. Par ailleurs, la précision des motifs invoqués dans cette lettre par l'employeur est importante. Si l'employeur se contente d'énoncer qu'il vous licencie pour motif économique, ou pour faute, ou pour perte de confiance sans plus de précision, le juge estimera également qu'il n'y a pas de cause réelle.
En cas de litige sur le motif réel et sérieux du licenciement, l'employeur devra présenter au conseil de prud'hommes tous les éléments d'information qu'il a fournis aux représentants du personnel.

➤ *Licenciement pour motif personnel et licenciement économique*

Il faut distinguer licenciement pour motif personnel et licenciement pour motif économique.

- **Le motif personnel du licenciement.** On parle de licenciement pour motif personnel lorsque la raison première du licenciement est liée à la personne du salarié. C'est le cas lorsque le licenciement sanctionne par exemple une faute disciplinaire, une insuffisance professionnelle, ou un refus fautif d'exécuter le contrat de travail.

Pour être justifié, le motif invoqué doit toujours être effectivement imputable au salarié et non à l'entreprise, ou à un proche du salarié. Il doit également relever de son activité professionnelle et non de sa vie privée, à moins que le comportement de l'intéressé, compte tenu de ses fonctions et de la finalité propre de l'entreprise, ait créé un trouble caractérisé au sein de cette dernière.
Lorsque la cause du licenciement est une faute professionnelle, les garanties du droit disciplinaire relatives aux délais de prise

en considération et de poursuite des faits fautifs sont applicables (voir p. 118). On doit distinguer :

- la faute sérieuse, qui justifie le licenciement avec respect d'un préavis et paiement de l'indemnité de licenciement ;
- la faute grave, qui rend impossible, même temporairement, la poursuite du contrat de travail et justifie le licenciement sans préavis, ni indemnité de licenciement (art. L. 122-6, L. 122-9) ;
- la faute lourde, faute très grave avec intention de nuire qui justifie le licenciement sans préavis, ni indemnité de licenciement, ni indemnité de congés payés (art. L. 223-14).

- **Le motif économique du licenciement (art. L. 321-1).** Le motif économique est celui qui est lié à la situation de l'entreprise ; il est donc étranger à la personne du salarié. Il doit être le résultat d'une véritable transformation ou suppression d'emploi qui a pour origine, notamment, soit des difficultés économiques, soit des mutations technologiques, soit la nécessité de réorganiser l'activité de l'entreprise. Il peut résulter également du refus d'un salarié d'accepter une modification d'un élément essentiel de son contrat de travail motivée par l'une des raisons évoquées ci-dessus.

Dans tous les cas, le licenciement ne peut viser un salarié en particulier qu'après application des critères d'ordre définis par l'employeur (voir p. 180).

En cas de licenciement économique, l'employeur doit respecter non seulement les règles et garanties individuelles applicables à tout licenciement, mais également une procédure spécifique destinée à informer les représentants du personnel ainsi que l'administration.

attention *Le licenciement pour motif économique d'un salarié ne peut intervenir que lorsque tous les efforts de formation et d'adaptation ont été réalisés et que le reclassement de l'intéressé (sur un emploi relevant de la même catégorie que celui qu'il occupe ou sur un emploi équivalent ou, à défaut, et sous réserve de l'accord exprès du salarié, sur un emploi d'une catégorie inférieure) ne peut être réalisé dans le cadre de l'entreprise ou, le cas échéant, dans les entreprises du groupe auquel l'entreprise appartient. Les offres de reclassement proposées au salarié doivent être écrites et précises (art. L. 321-1). Le licenciement prononcé sans que l'employeur ait respecté cette obligation de formation, d'adaptation et de reclassement est dépourvu de cause réelle et sérieuse.*

sachez-le *Les syndicats peuvent agir en justice suite à un licenciement économique à la place du salarié, sous réserve que celui-ci ait été préalablement informé et ne s'y soit pas opposé.*

• **Les licenciements pour fin de chantier.** Lorsqu'ils ont un caractère normal selon les règles habituelles pratiquées dans la profession (art. L. 321-12, cas du bâtiment et des travaux publics par exemple), ils suivent les dispositions applicables aux licenciements pour motif personnel.

attention *Aux termes de la loi du 19 janvier 2000 (Aubry II), lorsqu'un ou plusieurs salariés refusent la modification de leur contrat de travail résultant d'un accord de réduction de la durée du travail, et que cette modification porte sur un élément autre que la durée du travail (salaires, fonctions...), leur licenciement est considéré comme un licenciement individuel prononcé pour un motif non économique. La procédure visée p. 173 doit donc s'appliquer (convocation à un entretien préalable, notification du licenciement par lettre motivée...), mais l'employeur n'a pas l'obligation d'établir un plan de sauvegarde de l'emploi, ni de faire jouer une éventuelle priorité de réembauchage. Les salariés bénéficient de toutes les indemnités qui leur sont due, et gardent, bien entendu, la possibilité de contester le bien-fondé de leur licenciement devant le conseil des prud'hommes.*

➤ *Les sanctions en cas d'absence de cause réelle et sérieuse (art. L. 122-14-4, L. 122-14-5)*

Lorsque le licenciement est dépourvu de cause réelle et sérieuse, le salarié peut demander soit la réintégration dans l'entreprise si l'employeur ne s'y oppose pas, soit une indemnité. Lorsque le salarié a moins de 2 ans d'ancienneté au moment du licenciement, ou qu'il est employé dans une entreprise de moins de 11 salariés, cette indemnité est fixée par le juge en fonction du préjudice subi, étant précisé que ce préjudice existe nécessairement, quelle que soit la qualification professionnelle du salarié, dès lors que le licenciement a été prononcé en l'absence de cause réelle et sérieuse. Pour les autres salariés (ceux ayant au moins 2 ans d'ancienneté ou travaillant dans une entreprise d'au moins 11 salariés), l'indemnité est également fonction du préjudice subi, mais doit être au minimum égale à 6 mois de salaire.

➤ *Les licenciements interdits par la loi (art. L. 122-45)*

Est nul tout licenciement prononcé en raison de l'origine, du sexe, de la situation de famille ou de la grossesse, des mœurs, de l'orientation sexuelle, de l'âge, des caractéristiques génétiques, de l'appartenance ou de la non-appartenance, vraie ou supposée, à une ethnie, une nation ou une race, des opinions politiques, des activités syndicales ou mutualistes, de l'exercice normal du droit de grève, des convictions religieuses, de l'apparence phy-

sique, du patronyme, de l'état de santé ou du handicap. Les salariés victimes d'un tel licenciement peuvent saisir le conseil des prud'hommes pour demander leur réintégration et le paiement de l'ensemble des salaires qui ne leur ont pas été versés.
Sont également interdits par la loi les licenciements (se reporter aux chapitres concernés) :

- prononcés en raison d'une action en justice relative à l'égalité professionnelle ou à la lutte contre les discriminations ;
- d'une femme enceinte pendant la période de protection légale ;
- d'un salarié victime d'un accident du travail pendant la suspension de son contrat ;
- d'un salarié qui s'est exprimé dans le cadre de l'exercice normal du droit d'expression ;
- d'un salarié qui a refusé, subi ou témoigné d'agissements de harcèlement sexuel ou moral ;
- d'un salarié ayant exercé son droit de retrait d'une situation dangereuse.

Les procédures individuelles de licenciement

Dans tous les cas de licenciement, la loi prévoit une procédure individuelle destinée à vous informer et vous permettre de vous défendre (sur la rupture du CNE, voir précisions p. 42).

➤ *L'entretien préalable au licenciement (art. L. 122-14)*

Lorsqu'un licenciement est envisagé (sauf pour les licenciements économiques de 10 salariés et plus dans une même période de 30 jours, dans une entreprise ayant des représentants du personnel), celui-ci doit obligatoirement être précédé d'un entretien préalable. Cet entretien n'est pas une simple formalité, il est destiné à vous permettre de vous expliquer sur la mesure de licenciement envisagée ; l'employeur doit vous indiquer le ou les motifs de la décision envisagée et également recueillir vos explications. À cet effet, vous avez intérêt à être assisté. La loi vous autorise à l'être soit par une personne de votre choix appartenant à l'entreprise, soit par un conseiller extérieur s'il n'y a pas de représentants du personnel dans votre entreprise. Cette information doit figurer dans la convocation (voir ci-dessous). Les conseillers du salarié sont des personnes inscrites sur une liste dressée par le préfet du département, que vous pouvez consulter à l'inspection du travail ou à la mairie.

Lors de l'entretien préalable à un licenciement économique, l'employeur doit informer le salarié des conditions de mise en œuvre du congé de reclassement lorsqu'un tel congé doit lui être proposé (voir p. 188). Pour les entreprises soumises à l'obligation de proposer une convention de reclassement personnalisé (CRP), c'est au cours de l'entretien préalable que le document d'information sur cette convention doit être remis au salarié, contre récépissé (voir p. 186).

➤ *La convocation à l'entretien préalable*

L'employeur doit vous informer de cet entretien par le biais d'une convocation, adressée par lettre recommandée ou remise en main propre contre décharge. Elle doit mentionner l'objet, la date, l'heure, le lieu de l'entretien et la possibilité de vous faire assister selon les modalités décrites ci-dessus (art. R.122-2-1). L'entretien préalable ne peut avoir lieu moins de 5 jours ouvrables après la présentation de la lettre recommandée ou la remise en main propre de la lettre de convocation.

sachez-le *La convocation à l'entretien préalable en dehors du temps de travail du salarié ne constitue pas une irrégularité de procédure, ce dernier pouvant seulement prétendre à la réparation du préjudice subi, c'est-à-dire, en pratique, au paiement comme temps de travail du temps passé à l'entretien préalable.*

➤ *La lettre de licenciement (art. L. 122-14-1)*

Tout licenciement doit être notifié par lettre recommandée avec accusé de réception, signée par l'employeur ou son représentant. L'employeur doit respecter un délai avant l'envoi de la lettre de licenciement.

Lorsqu'il s'agit d'un licenciement pour motif personnel, l'employeur ne peut expédier la lettre de licenciement moins de 2 jours ouvrables après la date pour laquelle le salarié a été convoqué à l'entretien préalable.

Si le salarié est licencié individuellement pour un motif d'ordre économique ou s'il est inclus dans un licenciement collectif d'ordre économique concernant moins de 10 salariés dans une même période de 30 jours, la lettre de licenciement ne peut lui être adressée moins de 7 jours ouvrables (15 jours ouvrables pour un cadre) à compter de la date pour laquelle il a été convoqué à l'entretien préalable.

sachez-le *Les dispositions visées ci-dessus, relatives à un licenciement pour motif économique, ne sont pas applicables en cas de redressement et de liquidation judiciaires.*

Si le licenciement économique concerne 10 salariés et plus, le délai pour envoyer les lettres individuelles de licenciement est décompté à partir de la notification à l'administration du projet de licenciement (ou du 14e jour suivant cette notification s'il y a expertise). Le délai est de 30, 45 ou 60 jours selon le nombre de salariés licenciés (voir p. 180).

attention *Lorsque, à la date prévue pour l'envoi de la lettre de licenciement, le délai de réflexion de 14 jours dont dispose le salarié pour faire connaître sa réponse à la proposition de convention de reclassement personnalisé n'est pas expiré (voir p. 186), l'employeur doit lui adresser une lettre recommandée avec demande d'avis de réception lui rappelant la date d'expiration de ce délai de 14 jours et lui précisant qu'en cas de refus de la convention de reclassement personnalisé cette lettre recommandée constituera la notification de son licenciement.*

➤ L'énonciation des motifs du licenciement (art. L. 122-14-2)

Dans tous les cas, l'employeur est tenu d'énoncer dans la lettre de licenciement le ou les motifs précis qui le justifient. À défaut d'énonciation du motif dans la lettre, ou en cas d'énonciation d'un motif imprécis, les juges considèrent que le licenciement est sans cause réelle et sérieuse (sur les conséquences, voir p. 172).

sachez-le *Les motifs de licenciement énoncés dans la lettre lient l'employeur. Il ne pourra pas, devant le juge, modifier ou compléter ces motifs.*

Lorsque le licenciement est prononcé pour un motif économique, la lettre de licenciement doit obligatoirement mentionner :
- les motifs économiques invoqués par l'employeur ;
- la possibilité de bénéficier d'une priorité de réembauchage et les conditions de sa mise en œuvre (voir p. 181) ;
- la possibilité de bénéficier du congé de reclassement (voir p. 188).

➤ Les sanctions en cas de procédure irrégulière (art. L. 122-14-4, L. 122-14-5)

Lorsque le licenciement repose sur une cause réelle et sérieuse mais que l'employeur n'a pas respecté les procédures individuelles de licenciement (entretien, notification ...), le salarié peut saisir le conseil des prud'hommes (voir p. 160). Celui-ci doit alors imposer à l'employeur d'accomplir la procédure prévue et accorder une indemnité au salarié : en cas de licenciement pour motif personnel, celle-ci ne peut excéder 1 mois de salaire ; en outre, si le licenciement est dépourvu de cause réelle et sérieuse, elle ne se cumule pas avec les indemnités dues à ce titre (voir p. 172) ; (pour les licenciements économiques, voir précisions p. 180).

attention *Les salariés ayant moins de 2 ans d'ancienneté ou travaillant dans une entreprise de moins de 11 salariés ont droit, en cas de licenciement irrégulier (non-respect de la procédure), à une indemnité qui ne peut être supérieure à 1 mois de salaire. Si le licenciement est en outre sans cause réelle et sérieuse, ils auront droit à une indemnité calculée en fonction du préjudice subi, le cumul étant alors possible entre ces deux indemnités.*

➤ La mise à pied conservatoire (art. L. 122-41)

En cas de faute grave, l'employeur a la possibilité de prononcer une mise à pied à effet immédiat. Le contrat de travail est suspendu et le salarié est privé de rémunération. L'employeur doit alors immédiatement engager une procédure de licenciement individuel pour faute. À défaut de faute grave (voir p. 171), la mise à pied conservatoire pourra être annulée et le salarié sera en droit de prétendre à une indemnité correspondant au salaire perdu.

Les procédures spécifiques aux licenciements économiques

La procédure de licenciement économique obéit à des règles spécifiques destinées à permettre une information, voire une consultation des représentants du personnel et de l'administration. Ces règles varient en fonction de la taille de l'entreprise et du nombre de licenciements.

➤ Le licenciement économique individuel

L'employeur doit respecter les procédures individuelles de licenciement. Un délai de 7 jours doit s'écouler entre la date pour laquelle le salarié a été convoqué à l'entretien préalable et l'envoi de la lettre de licenciement (15 jours pour les cadres). Lors de l'entretien, l'employeur doit, selon le cas, vous informer des conditions de mise en œuvre du congé de reclassement ou vous remettre, contre récépissé, le document d'information relatif à la convention de reclassement personnalisé (voir p. 186). L'administration est ensuite simplement informée du licenciement. Sur le contenu de la lettre de licenciement, voir les précisions données p. 175.

➤ Le licenciement économique de 2 à 9 salariés

L'employeur doit préalablement consulter les représentants du personnel (CE ou DP), auxquels il transmet toutes les informations utiles sur le projet de licenciement, en particulier les raisons économiques, le nombre de salariés visés, les catégories professionnelles concernées... Il doit ensuite mettre en œuvre les procédures individuelles de licenciement. Sauf licenciement intervenant en cours de redressement ou liquidation judiciaires, un délai de 7 jours doit s'écouler entre l'entretien préalable et l'envoi des lettres de licenciement (sur le contenu de ces lettres, voir p. 175). Lors de l'entretien, l'employeur doit, selon le cas, informer les salariés concernés des conditions de mise en œuvre du congé de reclassement ou leur remettre, contre récépissé, le document d'information relatif à la convention de reclassement personnalisé (voir p. 186). L'administration est simplement informée des licenciements.

sachez-le *Lorsqu'une entreprise ou un établissement d'au moins 50 salariés ont procédé pendant 3 mois consécutifs à des licenciements pour motif économique de plus de 10 personnes au total, sans atteindre 10 personnes dans une même période de 30 jours, tout nouveau licenciement économique envisagé au cours des 3 mois suivants est soumis aux dispositions concernant les licenciements de 10 salariés et plus. De même, lorsqu'une entreprise ou un établissement de plus de 50 salariés ont procédé au cours d'une année civile à des licenciements pour motif économique de plus de 18 personnes au total, sans avoir eu à présenter un plan de sauvegarde de l'emploi (voir p. 179), tout nouveau licenciement économique envisagé au cours des 3 mois suivant la fin de cette année civile est soumis aux dispositions concernant les licenciements de 10 salariés et plus.*

➤ Le licenciement de 10 personnes et plus dans les entreprises ou établissements de moins de 50 salariés

Lorsque le nombre de licenciements envisagés est au moins égal à 10 dans une même période de 30 jours, l'employeur doit préalablement consulter les délégués du personnel, auxquels il transmet toutes les informations utiles sur le projet de licenciement, en particulier les raisons économiques, le nombre de salariés visés, les catégories professionnelles concernées... La consultation se fait sur deux réunions, séparées par un délai de 14 jours maximum.

L'employeur doit, en outre, notifier à l'administration le projet de licenciement, au plus tôt le lendemain de la première réunion des délégués. L'administration dispose de 21 jours pour vérifier que les procédures de consultation et les règles relatives à l'élaboration des mesures sociales ont été respectées. L'envoi des lettres de licenciement ne peut se faire qu'après un délai de 30 jours, courant à compter de la notification à l'administration.

attention *Dans les entreprises d'au moins 11 ou d'au moins 50 salariés, dépourvues respectivement de DP ou de CE, dans lesquelles aucun procès-verbal de carence n'a été établi, tout licenciement pour motif économique s'effectuant sans que, de ce fait, les obligations d'information, de réunion et de consultation du CE ou des DP soient respectées est irrégulier. Le salarié ainsi licencié a droit à une indemnité qui ne peut être inférieure à un mois de salaire brut, à laquelle s'ajoutent les indemnités de licenciement et de préavis qui lui sont dues par ailleurs.*

➤ Le licenciement de 10 personnes et plus dans les entreprises ou établissements d'au moins 50 salariés

L'employeur qui envisage de licencier au moins 10 salariés dans une même période de 30 jours doit préalablement informer et consulter le comité d'entreprise (ou, à défaut, les délégués du personnel), à qui il transmet toutes les informations utiles, en particulier les raisons économiques, le nombre de salariés visés, les catégories professionnelles concernées, ainsi que les mesures qu'il envisage de prendre pour limiter les licenciements et faciliter les reclassements, c'est-à-dire le plan de sauvegarde de l'emploi (voir p. 179).

• **La consultation du comité.** Elle se fait sur deux réunions séparées par un délai de (art. L. 321-3) :

- 14 jours pour les licenciements inférieurs à 100 ;
- 21 jours pour les licenciements de 100 à 249 ;
- 28 jours pour les licenciements de 250 et plus.

• **En cas d'expertise.** Si le CE décide d'avoir recours à un expert-comptable, ce sont 3 réunions qui seront tenues : la 1re sert à désigner l'expert ; la 2e réunion a lieu 21 jours après la 1re ; la 2e et la 3e réunions sont séparées par un délai de 14, 21 ou 28 jours suivant le volume du licenciement (voir ci-dessus). Les délais de notification des licenciements (30, 45 ou 60 jours, voir p. 180) commencent à courir 14 jours après la notification à l'administration, qui a lieu le lendemain de la 1re réunion (art. L. 321-7-1).

• **Intervention de l'administration.** L'employeur doit notifier le projet de licenciement à l'administration au plus tôt le lendemain de la première réunion du comité. L'administration doit vérifier la régularité des procédures de consultation et l'existence effective du plan de sauvegarde de l'emploi. Elle dispose pour cela de (art. L. 321-7) :

- 21 jours pour les licenciements inférieurs à 100 ;
- 28 jours pour les licenciements de 100 à 249 ;
- 35 jours pour les licenciements de 250 et plus.

L'administration peut présenter toute proposition pour compléter ou modifier le plan de sauvegarde de l'emploi, en tenant compte de la situation économique de l'entreprise. Ces propositions sont formulées avant la dernière réunion du comité d'entreprise. L'employeur est tenu de leur apporter une réponse motivée, qui doit parvenir à l'administration avant la fin du délai prévu pour l'envoi des lettres de licenciement. À défaut, les lettres ne peuvent être expédiées tant que l'employeur n'a pas fait parvenir sa réponse motivée à l'administration.

Si aucun plan de sauvegarde de l'emploi n'est présenté, l'administration constate cette carence par notification à l'employeur, dès qu'elle en a connaissance et au plus tard dans les 8 jours suivant la transmission du projet de licenciement.

sachez-le *Lorsque l'entreprise est dépourvue de comité d'entreprise (CE) ou de délégués du personnel (DP), le plan de sauvegarde de l'emploi doit être communiqué à l'administration en même temps que lui est notifié le projet de licenciement. Il doit également être porté à la connaissance des salariés par voie d'affichage sur les lieux de travail, de même que les propositions formulées par l'administration et les réponses apportées par l'employeur.*

- **Le plan de sauvegarde de l'emploi** (art. L. 321-4-1). Ce plan, élaboré par l'employeur après consultation du comité d'entreprise, est destiné à éviter les licenciements ou à en limiter le nombre et à faciliter le reclassement du personnel dont le licenciement ne pourrait être évité. Il doit notamment préciser les conditions de mise en œuvre du congé de reclassement (voir p. 188) et intégrer un plan de reclassement comportant des mesures telles que, par exemple : actions en vue du reclassement interne des salariés sur des emplois relevant de la même catégorie d'emplois ou, avec l'accord des salariés, sur des emplois de catégorie inférieure ; créations d'activités nouvelles par l'entreprise ; actions favorisant un reclassement externe ; actions de soutien à la création d'activités nouvelles ou à la reprise d'activités existantes par les salariés ; actions de formation, de validation des acquis de l'expérience ou de reconversion ; réduction du volume des heures supplémentaires effectuées de manière régulière. Ces mesures font l'objet d'un suivi de leur exécution, selon les modalités fixées par le plan de sauvegarde lui-même, avec l'intervention des représentants du personnel et de l'administration. Tant que ce plan de reclassement n'est pas présenté aux représentants du personnel pour information et consultation, la procédure de licenciement est nulle et de nul effet (sur ce point, voir aussi ci-dessous).

• **Envoi des lettres de licenciement.** Cet envoi ne peut se faire qu'après l'expiration d'un délai courant à compter de la notification à l'administration du projet de licenciement (art. L. 321-6) :

- 30 jours pour les licenciements inférieurs à 100 ;
- 45 jours pour les licenciements de 100 à 249 ;
- 60 jours pour les licenciements de 250 et plus.

➤ *Les irrégularités de procédure*

La sanction d'une irrégularité de procédure d'un licenciement économique varie en fonction de la règle qui a été violée. Lorsque c'est la procédure individuelle qui est violée (notification du licenciement, entretien préalable lorsqu'il est obligatoire...), les sanctions sont les mêmes qu'en cas de licenciement personnel (voir p. 175).
En cas de licenciement collectif, l'administration veille à ce que l'employeur respecte la procédure de consultation du comité d'entreprise ou des délégués du personnel (art. L. 321-7). Les représentants du personnel peuvent également saisir le juge pour faire ordonner en urgence le respect de la procédure de consultation. Si l'employeur n'a pas consulté les représentants du personnel, les salariés licenciés peuvent prétendre à des dommages et intérêts que le conseil des prud'hommes fixera en fonction du préjudice subi (art. L. 122-14-4).
Lorsque le licenciement est intervenu alors que la procédure de licenciement est nulle et de nul effet, en raison de l'absence de présentation d'un plan de reclassement, le tribunal peut prononcer la nullité du licenciement et ordonner, à la demande du salarié, la poursuite de son contrat de travail, sauf si la réintégration est devenue impossible, notamment du fait de la fermeture de l'établissement ou du site, ou de l'absence d'emploi disponible de nature à permettre la réintégration du salarié. Lorsque le salarié ne demande pas la poursuite de son contrat de travail ou lorsque la réintégration est impossible, le tribunal octroie au salarié une indemnité qui ne peut être inférieure aux salaires des douze derniers mois.

➤ *L'ordre des licenciements (art. L. 321-1-1)*

Pour tout licenciement économique collectif, l'employeur doit fixer les critères qui permettront de déterminer l'ordre des licenciements, c'est-à-dire l'ordre des salariés qui seront en priorité visés par la mesure de suppression ou de modification d'emploi. Pour cela, il doit respecter, s'ils existent, les critères fixés par convention ou accord collectif. À défaut, il doit consulter les représentants du personnel et prendre en compte au moins les critères suivants : charges de famille, en particulier celles de parents isolés, ancienneté de service dans l'établissement ou l'entreprise, situation des salariés qui présentent des caractéristiques sociales rendant leur réinsertion professionnelle particulièrement difficile, notamment personnes handicapées et salariés âgés, qualités professionnelles appréciées par catégorie. Les critères retenus s'apprécient par catégorie professionnelle (en cas de licenciement individuel pour motif économique, l'employeur doit également, pour le choix du salarié concerné, prendre en compte ces critères).

Dans les 10 jours à compter de son départ effectif de l'entreprise, le salarié licencié peut demander à l'employeur, par lettre recommandée avec demande d'avis de réception ou par lettre remise en main propre contre décharge, de lui indiquer les critères retenus. Ce dernier doit répondre dans les mêmes formes dans les dix jours suivant la présentation de la lettre du salarié ou la remise en main propre de celle-ci (art. L. 122-14-2).

Si l'employeur refuse ou s'il n'a pas respecté les critères fixés, il peut être condamné à verser des dommages et intérêts en fonction du préjudice subi.

➤ *La priorité de réembauchage (art. L. 321-14)*

Tout salarié licencié pour motif économique bénéficie d'une priorité de réembauchage pendant 1 an à compter de la date de son licenciement s'il manifeste le désir d'user de cette priorité au cours de cette année (par lettre recommandée avec AR). L'employeur devra alors l'informer des emplois devenus disponibles et compatibles avec sa qualification ou avec la qualification qu'il a acquise (à condition qu'il en ait informé l'employeur).

La priorité de réembauchage et les conditions de sa mise en œuvre doivent être mentionnées dans la lettre de licenciement (art. L. 122-14-2).

sachez-le *Si l'employeur ne respecte pas la priorité de réembauchage, vous pouvez obtenir du tribunal une indemnité d'un montant au moins égal à 2 mois de salaire (art. L. 122-14-4).*

Les garanties à l'occasion du licenciement

Outre l'application des procédures prévues par la loi et l'exigence d'une cause réelle et sérieuse, le salarié bénéficie d'un certain nombre de garanties à l'occasion de tout licenciement, économique ou non.

➤ *Le préavis (art. L. 122-6, L. 122-7, L. 122-8)*

Tout salarié licencié doit bénéficier d'un délai de préavis, appelé aussi délai-congé, entre la notification du licenciement et la cessation du contrat de travail. Le point de départ du préavis est fixé par la date de première présentation à votre domicile de la lettre recommandée de licenciement (sur les règles particulières applicables au CNE, voir p. 42).

La durée du préavis dépend de l'ancienneté dans l'entreprise :

- ancienneté inférieure à 6 mois : le préavis applicable est celui qui résulte soit du contrat de travail, soit des accords collectifs applicables, soit des usages de la localité ou de la profession ;
- ancienneté entre 6 mois et 2 ans : préavis de 1 mois, sauf contrat de travail, accord collectif ou usage plus favorables ;
- ancienneté de 2 ans et plus : préavis de 2 mois, sauf contrat de travail, accord collectif ou usage plus favorables.

L'employeur peut vous dispenser d'exécuter votre préavis. Il devra vous verser une indemnité compensatrice égale au montant des salaires que vous auriez perçus pendant sa durée, à moins que la dispense ait été accordée sur votre demande. Votre contrat de travail est néanmoins maintenu jusqu'à la date d'expiration du délai de préavis et vous devez bénéficier de tous les avantages auxquels vous auriez eu droit si vous aviez travaillé. La durée du préavis non exécuté doit également être prise en compte pour le calcul de l'indemnité de licenciement et de l'indemnité compensatrice de congés payés.

Si l'employeur vous fait exécuter votre préavis, sachez que la plupart des conventions collectives ou des usages prévoient le bénéfice d'heures d'absence rémunérées pour rechercher un emploi : en général, 2 heures par jour ou 50 heures par mois.

attention *En cas de faute grave, l'employeur n'est pas tenu de respecter le préavis, ni de vous verser d'indemnité compensatrice (art. L. 122-6). Celle-ci n'est pas due non plus lorsque le salarié malade ne peut exécuter le préavis, sauf en cas d'inaptitude liée à un accident du travail ou à une maladie professionnelle (art. L. 122-32-6).*

➤ L'indemnité de licenciement (art. L. 122-9)

Tout salarié a droit à l'indemnité minimale de licenciement prévue par la loi à condition d'avoir au moins 2 ans d'ancienneté et de ne pas être licencié pour faute grave ou lourde. Son montant diffère selon le motif du licenciement.

● **Licenciement pour motif économique.** L'indemnité de licenciement ne peut être inférieure à 2/10 de mois de salaire par année d'ancienneté. À partir de 10 ans d'ancienneté, cette indemnité minimum est de 2/10 de mois de salaire, plus 2/15 de mois par année d'ancienneté au-delà de 10 ans.

● **Licenciement pour motif non économique.** L'indemnité de licenciement ne peut être inférieure à 1/10 de mois de salaire par année d'ancienneté jusqu'à 10 ans. À partir de 10 ans d'ancienneté, cette indemnité minimale est de 1/10 de mois de salaire, plus 1/15 de mois par année d'ancienneté au-delà de 10 ans (art. R. 122-2).

Dans l'un et l'autre cas :

● le salaire à prendre en considération pour le calcul de l'indemnité est le douzième de la rémunération des 12 derniers mois précédant le licenciement ou, selon la formule la plus avantageuse pour le salarié, le tiers des 3 derniers mois, étant entendu que, dans ce cas, toute prime ou gratification de caractère annuel ou exceptionnel qui auront été versées au salarié pendant cette période ne seront prises en compte que dans la limite d'un montant calculé *prorata temporis* ;

● l'ancienneté s'apprécie jusqu'à la cessation du contrat de travail, donc jusqu'à la fin du délai de préavis, que ce dernier soit exécuté ou non. Pour calculer l'indemnité de licenciement, il faut également tenir compte des années incomplètes au prorata des mois effectués.

sachez-le *Les conventions collectives prévoient souvent des indemnités de licenciement plus avantageuses, étant précisé qu'il n'est pas possible de cumuler indemnité légale de licenciement et indemnité conventionnelle.*

➤ L'indemnité compensatrice de congés payés

En cas de licenciement, sauf pour faute lourde, l'employeur doit verser une indemnité compensant les congés payés que vous avez acquis et que vous n'avez pas pu prendre du fait de la rupture du contrat de travail (art. L. 223-14). La durée du préavis, même non exécuté, doit être prise en compte pour le calcul de vos droits acquis à congés. Cette indemnité compensatrice de congés payés est égale au montant des rémunérations ou de l'indemnité qui auraient été perçues pendant la durée des congés si ceux-ci avaient été pris.

➤ *Le reçu pour solde de tout compte (art. L. 122-17)*

Au moment de votre départ de l'entreprise, l'employeur doit régler l'ensemble des salaires et indemnités qui vous sont dus. Il fait généralement signer un « reçu pour solde de tout compte » qui récapitule les différentes sommes qu'il vous verse : indemnité de licenciement, indemnités compensatrices de congés payés et de préavis (s'il y a lieu), solde de salaire, primes diverses, etc. Signer un reçu pour solde de tout compte ne vous empêche pas, par la suite, de contester les sommes qui vous ont été versées (voir modèle de lettre page 287), ni le bien-fondé de votre licenciement. Ce document n'a que la valeur d'un simple reçu des sommes qui y figurent : il peut toujours être dénoncé par lettre recommandée, mais les dispositions qui imposaient au salarié, sous peine de forclusion, d'effectuer cette dénonciation dans le délai de 2 mois ont été supprimées du Code du travail. Sachez enfin que, légalement, rien ne vous oblige à accepter de signer un tel reçu.

sachez-le *Il ne faut pas confondre le reçu pour solde de tout compte avec la « transaction » par laquelle vous vous engagez à renoncer à toute contestation ultérieure de votre licenciement en échange d'une somme d'argent dite « indemnité transactionnelle » versée par l'employeur (art. 2044 et suivants du Code civil). Ne signez jamais de transaction sans vous être auparavant renseigné sur l'ensemble des sommes auxquelles vous avez droit ou que vous pourriez obtenir devant les tribunaux, notamment si votre licenciement vous paraît sans cause réelle et sérieuse.*

➤ *Le certificat de travail (art. L. 122-16)*

À l'expiration de votre contrat, l'employeur est tenu de vous remettre un certificat de travail qui ne doit mentionner que vos dates d'entrée et de sortie de l'entreprise, ainsi que les emplois occupés avec leurs périodes respectives. C'est un document important, qu'il faut exiger et conserver précieusement.

➤ *L'attestation d'employeur pour les ASSEDIC*

Lorsque votre contrat prend fin, même s'il a été de courte durée, l'employeur doit vous remettre une attestation qui vous permettra de percevoir des allocations de chômage si vous y avez droit et qui servira à en calculer le montant. Cette attestation doit être remplie exactement et précisément par votre employeur. Veillez à en vérifier le contenu avant de déposer auprès de l'ASSEDIC avec votre demande d'allocations. Si vous avez un désaccord avec votre employeur, signalez-le à votre ASSEDIC.

Prévention et accompagnement des licenciements économiques

L'employeur est tenu de prévenir les licenciements économiques (adaptation et reclassement interne de ses salariés) et de faciliter le reclassement du personnel licencié. L'obligation de mettre en œuvre un plan de sauvegarde de l'emploi (voir p. 179) permet d'accentuer cet effort. Des aides de l'État, sous la forme d'allégements de charges ou de conventions négociées avec l'administration du travail et financées par le Fonds national pour l'emploi (FNE), doivent permettre d'éviter un certain nombre de licenciements ou d'en limiter les conséquences sociales.

➤ *L'intervention de l'État*

● **Les aides destinées à prévenir les licenciements.** Elles sont de plusieurs sortes (art. L. 322-7 et L. 322-4 5°) :
- les conventions de formation et d'adaptation offrent une aide à la formation de longue durée afin d'adapter les salariés aux évolutions de leur emploi ou de favoriser leur reclassement externe ;
- le chômage partiel permet de compenser la perte de salaire due à une réduction temporaire ou prolongée d'activité (voir p. 155) ;
- les conventions d'aide au travail à temps partiel permettent un maintien partiel et temporaire du salaire aux salariés ayant accepté la transformation de leur poste en temps partiel.

● **Les aides destinées à atténuer les conséquences des licenciements.** Elles permettent de favoriser :
- la conversion des salariés, par l'intermédiaire d'un congé en vue de bénéficier d'actions destinées à favoriser leur reclassement (avec suspension du contrat de travail, art. L. 322-4 4°) ;
- le reclassement externe, par l'aide à la mise en place de cellules de reclassement, l'attribution d'aides à la mobilité géographique, ou l'allocation temporaire dégressive destinée à compenser la baisse de salaire dans l'emploi de reclassement (art. R. 322-1 et R. 322-6) ;
- la réinsertion des travailleurs étrangers dans leur pays d'origine ;
- la création ou la reprise d'entreprises par des salariés licenciés en incitant fiscalement les employeurs à leur attribuer des prêts à taux privilégiés (art. 39 quinquies II, Code général des impôts) ;
- l'accès à la préretraite licenciement (voir p. 264).

➤ *Les obligations de l'employeur*

Les employeurs ont l'obligation, lorsqu'ils procèdent à des licenciements économiques, de proposer aux salariés concernés de bénéficier, selon le cas, soit d'une convention de reclassement personnalisé (CRP), soit d'un congé de reclassement. Ces dispositifs doivent permettre au salarié de retrouver plus rapidement un emploi : il reste toutefois libre de les accepter ou non (sur l'obligation, plus générale, faite à l'employeur d'élaborer un plan de sauvegarde de l'emploi, voir précisions p. 179).

sachez-le *Les entreprises tenues à l'obligation de proposer une CRP aux salariés dont elles envisagent le licenciement pour motif économique, qui engagent une procédure de licenciement pour motif économique entre le 15 avril 2006 et le 1er mars 2007 à l'égard des salariés de leurs établissements implantés dans les bassins d'emploi de Charleville-Mézières, Montbéliard, Morlaix, Saint-Dié-des-Vosges, Toulon, Valenciennes et Vitré, sont tenues de proposer au(x) salarié(s) concerné(s) le bénéfice d'un « contrat de transition professionnelle », en lieu et place de la CRP. Sur ce dispositif expérimental, on peut se renseigner auprès de ses représentants syndicaux.*

● **La convention de reclassement personnalisé.** Elle doit permettre au salarié de bénéficier, après la rupture de son contrat de travail et pendant une durée maximale de 8 mois, d'actions de soutien psychologique, d'orientation, d'accompagnement, d'évaluation des compétences professionnelles et de formation destinées à favoriser un retour rapide à l'emploi. L'employeur doit la proposer au(x) salarié(s) dont le licenciement pour motif économique est envisagé dans les entreprises de moins de 1 000 salariés ou n'appartenant pas à un groupe d'au moins 1 000 salariés, ou non soumises à l'obligation de constitution d'un comité d'entreprise européen. Sont également visées les entreprises en redressement ou liquidation judiciaires, quelle que soit leur taille.

Pour pouvoir bénéficier d'une CRP, le salarié doit justifier d'une ancienneté d'au moins 2 ans (voir toutefois ci-dessous) et :

● être physiquement apte à un emploi et justifier des périodes d'affiliation requises pour avoir droit à l'ARE (voir p. 241) ;

● n'être pas susceptible de bénéficier des dispositions prévoyant le maintien de l'ARE jusqu'à l'âge permettant d'obtenir une pension de retraite à taux plein ou de tout autre revenu de remplacement servi jusqu'à l'âge de la retraite à taux plein.

Les salariés ayant moins de 2 ans d'ancienneté peuvent bénéficier de la CRP s'ils justifient des autres conditions visées ci-dessus et d'une affiliation au régime d'assurance chômage d'au moins 182 jours ou 910 heures dans les 22 derniers mois. Les modalités particulières suivantes leur sont alors appliquées :

● ils perçoivent pendant la CRP, dans la limite de la durée de leur droit aux allocations d'assurance chômage, une allocation du même montant que celui de l'allocation d'aide au retour à l'emploi (ARE) ;

● ils n'ont pas droit à l'indemnité différentielle visée ci-contre.

L'employeur doit remettre aux salariés concernés, contre récépissé, le document d'information relatif à la CRP soit lors de l'entretien préalable, lorsque celui-ci est obligatoire (voir p. 173), soit à l'issue de la dernière réunion du CE ou des DP. À compter de cette remise, le salarié dispose d'un délai de 14 jours pour faire connaître sa réponse ; afin de l'éclairer dans son choix, il bénéficie, pendant ce délai, d'un entretien d'information réalisé par l'ASSEDIC. Si le salarié refuse la CRP ou ne répond pas dans le délai de 14 jours, le licenciement suit son cours normal. S'il accepte la CRP (il doit pour cela remettre à l'employeur le « bulletin d'acceptation » joint au document d'information qui lui a été remis, accompagné de la « demande d'allocation spécifique de reclassement »), la situation est la suivante :

- le contrat de travail est rompu d'un commun accord. Le salarié perçoit son indemnité de licenciement. Il n'a pas de préavis à effectuer, mais ne perçoit pas d'indemnité de préavis, sauf si l'indemnité à laquelle il pouvait prétendre était supérieure à 2 mois de salaire, auquel cas il perçoit la fraction excédant ce montant. Le salarié qui n'a pas 2 ans d'ancienneté dans l'entreprise et qui aurait bénéficié d'une indemnité de préavis s'il n'avait pas accepté la CRP en perçoit le montant dès la rupture de son contrat de travail ;
- un « plan d'action de reclassement personnalisé » est élaboré entre le bénéficiaire de la CRP et un des organismes participant au service public de l'emploi (par exemple, l'ANPE). Ce plan décrit les prestations (formation, évaluation des compétences...) qui devront être suivies par le bénéficiaire de la CRP afin de permettre un retour rapide à l'emploi ;
- pendant la durée de la CRP (8 mois maximum), le bénéficiaire ayant au moins 2 ans d'ancienneté perçoit une « allocation spécifique de reclassement » (ASR) dont le montant est égal, pendant les 3 premiers mois, à 80 % du salaire brut moyen des 12 derniers mois soumis à cotisation ASSEDIC et, pendant les 5 mois suivants, à 70 % de ce salaire (des minima sont prévus, mentionnés dans le document d'information remis au salarié). Le titulaire de la CRP qui, à l'issue de cette dernière, est toujours à la recherche d'un emploi bénéficie, dans la limite de ses droits, de l'allocation d'aide au retour à l'emploi (ARE, voir p. 238) dès son inscription comme demandeur d'emploi, sans délai d'attente ni différé d'indemnisation. La durée d'indemnisation au titre de l'ARE est alors réduite du nombre de jours indemnisés au titre de l'ASR ;
- en cas de reprise d'un emploi salarié avant la fin de sa CRP, le bénéficiaire peut prétendre à une indemnité différentielle de reclassement, à condition que la rémunération de son nouvel emploi soit, pour un même nombre d'heures, inférieure d'au moins 15 % à la rémunération de l'emploi précédent. Cette indemnité, versée tous les mois, à terme échu, pour 8 mois maximum, ne peut dépasser 50 % des droits restants de l'intéressé à l'ASR.

sachez-le *Les bénéficiaires de la CRP ont accès à diverses aides des ASSEDIC : aide incitative au contrat de professionnalisation, aide à la création ou reprise d'entreprise... Renseignements auprès de l'ASSEDIC.*

• **Le congé de reclassement.** Ce congé doit obligatoirement être proposé au(x) salarié(s) qui fait l'objet d'un licenciement économique lorsque son entreprise (ou l'établissement) occupe au moins 1 000 salariés. Aucune condition d'ancienneté n'est requise. Ce congé permet au(x) salarié(s) licencié(s) de bénéficier d'un ensemble de mesures destinées à faciliter son reclassement : entretien d'évaluation et d'orientation, accompagnement dans les démarches de recherche d'emploi, bilan de compétences, actions de formation ou de validation des acquis de l'expérience, l'ensemble étant financé par l'employeur. Le salarié est informé des conditions de ce congé (objet, nature des prestations, statut pendant le congé...) lors de l'entretien préalable, ou à l'occasion de la dernière réunion du CE ou des DP. La proposition doit lui en être faite dans la lettre de notification du licenciement. Le salarié dispose d'un délai de 8 jours à compter de la date de notification de la lettre de licenciement pour faire connaître son accord : le silence dans ce délai vaut refus du congé de reclassement. En cas d'acceptation par le salarié :

- le congé débute à l'expiration du délai de 8 jours mentionné ci-dessus ;
- sa durée est fixée par l'employeur après consultation des représentants du personnel, au vu des résultats de l'entretien d'évaluation et d'orientation, et le cas échéant du bilan de compétences. Elle est comprise entre 4 mois (ou moins avec l'accord exprès du salarié) et 9 mois ;
- le salarié peut rompre son congé s'il trouve un nouvel emploi ; il doit en informer son employeur, avant l'embauche, par lettre recommandée avec AR ou lettre remise en main propre contre décharge ;
- le congé se déroule pendant le préavis, et au-delà si sa durée est supérieure à celle du préavis ;
- le salarié est rémunéré par l'employeur ; il perçoit son salaire normal pendant la période de préavis, puis, pour la période du congé excédant la durée du préavis, une allocation égale à 65 % des rémunérations brutes mensuelles des 12 derniers mois, sans pouvoir être inférieure à 85 % du SMIC par le nombre d'heures correspondant à la durée collective du travail de l'entreprise. Un bulletin précisant le montant de l'allocation et ses modalités de calcul est remis chaque mois au salarié ;
- le salarié doit, sauf motif légitime, participer aux actions prévues dans le congé ; à défaut, et après mise en demeure, le congé est rompu.

I. PROCÉDURES INDIVIDUELLES DE LICENCIEMENT				
Motif du licenciement	**Entretien préalable**	**Motivation du licenciement par l'employeur**	**Notification du licenciement par L.R.**	**Sanctions légales**
Licenciement pour motif personnel	Oui dans tous les cas	Oui la lettre de licenciement doit indiquer les motifs	Oui au plus tôt le surlendemain de l'entretien	Les sanctions sont identiques quel que soit le motif du licenciement. • Salariés ayant 2 ans d'ancienneté dans les entreprises occupant au moins 11 personnes : • 6 mois mini. de salaire si absence de cause réelle et sérieuse. • 1 mois maxi. de salaire si non-respect des procédures individuelles. • dans le cas d'un licenciement économique, dommages et intérêts si non-respect des procédures collectives (voir tableau II). • Dans les autres cas, entreprises de moins de 11 salariés et salariés ayant moins de 2 ans d'ancienneté, uniquement dommages et intérêts en fonction du préjudice subi.
Licenciement économique : • **licenciement de 1 à 9 salariés**	Oui	Oui la lettre de licenciement doit indiquer les motifs	Oui sauf faillite au plus tôt 7 jours après l'entretien (15 jours si licenciement individuel d'un cadre)	
• **licenciement de 10 salariés et plus**	Non sauf en cas d'absence de représentants du personnel	Oui la lettre de licenciement doit indiquer les motifs	Oui la lettre ne peut être envoyée qu'après l'expiration du délai de 30, 45, 60 jours applicable selon le volume du licenciement (voir tableau II)	

II. DISPOSITIONS SPÉCIFIQUES AUX LICENCIEMENTS ÉCONOMIQUES

Nombre de licenciements	Entreprises de moins de 11 salariés	Entreprises de 11 à 49 salariés	Entreprises de 50 salariés et plus
Individuel	• « CRP » ou congé de reclassement (1) • Information de l'administration sur le licenciement effectué		
2 à 9 salariés en 30 jours	• « CRP » • Information de l'administration	• Information et consultation spécifiques des DP • « CRP » (1) • Information de l'administration	• Information et consultation spécifiques du CE sur deux réunions • « CRP » ou congé de reclassement (1) • Information de l'administration
10 salariés et plus en 30 jours		• Information et consultation spécifiques des DP sur 2 réunions espacées de 14 jours • « CRP » (1) • Notification à l'administration au plus tôt le lendemain de la 1re réunion des DP L'administration dispose de 21 jours pour vérifier la procédure de consultation des DP et la mise en œuvre des mesures sociales • Délai de 30 jours entre cette notification et l'envoi des lettres de licenciement	• Information et consultation spécifiques du CE sur 2 réunions séparées par : • 14 jours pour les licenciements inférieurs à 100 • 21 jours pour les licenciements de 100 à 249 • 28 jours pour les licenciements de 250 et plus • Plan de sauvegarde de l'emploi. « CRP » ou congé de reclassement (1) • Notification à l'administration au plus tôt le lendemain de la 1re réunion du CE. L'administration vérifie la procédure de consultation du CE et l'existence du plan de sauvegarde de l'emploi (2) Elle dispose pour cela de : • 21 jours pour les licenciements inférieurs à 100 • 28 jours pour les licenciements de 100 à 249 • 35 jours pour les licenciements de 250 et plus • Délai entre cette notification et l'envoi des lettres de licenciement : • 30 jours pour les licenciements inférieurs à 100 • 45 jours pour les licenciements de 100 à 249 • 60 jours pour les licenciements de 250 et plus

(1) Sur le champ d'application respectif de la « CRP » (convention de reclassement personnalisé) et du congé de reclassement, voir page 186. (2) Voir page 179.

3 Le départ à la retraite

Le départ à la retraite n'est jamais automatique. Il faut que vous décidiez volontairement de partir à la retraite ou que l'employeur prenne l'initiative de vous mettre à la retraite. Tout départ à la retraite nécessite donc une décision, soit de la part de l'employeur, soit de la part du salarié : sont ainsi nulles les clauses dites « couperet » qui prévoiraient la rupture de plein droit et automatique du contrat de travail, au seul motif que le salarié aurait atteint un âge déterminé ou serait en mesure de bénéficier d'une retraite.

attention → *Pendant les 2 premières années qui suivent sa conclusion, la rupture d'un CNE est soumise aux règles particulières visées p. 42.*

Le départ à l'initiative du salarié

➤ *Quelles sont les formalités ?*

Si vous décidez de rompre votre contrat de travail pour prendre votre retraite (à taux plein ou à taux réduit), vous devez en informer votre employeur, le plus sûr étant de le faire par lettre RAR.

Vous devrez alors respecter un préavis dont la durée est égale :

- soit au préavis légal de licenciement, c'est-à-dire 1 mois pour une ancienneté comprise entre 6 mois et 2 ans, et 2 mois pour une ancienneté d'au moins 2 ans ; pour une ancienneté inférieure à 6 mois, le préavis résulte des accords collectifs ou des usages applicables ;
- soit au préavis de départ à la retraite prévu par la convention collective ou le contrat de travail s'il est plus favorable.

C'est le préavis le plus court qui est considéré comme le plus favorable pour le salarié. Le préavis conventionnel ne s'appliquera donc que s'il est d'une durée inférieure au préavis légal.

➤ *Quelles sont les indemnités dues ?*

En plus d'une éventuelle indemnité compensatrice de préavis ou de congés payés, le salarié a droit, en cas de départ volontaire, à l'indemnité de départ en retraite prévue par la loi sur la mensualisation (art. L. 122-14-13) : 0,5 mois de salaire après 10 ans d'ancienneté ; 1 mois de salaire après 15 ans ; 1,5 mois après 20 ans ; 2 mois après 30 ans. Le salaire à prendre en considération est, selon la formule qui vous est la plus avantageuse, le salaire moyen des 12 derniers mois ou celui des 3 derniers mois. Si elle vous est plus favorable, vous avez droit à l'indemnité de départ en retraite conventionnelle ou contractuelle, c'est-à-dire prévue par accord ou convention collective, ou par votre contrat de travail.

Le départ à l'initiative de l'employeur

➤ *Quelles sont les conditions requises ?*

La mise à la retraite à l'initiative de l'employeur ne peut intervenir que si le salarié a atteint l'âge de 65 ans. Toutefois, la mise à la retraite peut être effectuée avant 65 ans (et au plus tôt à 60 ans) dans le cadre d'une convention ou d'un accord collectif de branche étendu conclu avant le 1er janvier 2008 à cet effet et prévoyant des contreparties en termes d'emploi ou de formation professionnelle, ou si le salarié bénéficie soit d'une convention de préretraite « CATS », soit d'une convention de préretraite progressive, soit enfin de tout autre avantage de préretraite défini antérieurement au 23 août 2003 (art. L. 122-14-13) ; dans l'une ou l'autre de ces situations, la mise à la retraite avant 65 ans ne peut concerner qu'un salarié ayant droit à une retraite au taux plein (voir p. 274). Si ces conditions sont réunies, la mise à la retraite ne sera pas considérée comme un licenciement : la convocation à un entretien préalable n'est donc pas obligatoire. Toutefois, un préavis identique à celui applicable en cas de licenciement doit être respecté (voir p. 182).

➤ *Quelles sont les indemnités dues ?*

L'indemnité de licenciement n'est pas due, mais une indemnité de mise à la retraite doit être versée, au moins égale à l'indemnité de licenciement prévue par la loi (voir p. 183). Il s'agit d'un minimum en l'absence d'indemnité de départ à la retraite plus favorable prévue par accord. Elle est due même si le salarié n'a pas 2 ans d'ancienneté au moment de sa mise à la retraite. Le cas échéant, le salarié peut bénéficier d'une indemnité compensatrice de préavis et d'une indemnité compensatrice de congés payés.

attention *Si les conditions visées ci-dessus ne sont pas remplies, la rupture constitue un licenciement ; les règles visées p. 168 et suivantes s'appliquent alors.*

PROTECTION SOCIALE

L'assurance maladie

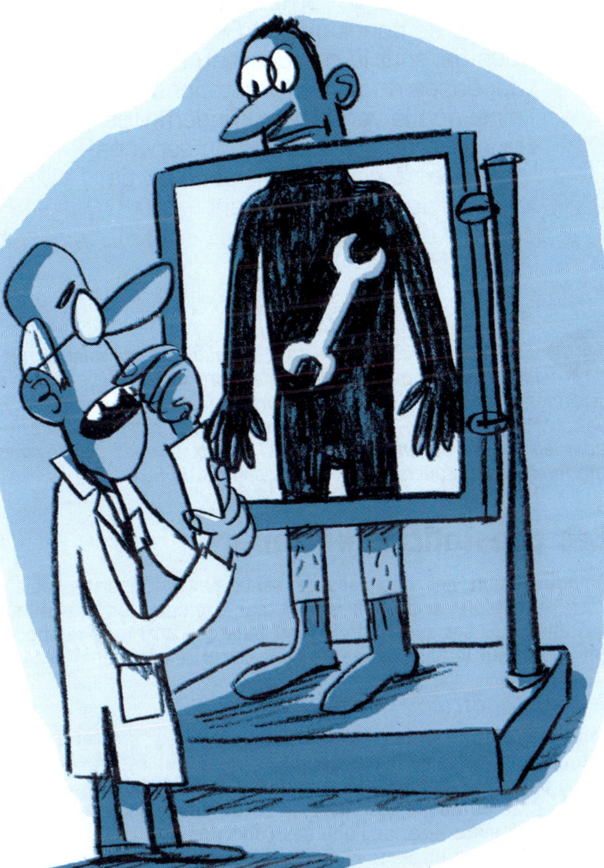

1 La maladie et la maternité

En cas de maladie ou de maternité, et sous réserve de remplir un certain nombre de conditions, la Sécurité sociale vous garantit le remboursement de vos dépenses de santé (prestations en nature), ainsi que le versement d'indemnités journalières (prestations en espèces) destinées à compenser, pour partie, la perte de revenu résultant de l'arrêt de travail.

attention *Les règles exposées ci-dessous s'appliquent aux salariés relevant du régime général. Des règles particulières s'appliquent à certaines professions (VRP, travailleurs à domicile, saisonniers...), notamment en ce qui concerne l'ouverture des droits aux prestations en nature ou en espèces, ainsi qu'aux salariés des régimes spéciaux ou particuliers (SNCF, fonctionnaires, EDF...).*

Les prestations en nature

Le remboursement des dépenses de santé par la Sécurité sociale bénéficie à l'assuré social lui-même (par exemple, un travailleur salarié) ainsi qu'à ses ayants droit (voir page suivante). Ce remboursement se fait sur la base des tarifs de la Sécurité sociale.

➤ *Quelles conditions faut-il remplir ?*

Pour la maladie et la maternité, le droit aux prestations en nature (remboursement des dépenses de santé) est ouvert pour un an au salarié qui justifie, à la date des soins pour la maladie et à la date du début de grossesse ou du début du repos prénatal pour la maternité, de l'une des conditions suivantes :

- avoir, pendant un mois civil (ou 30 jours consécutifs), cotisé sur la base d'un salaire au moins égal à 60 fois le SMIC horaire ou avoir effectué au moins 60 heures de travail salarié ou assimilé ;

- avoir cotisé sur des rémunérations au moins équivalentes à 120 fois le SMIC horaire pendant 3 mois civils, ou justifier de 120 heures de travail salarié ou assimilé pendant 3 mois civils, ou 3 mois de date à date.

Par ailleurs, le salarié a droit aux prestations durant 2 années civiles si, dans l'année précédente, il justifie :

- avoir cotisé sur des rémunérations au moins égales à 2 030 fois le SMIC horaire ;
- ou d'un minimum de 1 200 heures de travail salarié.

Existe-t-il des dispositions dérogatoires pour les nouveaux assurés ?

Oui, car tout nouvel assuré social bénéficie pendant 3 mois des prestations en nature sans avoir à justifier des conditions détaillées ci-dessus. Ensuite, au terme de ce délai, s'il a moins de 25 ans, il a droit aux prestations en nature pendant une nouvelle période de 3 mois s'il justifie soit avoir cotisé pour une rémunération au moins égale à 60 fois le SMIC en vigueur au 1er jour d'activité, soit avoir effectué au moins 60 heures de travail salarié.

sachez-le *Le droit aux prestations en nature ouvert à l'assuré bénéficie aussi aux personnes à sa charge qui n'ont pas droit, par ailleurs, aux prestations en nature d'un régime obligatoire de Sécurité sociale (ses « ayants droit ») : conjoint, concubin à charge, personne à charge liée à l'assuré par un pacte civil de solidarité (PACS), enfants sous certaines conditions, personne à charge, certains membres de sa famille vivant sous son toit.*

➤ *Le maintien des droits aux prestations en nature*

Les personnes qui cessent de remplir les conditions donnant droit aux prestations en nature (par exemple, celles qui démissionnent) continuent néanmoins d'en bénéficier pendant 4 ans (art. L. 161-8 et R. 161-3 du Code de la Sécurité sociale). C'est ce que l'on appelle le « maintien des droits », également susceptible de bénéficier aux personnes qui perdent la qualité d'ayant droit.

Prestations en nature : taux de remboursement sur les tarifs de la Sécurité sociale au 01/01/2006 (1)	
• Médecins, chirurgiens-dentistes	70 %
• Auxiliaires médicaux	60 %
• Radios	70 %
• Frais pharmaceutiques :	
• Médicaments irremplaçables	100 %
• Autres médicaments courants	65 %
• Médicaments dits « de confort »	35 %
• Analyses de laboratoire	60 %
• Hospitalisation	
• Frais d'hospitalisation	80 %
• Transfert d'un établissement hospitalier vers un autre établissement hospitalier, sauf maison de retraite ou de convalescence	100 %
• Accouchement et soins de maternité	100 %
• Transports	65 %
• Cure thermale :	
• Forfait médical	70 %
• Forfait établissement	65 %
• Dépenses au titre d'un accident du travail ou d'une maladie professionnelle	100 %
• Dépenses au titre des 30 maladies graves inscrites sur une liste fixée par décret	100 %
• Traitements longs et coûteux de plus de 6 mois autres que les 30 maladies (prise en charge, sur dossier, après contrôle médical)	100 %
• Lunettes, appareils auditifs, prothèses : généralement	65 %

(1) Taux applicables, dans le cadre du parcours de soins coordonnés, aux soins dispensés au cabinet du praticien ou de l'auxiliaire médical, au domicile du malade ou dans un dispensaire, un centre de soins ou en consultation externe à l'hôpital.
Un forfait journalier hospitalier de 15 € par jour ou 11 € en cas d'hospitalisation dans un service de psychiatrie reste dû même en cas de prise en charge à 100 %. Toutefois, des exonérations existent, notamment pour la maternité, les accidents de travail et les maladies professionnelles, les invalides de guerre, certains handicapés... En sont également exonérées les personnes qui sont bénéficiaires de la CMU « complémentaire » (voir p. 205).

attention *Les mères de famille, veuves ou divorcées, bénéficient du maintien des droits aux prestations en nature pendant 4 ans ou jusqu'aux 3 ans du plus jeune enfant. Ce maintien est même illimité si cette personne a (ou a eu) au moins 3 enfants à charge.*

➤ La situation des chômeurs

Les chômeurs indemnisés ont droit aux prestations en nature et aux indemnités journalières (pas de cumul avec les allocations chômage). Lorsqu'ils cessent d'être indemnisés, ils bénéficient du maintien des droits pour 4 ans (1 an seulement pour les prestations en espèces). Au-delà, ils continuent de bénéficier des prestations en nature tant qu'ils demeurent à la recherche d'un emploi et sont régulièrement inscrits à l'ANPE (art. L. 311-5 du Code de la Sécurité sociale).

sachez-le *Les personnes qui sont titulaires de certaines pensions, rentes ou allocations ont droit, à ce titre, aux prestations en nature de l'assurance maladie-maternité : c'est le cas, notamment, pour les titulaires d'une pension d'invalidité, de l'allocation de parent isolé ou encore de l'allocation aux adultes handicapés (sur la situation des bénéficiaires du RMI, voir p. 235).*

➤ Les taux de remboursement

Certains soins ou dépenses de santé sont remboursés à 100 % (ex. : maternité, accident du travail). Mais, la plupart du temps, une partie reste à la charge de l'assuré : le « ticket modérateur ». Celui-ci est variable suivant la nature des soins ou des dépenses (voir tableau p. 198). Il peut être pris en charge par une mutuelle, souscrite à titre individuel ou à titre collectif dans le cadre de l'entreprise, ou par la CMU dite complémentaire (voir p. 205).
Les taux de remboursement s'appliquent aux tarifs conventionnels de la Sécurité sociale qui, dans certains cas, seront inférieurs au coût que vous aurez à supporter (ex. : lunettes, consultation de spécialistes).

➤ La participation forfaitaire « 1 euro »

Pour chaque acte ou chaque consultation pris en charge par l'assurance maladie et réalisé par un médecin, en ville, dans un établissement ou un centre de santé, à l'exclusion des actes ou consultations réalisés au cours d'une hospitalisation, et pour tout acte de biologie médicale, une participation forfaitaire de 1 euro doit être acquittée par l'assuré, dans la limite, au titre d'une même année civile, de 50 participations.

Cette participation se cumule avec le ticket modérateur visé en p. 199.

sachez-le *Lorsque, pour un bénéficiaire, plusieurs actes ou consultations sont effectués par un même professionnel (et non par des professionnels de santé différents) au cours de la même journée, le nombre de participations forfaitaires supportées ne peut être supérieur à 1.*

La participation forfaitaire de 1 euro est déduite automatiquement du montant des remboursements versés à l'assuré ou est imputée sur les prestations ultérieures versées par la caisse pour ceux qui bénéficient du tiers-payant. En sont toutefois exonérés les ayants droit de moins de 18 ans au 1er janvier de l'année civile considérée, les bénéficiaires de la CMU complémentaire ou de l'aide médicale de l'État, les femmes enceintes, pendant la période prise en charge au titre de l'assurance maternité (période qui débute au 1er jour du 6e mois de grossesse et se termine 12 jours après la date de l'accouchement).

➤ *Le choix d'un médecin traitant*

Afin de favoriser la coordination des soins, tout assuré ou ayant droit âgé de 16 ans ou plus doit désigner à sa caisse primaire d'assurance maladie (au moyen d'un formulaire disponible notamment sur le site www.ameli.fr) le nom du médecin traitant qu'il a choisi, avec l'accord de celui-ci. Le choix du médecin traitant suppose, pour les ayants droit mineurs, l'accord de l'un au moins des deux parents ou du titulaire de l'autorité parentale. Tout médecin peut être choisi comme médecin traitant dès lors qu'il est inscrit au Conseil de l'Ordre : généraliste ou spécialiste, médecin libéral, médecin hospitalier, médecin urgentiste ou médecin salarié d'un centre de santé.
Dans certaines limites, le ticket modérateur et les tarifs médicaux peuvent être majorés pour les assurés et les ayants droit n'ayant pas choisi de médecin traitant ou consultant un autre médecin sans prescription de leur médecin traitant (sur ce point, on peut consulter le site www.ameli.fr).

Les indemnités journalières

Les indemnités journalières sont des prestations en espèces versées par la Sécurité sociale en cas d'arrêt de travail prescrit par un médecin. Pour les percevoir, il faut remplir certaines conditions d'immatriculation et de durée de travail (voir aussi p. 142). Ces indemnités sont versées pour toute journée d'arrêt de travail, samedi et dimanche compris. À la différence des prestations en nature, qui sont attribuées à l'assuré social et à ses ayants droit, les prestations en espèces ne peuvent être versées qu'à l'assuré lui-même. Autre différence, le maintien des droits est fixé à 1 an, au lieu de 4 pour les prestations en nature.

sachez-le *En cas de maladie ou de maternité, les indemnités journalières sont calculées sur la base des derniers salaires avant l'arrêt de travail, pris en compte dans la limite du plafond de la Sécurité sociale, fixé à 2 589 € par mois pour l'année 2006.*

➤ *En cas de maladie*

Ont droit aux indemnités journalières (IJ) les salariés qui justifient au jour de l'interruption de travail :

- soit de 200 heures de travail au cours des 3 mois civils ou 90 jours précédents ;
- soit avoir cotisé, au cours des 6 mois civils précédents, sur des rémunérations au moins égales à 1 015 fois le SMIC horaire.

De plus, lorsque l'arrêt de travail est supérieur à 6 mois, il faut justifier de 12 mois d'immatriculation (au 1er jour du mois de l'interruption de travail), et :

- soit de 800 heures de travail au cours des 12 mois précédant l'interruption de travail, dont 200 heures dans les 3 premiers mois ;
- soit avoir cotisé, au cours des 12 mois civils précédant l'interruption de travail, sur des rémunérations au moins égales à 2 030 fois le SMIC, dont 1 015 fois dans les 6 premiers mois.

Les 3 premiers jours d'arrêt de travail ne sont pas indemnisés par la Sécurité sociale (« délai de carence »), mais ils peuvent l'être par votre employeur en vertu d'une disposition de la convention collective applicable ou d'un accord d'entreprise (sur la situation applicable en cas d'accident du travail, voir p. 206).

- **Montant des indemnités : cas général.** Les IJ sont égales à 50 % de votre salaire journalier de base. Celui-ci se calcule en divisant vos salaires bruts des 3 derniers mois par 90. Exemple pour des salaires de 1 200 €, 1 000 € et 1 200 € :

$$\text{indemnité journalière} = \frac{1\,200 + 1\,000 + 1\,200}{90} \times \frac{50}{100} = 18{,}88\ €$$

attention *L'IJ ne peut ni être supérieure à 1/720 du montant annuel du plafond de la Sécurité sociale, soit 43,15 € en 2006, ni être inférieure, après 6 mois d'arrêt de travail, à 8,24 € pour 2006.*

Si vous avez au moins 3 enfants à charge, les indemnités journalières sont portées aux 2/3 de votre salaire journalier de base à compter du 31e jour d'arrêt de travail. Ainsi, par exemple :

$$\text{indemnité journalière} = \frac{1\,200 + 1\,000 + 1\,200}{90} \times \frac{2}{3} = 25{,}18\ €$$

sachez-le *Dans cette situation, l'indemnité journalière ne peut ni être supérieure à 1/540 du montant annuel du plafond de la Sécurité sociale, soit 57,53 € pour 2006, ni être inférieure, après 6 mois d'arrêt de travail, à 10,98 € pour 2006.*

Si je reste en arrêt maladie plusieurs mois, mes indemnités journalières seront-elles revalorisées ?

Oui, au-delà de 3 mois d'arrêt de travail, vos indemnités pourront être revalorisées soit par application d'un coefficient fixé par arrêté ministériel, soit en cas d'augmentation des salaires en application de la convention collective ou de l'accord d'entreprise qui vous est applicable. N'hésitez donc pas à vous renseigner auprès de votre CPAM.

S'agissant des IJ d'assurance maladie, on signalera que la loi n° 2005-1579 du 19/12/2005 (*JO* du 20) a supprimé le principe de majoration de ces indemnités au-delà du 6e mois ininterrompu d'arrêt de travail. Cette suppression ne s'applique toutefois pas aux arrêts de travail en cours d'indemnisation depuis plus de six mois au 1er janvier 2006.

sachez-le *Votre convention collective ou, à défaut, la loi du 19 janvier 1978 sur la mensualisation prévoient, sous certaines conditions d'ancienneté, un complément d'indemnisation par l'employeur en cas d'arrêt de travail* *(voir p. 143)**.*

➤ En cas de maternité

Les indemnités journalières de maternité sont versées aux femmes dans le cadre de leur congé de maternité, mais aussi aux salariés (homme ou femme) qui bénéficient d'un congé d'adoption et aux pères qui bénéficient d'un congé de paternité. Pour y prétendre, il faut justifier, au début du 9e mois avant la date présumée de l'accouchement ou à la date de début du congé prénatal :

- soit de 200 heures de travail au cours des 3 mois civils ou 90 jours précédents ;
- soit avoir cotisé, au cours des 6 mois civils précédents, sur des rémunérations au moins égales à 1 015 fois le SMIC (horaire).

Pour le bénéfice du congé d'adoption ou du congé de paternité, cette condition s'apprécie à la date du début du congé en cause. Il faut en outre justifier de 10 mois d'immatriculation à la Sécurité sociale à la date présumée de l'accouchement, de l'arrivée au foyer de l'enfant adopté ou du début du congé de paternité. Les femmes salariées doivent enfin, dans le cadre de leur maternité, avoir déclaré leur grossesse dans les 14 premières semaines et produire une attestation justifiant qu'elles ont passé dans les délais prescrits les examens prénatals obligatoires.

Les indemnités journalières sont égales au gain journalier de base. Celui-ci se calcule en divisant les salaires bruts (desquels sont déduites les cotisations sociales obligatoires et la CSG) des 3 derniers mois par 90, les salaires étant retenus dans la limite du plafond de calcul des cotisations de la Sécurité sociale. Sauf cas particuliers, l'indemnité journalière ne peut être ni supérieure à 69,31 € (après déduction des cotisations sociales obligatoires et de la CSG) ni inférieure à 8,24 € (pour 2006). En cas de prolongation du congé postnatal de maternité, pour couches pathologiques (voir p. 145), les indemnités journalières versées sont celles dues en cas de maladie, soit 50 % du salaire journalier de base.

➤ Prélèvements opérés sur les indemnités journalières

Les indemnités journalières d'assurance maladie et maternité sont assujetties à la CSG (au taux de 6,2 %) et à la CRDS (au taux de 0,5 %) sur leur montant brut, sans application de l'abattement de 3 % comme pour les salaires. Elles sont en outre imposables, sauf, pour les indemnités journalières maladie, lorsqu'elles sont versées au titre d'une affection de longue durée.

sachez-le *Les prestations en nature sont incessibles et insaisissables ; en revanche, les prestations en espèces peuvent être saisies et cédées dans les mêmes limites que les salaires (voir p. 82).*

La couverture maladie universelle

La couverture maladie universelle (CMU) comporte deux niveaux : CMU dite « de base » et CMU dite « complémentaire ». Les titulaires du RMI bénéficient de plein droit de ces deux niveaux. La demande de CMU (de base ou complémentaire) peut être adressée à la CPAM de son lieu de résidence.

➤ *En quoi consiste la CMU « de base » ?*

La CMU de base s'adresse à toute personne qui ne peut bénéficier, à un titre quelconque (assuré social, ayant droit, situation de maintien de droit), du remboursement de ses dépenses de santé (ce que l'on appelle les « prestations en nature »). Les personnes dans cette situation sont affiliées au régime général de la Sécurité sociale (c'est-à-dire le régime des salariés), au titre de la CMU. Elles ont ainsi droit, pour elles-mêmes et leurs éventuels ayants droit, au remboursement de leurs dépenses de santé, dans les conditions en vigueur dans le régime des salariés (voir p. 199).
Les salariés relèvent, pour leur part, des règles visées p. 196 et non de la CMU. Ils peuvent toutefois bénéficier de la CMU de base s'ils ne remplissent pas les conditions de montant minimum de cotisations visées p. 196.

- **Quelles sont les conditions à remplir ?** Pour avoir droit à la CMU de base, il faut résider en France métropolitaine ou dans un DOM de manière ininterrompue depuis plus de 3 mois. Cette condition peut être prouvée par tout moyen (trois quittances mensuelles successives de loyer ou deux factures successives de gaz ou d'électricité, par exemple). Le délai de 3 mois ne s'applique toutefois pas à certaines personnes (bénéficiaires des prestations familiales, des aides au logement, des aides à la garde des jeunes enfants, du RMI...). Il n'est pas non plus opposable aux personnes reconnues réfugiées, admises au titre de l'asile ou ayant demandé le statut de réfugié.

attention *En plus de la stabilité de leur résidence, les personnes de nationalité étrangère (hors Espace économique européen) doivent justifier qu'elles sont en situation régulière. Pour cela, elles peuvent fournir un titre ou une carte de séjour ou, à défaut, produire un récépissé en cours de validité ou une convocation à un rendez-vous en préfecture. À noter que les ayants droit mineurs de parents en situation irrégulière peuvent toutefois bénéficier de la CMU.*

- **Quel est le montant de la cotisation ?** Les bénéficiaires de la CMU « de base » sont redevables d'une cotisation lorsque leurs ressources dépassent un plafond annuel fixé, pour la période du 01/10/2005 au 30/09/2006, à 6 965 €. Cette cotisation, égale à 8 % de la part des ressources dépassant ce plafond, est calculée annuellement, pour la période du 01/10 au 30/09 de l'année suivante, sur la base des revenus perçus au cours de l'année civile précédente (revenus 2004 pour la période 01/10/2005-30/09/2006, par exemple). Les bénéficiaires du RMI et ceux de la CMU complémentaire sont exonérés de cotisation.

➤ *En quoi consiste la CMU « complémentaire » ?*

Celle-ci consiste à offrir, aux personnes dont les ressources sont les plus faibles, une protection complémentaire gratuite. Ainsi, dès lors qu'elles remplissent les conditions visées ci-dessous, ces personnes, ainsi que les membres de leur foyer, auront droit, sans contrepartie de cotisation, à la prise en charge, assortie du tiers payant (dispense d'avance des frais), de la part des dépenses de santé en principe à la charge de l'assuré (ticket modérateur, voir p. 199), du forfait journalier hospitalier, de la participation forfaitaire dite « 1 euro » et de certaines dépenses de soins (soins dentaires, prothèses auditives, lunettes, appareillage...). Les droits sont ouverts pour un an, renouvelable tant que les conditions restent réunies.
Les salariés peuvent bénéficier de la CMU complémentaire dès lors qu'ils remplissent les conditions requises et qu'ils ne bénéficient pas déjà d'une complémentaire santé obligatoire dans le cadre de leur entreprise.

• **Quelles sont les conditions à remplir ?** Pour avoir droit à la CMU complémentaire, il faut résider en France (métropole ou DOM) de manière stable (au moins 3 mois, sauf exceptions) et régulière (pour les personnes de nationalité étrangère) et disposer de ressources (celles des 12 mois civils précédant la demande) n'excédant pas (montants mensuels en vigueur au 01/07/2005) :

- pour une personne : 587,16 € ;
- pour deux personnes : 880,75 € ;
- pour trois personnes : 1 056,90 € ;
- pour quatre personnes : 1 233,05 € ;
- par personne en plus au-delà de la 4e : 234,87 €.

sachez-le *Certaines prestations sociales ne sont pas prises en compte dans les ressources. Par ailleurs, les personnes dont les ressources n'excèdent pas de plus de 15 % les plafonds d'attribution de la CMU complémentaire peuvent, sous certaines conditions, bénéficier d'une aide à l'acquisition d'une protection complémentaire santé. Sur tous ces points, voir le site www.ameli.fr.*

2 L'accident du travail

Les salariés victimes d'un accident du travail ou d'un accident de trajet, ou reconnus atteints d'une maladie professionnelle, bénéficient d'un régime spécifique de prise en charge par la Sécurité sociale, qu'il s'agisse des prestations en nature ou des prestations en espèces. Ils bénéficient en outre, en cas d'incapacité permanente totale ou partielle, d'une rente destinée à les indemniser de manière forfaitaire.

sachez-le *L'employeur doit déclarer l'accident à la CPAM dans les 48 heures. S'il oublie ou refuse, vous pouvez le déclarer vous-même par lettre recommandée avec accusé de réception à la CPAM du lieu de votre domicile.*

Les prestations en nature

➤ *Quelles sont-elles ?*

Les prestations en nature (remboursement des dépenses de santé), sont dues dans les mêmes conditions qu'en matière d'assurance maladie (voir p. 196), sous les réserves suivantes :

- aucune condition d'activité antérieure ni de montant minimum des cotisations n'est exigée pour pouvoir prétendre aux prestations en nature dans le cadre d'un accident du travail ou d'une maladie professionnelle ;
- les dépenses de santé sont prises en charge à 100 %, dans la limite des tarifs de la Sécurité sociale : l'assuré est donc exonéré du ticket modérateur (mais non de la participation forfaitaire « 1 euro ») ;
- en cas d'hospitalisation, l'assuré est également exonéré du forfait journalier hospitalier ;
- l'assuré est dispensé de l'avance des frais, qui sont remboursés directement par la Sécurité sociale aux médecins, pharmaciens et le cas échéant à l'établissement d'hospitalisation (tiers payant).

Les prestations en espèces

En cas d'accident du travail ou de maladie professionnelle, le régime des indemnités journalières de Sécurité sociale (comme du complément d'indemnisation dû par l'employeur, voir p. 143) est plus favorable.

➤ Quelles sont les conditions d'attribution ?

Les indemnités journalières sont dues au salarié victime d'un accident du travail, ou d'une maladie professionnelle, qui l'oblige à interrompre son activité professionnelle, sans que la condition relative à l'activité antérieure ou au montant minimum de cotisation (voir p. 201) soit applicable.

attention *Le jour de l'accident est obligatoirement payé par l'employeur comme si vous aviez travaillé. Les indemnités journalières sont versées dès le lendemain et jusqu'à la date de guérison ou de consolidation de la blessure. Elles peuvent être revalorisées lorsque votre arrêt se prolonge au-delà de 3 mois.*

➤ Comment sont calculées les indemnités journalières ?

L'indemnité journalière (IJ) est égale à 60 % de votre salaire journalier de référence (SJR) pendant les 28 premiers jours de l'arrêt de travail, et à 80 % au-delà. Le SJR se calcule comme suit :

- si vous êtes payé une fois par mois : SJR = montant brut de votre dernier salaire divisé par 30 ;
- si vous êtes payé une fois par quinzaine : SJR = montant brut de vos deux derniers salaires divisé par 30 ;
- si vous êtes payé une fois par semaine : SJR = montant brut de vos quatre derniers salaires divisé par 28 ;
- si vous êtes payé à la journée : SJR = montant brut des salaires touchés au cours du mois précédant l'arrêt de travail divisé par 30 ;
- si vous êtes payé une fois par trimestre : SJR = montant de votre dernier salaire divisé par 90 ;
- si vous êtes travailleur saisonnier ou si vous avez une activité discontinue : SJR = montant brut de tous les salaires touchés au cours des 12 mois précédant l'arrêt de travail divisé par 360.

Le SJR est limité à 0,834 % du plafond annuel de la Sécurité sociale, soit, pour 2006, des IJ d'un montant maximum de 155,46 € pour les 28 premiers jours et de 207,28 € à partir du 29e jour.

sachez-le *Les IJ d'accident du travail et de maladie professionnelle supportent la CSG (taux de 6,2 %) et la CRDS (taux de 0,5 %). Elles ne sont toutefois pas imposables, à la différence des IJ maladie.*

La rente d'accident du travail

La rente est une réparation forfaitaire. Elle dépend du taux d'incapacité permanente totale ou partielle (IPT ou IPP).

➤ *Le taux d'incapacité*

Il est fixé suivant un barème en fonction de la gravité de l'accident du travail et des séquelles (amputation, traumatisme...). Vous pouvez contester le taux d'incapacité que vous attribue la caisse en faisant un recours devant le tribunal du contentieux de l'incapacité (délai : 2 mois). Vous avez un second recours possible devant la Cour nationale de l'incapacité, puis devant la Cour de cassation.

➤ *Le montant et le versement de la rente*

Le taux d'incapacité est transformé en taux de rente de la façon suivante :

- jusqu'à 50 % d'incapacité, le taux de rente est égal à la moitié du taux d'incapacité. Ex. : pour un taux d'incapacité de 40 %, le taux de rente est de 20 % ;
- lorsque le taux d'incapacité dépasse 50 %, le pourcentage au-dessus de 50 % est majoré de moitié (x 1,5) pour être transformé en taux de rente. Ainsi, par exemple, pour un taux d'incapacité de 80 %, le taux de rente sera de [(50/2) + 30 x 1,5] = 70 %.

Le taux de rente s'applique ensuite sur le salaire annuel de base, avec un système de plafonds assez complexe, pour calculer le montant de la rente. Renseignez-vous auprès de votre caisse d'assurance maladie.

Les rentes sont versées chaque trimestre à terme échu. Elles font toutefois l'objet d'un versement mensuel lorsque le taux d'incapacité est égal ou supérieur à 50 %.

Les rentes sont révisables en fonction de l'état de l'accidenté. Elles sont revalorisées une fois par an au 1er janvier. Lorsque le taux est inférieur à 10 %, la rente est remplacée par une indemnité en capital dont le montant est revalorisé tous les ans.

sachez-le *Si l'état de l'accidenté impose l'assistance quotidienne d'une tierce personne, la rente est majorée de 40 %, avec un minimum de 11 785,83 € au 01/01/2006. Elle peut aussi être majorée en cas de « faute inexcusable » de l'employeur.*

La Fédération nationale des accidentés du travail et des handicapés (FNATH) peut vous aider dans vos démarches (Tél. : 04.77.49.42.42).

Droits des étrangers

Le principe dans ce domaine est l'absence de discrimination par rapport aux ressortissants français, sous réserve pour les personnes de nationalité étrangère d'être en situation régulière au regard de la législation relative à l'entrée et au séjour sur le territoire français des étrangers.

Sur la CMU, voir p. 204.

Prestations d'assurances sociales

Les travailleurs étrangers qui cotisent au régime général ont droit aux mêmes prestations (maladie, maternité, accidents du travail, invalidité...) que les salariés français, sous réserve qu'ils justifient de la régularité de leur séjour en France. Leurs ayants droit (voir p. 197) peuvent bénéficier des prestations maladie-maternité ; ils devront toutefois être eux-mêmes en situation régulière s'ils sont majeurs et de nationalité étrangère.

Les étrangers en situation irrégulière peuvent, sous certaines conditions, bénéficier de l'aide médicale de l'État (AME) pour eux-mêmes et les personnes à leur charge ; sur ce dispositif particulier, on peut consulter le site www.ameli.fr.

Prestations familiales

Les étrangers qui résident en France ont droit aux mêmes prestations familiales que les Français (voir p. 212), sous réserve d'attester, par un document officiel (carte de résident, carte de séjour, certificat de résidence de ressortissant algérien...), de la régularité de leur situation en France (condition présumée remplie pour les ressortissants de l'Union européenne, de l'Espace économique européen et de la Suisse). Par ailleurs, les personnes de nationalité étrangère bénéficient des prestations familiales, pour les enfants qui sont à leur charge et au titre desquels les prestations familiales sont demandées, à condition de pouvoir justifier, pour ces enfants, de l'une des situations suivantes :

- leur naissance en France ;
- leur entrée régulière dans le cadre de la procédure de regroupement familial ;
- leur qualité de membre de famille de réfugiés ;
- leur qualité d'enfant d'étranger titulaire de la carte de séjour « vie privée et familiale » délivrée de plein droit aux étrangers ayant obtenu le statut d'apatride ;
- leur qualité d'enfant d'étranger titulaire de la carte de séjour attribuée aux étrangers ayant obtenu le bénéfice de la « protection subsidiaire » ;
- leur qualité d'enfant d'étranger titulaire de la carte de séjour temporaire portant la mention « scientifique » ;
- leur qualité d'enfant d'étranger titulaire de la carte de séjour « vie privée et familiale » délivrée de plein droit aux étrangers dont les liens personnels et familiaux en France sont tels que le refus d'autoriser leur séjour porterait à leur droit au respect de leur vie privée et familiale une atteinte disproportionnée au regard des motifs du refus, à la condition que le ou les enfants en cause soient entrés en France au plus tard en même temps que l'un de leurs parents titulaires de cette carte.

Pour les enfants visés ci-dessus, la régularité de l'entrée et du séjour doit être justifiée par la production de l'un des documents dont la liste est donnée par l'article D. 512-2 du Code de la Sécurité sociale : extrait d'acte de naissance en France, certificat de contrôle médical de l'enfant, délivré par l'Agence nationale de l'accueil des étrangers et des migrations à l'issue de la procédure d'introduction ou d'admission au séjour au titre du regroupement familial...

Sous certaines conditions, il est également possible aux travailleurs étrangers résidant en France de percevoir des prestations familiales qui seront versées à la famille restée dans le pays d'origine.

sachez-le *Les personnes de nationalité étrangère ont également droit aux prestations dites « non contributives », c'est-à-dire acquises sans contrepartie de cotisations (ex. : allocation aux adultes handicapés), sous réserve qu'elles puissent justifier de la régularité de leur séjour en France.*

➤ Chômage

Les travailleurs étrangers bénéficient d'un revenu de remplacement (allocations du régime d'assurance chômage ou du régime de solidarité), dans les mêmes conditions que les travailleurs français, s'ils sont titulaires d'un titre en cours de validité (autre qu'une autorisation provisoire de travail) les autorisant à exercer une activité professionnelle salariée.

Partie II

Les prestations sociales

1 Les prestations familiales

Les prestations familiales sont destinées à aider financièrement les familles ou les personnes seules ayant un ou plusieurs enfants à charge. Elles sont attribuées par les caisses d'allocations familiales (CAF) en fonction de conditions précises, certaines communes à toutes les prestations, d'autres propres à chacune d'entre elles.

Les conditions communes

➤ *Quand avez-vous droit aux prestations familiales ?*

Pour avoir droit à ces prestations, il faut remplir les conditions générales d'attribution, c'est-à-dire avoir un ou plusieurs enfants à charge, résider en France, et, pour certaines prestations, disposer de ressources ne dépassant pas certains plafonds.

➤ *Pour quels enfants sont-elles versées ?*

Les prestations familiales sont versées pour les enfants à charge. Sont considérés comme tels les enfants :

- jusqu'à 16 ans, sans conditions particulières,
- jusqu'à 20 ans (21 ans pour le complément familial et l'allocation de logement sociale) à condition, s'ils exercent une activité salariée, que leur rémunération nette n'excède pas 55 % du SMIC calculé sur la base de 169 heures (soit un montant de 768,70 € depuis le 01/07/2006).

attention *L'enfant de moins de 20 ans (ou 21 ans, selon les cas) qui devient lui-même bénéficiaire d'une prestation familiale ou de l'APL ne peut plus être considéré comme étant à la charge de ses parents. Il en va de même pour l'enfant qui se marie.*

Quand sont-elles versées ?

Sauf exceptions (allocation de rentrée scolaire, prime à la naissance...), les prestations familiales sont versées chaque mois. Elles sont en principe dues à partir du 1er jour du mois civil qui suit celui au cours duquel les conditions d'obtention sont remplies. Elles cessent d'être dues à compter du 1er jour du mois au cours duquel les conditions ne sont plus remplies.

Comment sont-elles calculées ?

Les prestations sont, pour la plupart, calculées en pourcentage d'une base de calcul revalorisée le 1er janvier de chaque année. Cette base est fixée à 367,87 € depuis le 01/01/2006.

Comment sont appréciées les ressources ?

Certaines prestations familiales, ainsi que certaines prestations qui leur sont assimilées (allocation de logement sociale, APL...), sont soumises à condition de ressources (ou, du moins, leur montant peut dépendre de vos ressources). Pour l'appréciation de ces ressources, trois règles essentielles sont à connaître :

- les ressources qui seront comparées aux plafonds applicables sont celles perçues l'année civile (dite « année de référence ») précédant la période de paiement qui s'étend du 1er juillet de l'année en cours au 30 juin de l'année suivante. Ainsi, pour la période de paiement du 01/07/2006 au 30/06/2007, ce sont vos ressources de 2005 qui seront prises en compte ;
- le revenu à comparer au plafond applicable est le revenu net catégoriel, c'est-à-dire à peu près le même que le revenu imposable. Selon la situation, la CAF peut pratiquer des abattements, neutraliser certains revenus ou procéder à une évaluation forfaitaire ;
- les ménages à double revenu sont ceux dans lesquels chacun des conjoints (ou, le cas échéant, concubin, ou partenaire lié par un PACS) a perçu, au cours de l'année de référence, un revenu au moins égal à 12 fois la base mensuelle de calcul des allocations familiales, soit 4 336,44 € en 2005, pour la période de paiement du 01/07/2006 au 30/06/2007.

Les prestations familiales sont-elles imposables ?

Les prestations familiales ne sont soumises ni à l'impôt sur le revenu, ni à la CSG. Elles sont en revanche soumises à la CRDS au taux de 0,5 %, le prélèvement étant opéré directement par la CAF, avant le versement. Seuls restent exonérés de la CRDS : l'allocation de parent isolé, le RMI, l'allocation d'éducation de l'enfant handicapé et son complément, l'allocation aux adultes handicapés, la prime de déménagement et, lorsqu'elles continuent d'être versées, l'AGED et l'AFEAMA.

➤ *Quelles sont les autres aides attribuées par les CAF ?*

Les CAF peuvent attribuer diverses aides ou prestations, et notamment la prime de déménagement ou le prêt à l'amélioration de l'habitat. Elles peuvent également intervenir, au titre de leur action sociale, pour aider des familles ou des personnes seules ayant des enfants à charge à faire face à des difficultés particulières ou passagères, par exemple par l'octroi d'aides financières ou par l'intervention de leurs travailleurs sociaux : renseignements directement auprès de sa caisse d'allocations familiales.

Les différentes prestations

➤ *Qu'est-ce que la PAJE ?*

Depuis le 01/01/2004, les prestations liées au jeune enfant ont été regroupées dans une prestation unique, la PAJE (prestation d'accueil du jeune enfant), qui comporte quatre volets distincts : prime à la naissance ou à l'adoption, allocation de base, complément de libre choix du mode de garde, complément de libre choix d'activité. Pour les enfants nés ou adoptés avant le 01/01/2004, les prestations auxquelles la PAJE s'est substituée (allocation pour jeune enfant, AGED, AFEAMA, allocation parentale d'éducation ; sur ces prestations, voir le site www.caf.fr) continuent d'être versées, tant que les conditions en sont remplies. Toutefois, si un nouvel enfant est né ou a été adopté depuis le 01/01/2004, ce sont alors les prestations versées dans le cadre de la PAJE qui prendront le relais, pour tous les enfants, quelle que soit leur date de naissance.

➤ *La prime à la naissance ou à l'adoption*

• **Sous quelles conditions ?** Cette prime est accordée à l'occasion de chaque nouvelle naissance ou adoption. Pour y avoir droit, il faut remplir les conditions suivantes :

- s'il s'agit d'une naissance, déclarer sa grossesse à la CAF et à la CPAM, dans les 14 premières semaines ;
- s'il s'agit d'une adoption, que l'enfant adopté ait moins de 20 ans et qu'il ait été adopté ou placé en vue d'adoption par l'un des services ou organismes suivants : service de l'Aide sociale à l'enfance, organisme autorisé pour l'adoption, autorité étrangère compétente ;

• qu'il s'agisse d'une naissance ou d'une adoption, disposer de ressources annuelles n'excédant pas les plafonds suivants :

Nombre d'enfants à charge (1)	Ménage (2) avec un seul revenu professionnel	Ménage (2) ayant 2 revenus professionnels (3) ou personne seule
1	25 430 €	33 606 €
2	30 516 €	38 692 €
Par enfant en +	6 103 €	6 103 €

(1) L'enfant à naître est assimilé à un enfant à charge.
(2) Il peut s'agir d'un couple marié, de concubins ou de « pacsés ».
(3) Sur la notion de double revenu professionnel, voir précisions p. 213.

• **Pour quel montant ?** Le montant (2006) de la prime à la naissance ou à l'adoption est fixé à 840,96 €. Pour les enfants adoptés ou accueillis en vue d'adoption à compter du 1er août 2005, il est de 1 681,91 €.
La prime fait l'objet d'un versement unique, ce versement ayant lieu :
• lors du 7e mois de grossesse, pour chaque enfant à naître. Lorsque des naissances multiples sont attendues, une prime est versée par enfant à naître, sur attestation médicale précisant le nombre d'enfants à naître ;
• en cas d'adoption, le mois qui suit l'arrivée des enfants à votre foyer. La prime est alors versée pour chaque enfant de moins de 20 ans adopté ou accueilli en vue d'adoption.

➤ *L'allocation de base*

• **Sous quelles conditions ?** Pour avoir droit à l'allocation de base, il faut :
• avoir un enfant à charge de moins de 3 ans, ou avoir adopté ou accueilli, en vue de son adoption, un enfant de moins de 20 ans ;
• disposer de ressources n'excédant pas certains plafonds, qui sont les mêmes que pour l'attribution de la prime à la naissance ou à l'adoption (voir ci-dessus) ;
• faire passer à votre enfant les examens médicaux obligatoires : examens des 8e jour, 9e et 24e mois ; si ces examens ne sont pas passés, une partie des droits à l'allocation peut être perdue.

attention *Si l'allocation de base vous est accordée au titre d'une adoption, et que l'enfant adopté a moins de 2 ans, vous devrez justifier des visites restant éventuellement à passer.*

• **Pour quel montant ?** Le montant mensuel de l'allocation de base est fixé à 168,20 € depuis le 01/01/2006.

Sous réserve que la condition de ressources soit remplie, cette allocation est versée :

- en cas de naissance, à compter du 1er jour du mois de la naissance du ou des enfants, jusqu'au dernier jour du mois civil précédant celui au cours duquel l'enfant atteint l'âge de 3 ans ;
- en cas d'adoption, à compter du 1er jour du mois de l'arrivée au foyer et pour une durée de 3 ans (36 mensualités), dans la limite des 20 ans de l'enfant adopté. Ainsi, par exemple, si vous adoptez un enfant de 5 ans, vous aurez droit, toutes conditions étant par ailleurs réunies, à 3 ans de versement de l'allocation de base ; si l'enfant adopté est âgé de 18 ans, le versement de l'allocation de base cessera lorsqu'il aura 20 ans, bien que vous n'ayez pas perçu 36 mensualités d'allocation.

sachez-le *L'allocation de base est versée par famille et non par enfant, sauf naissances multiples ou adoptions simultanées (versement d'une allocation pour chaque enfant remplissant les conditions).*

➤ Le complément de libre choix d'activité

Ce complément peut être attribué dès la naissance ou l'adoption d'un premier enfant. Dans les conditions fixées par un décret du 22/06/2006 (*JO* du 24), un « complément optionnel de libre choix d'activité » (Colca) peut être versé aux parents d'enfants nés ou adoptés à compter du 1/07/2006, pour une durée maximale de 1 an, mais pour un montant majoré (renseignements sur www.caf.fr).

sachez-le *Si vous bénéficiez du complément de libre choix d'activité, vous pourrez, sous certaines conditions, être affilié gratuitement à l'assurance vieillesse du régime général, avec prise en charge des cotisations par la caisse d'allocations familiales.*

• **Sous quelles conditions ?** Pour bénéficier du complément de libre choix d'activité, il faut remplir les conditions suivantes :

- avoir au moins un enfant de moins de 3 ans à charge ; cet enfant doit être né ou avoir été adopté ou recueilli en vue d'adoption depuis le 01/01/2004 ;
- cesser votre activité professionnelle ou en réduire la durée ;
- ne pas percevoir, lors de l'ouverture du droit au complément, certaines prestations ou allocations (allocations aux adultes handicapés ; pensions de retraite ou d'invalidité ; allocations de chômage ; indemnités journalières maladie, maternité, accidents du travail... avec des possibilités d'aménagement, en cours de versement, pour le complément à taux partiel) ;

- avoir exercé une activité professionnelle minimale, variable selon le nombre d'enfants qui sont déjà à votre charge. Cette activité professionnelle d'une durée de deux ans doit avoir été exercée :
- dans les 2 ans qui précèdent la naissance, l'adoption ou l'accueil de l'enfant ouvrant droit au complément, si vous assumez la charge d'un seul enfant ;
- si vous avez deux enfants à charge, dans les 4 ans qui précèdent la naissance, l'adoption ou l'accueil de l'enfant ouvrant droit au complément, ou la cessation (ou la réduction) d'activité, si elle est postérieure à la naissance, l'adoption ou l'accueil de cet enfant ;
- si vous avez trois enfants (ou plus) à charge, dans les 5 ans qui précèdent la naissance, l'adoption ou l'accueil de l'enfant ouvrant droit au complément, ou la cessation (ou la réduction) d'activité, si elle est postérieure à la naissance, l'adoption ou l'accueil de cet enfant.

sachez-le *La condition relative à l'activité professionnelle antérieure est difficile à présenter en détail tant elle recèle de cas particuliers (par exemple, des périodes non travaillées - congés payés, arrêt maladie, congé maternité... - ou de formation rémunérée peuvent être prises en compte par la CAF). Il ne faut pas hésiter à faire le point avec votre caisse sur vos droits éventuels à ce complément.*

- **Pour quel montant ?** Le montant du complément de libre choix d'activité dépend de votre situation (arrêt d'activité ou activité à temps partiel) et de votre droit à l'allocation de base visée à la p. 215.

Pour l'année 2006, les montants sont les suivants :

	Avec allocation de base	Sans allocation de base
• Interruption totale d'activité	353,67 €	521,85 €
• Activité comprise entre 50 et 80 % du temps plein pratiqué dans l'entreprise	131,88 €	300,08 €
• Activité égale au maximum à un mi-temps	228,63 €	396,82 €

Des règles spécifiques s'appliquent aux travailleurs non salariés (artisans, commerçants...) ainsi qu'aux salariés exerçant certaines professions (VRP, assistantes maternelles, salariés employés au service de particuliers, vacataires...). Sur ce point, il faut s'adresser à sa CAF.

sachez-le *Lorsque les deux membres du couple exercent une activité professionnelle (ou poursuivent une formation professionnelle rémunérée) à temps partiel et qu'ils remplissent les conditions exigées, un complément à taux partiel peut être attribué à chacun d'eux. Dans ce cas, le montant cumulé de ces deux compléments à taux partiel ne peut être supérieur à celui du complément à taux plein. En revanche, il n'est pas possible de cumuler deux compléments à taux plein ou un complément à taux plein et un complément à taux partiel.*

• **Pour quelle durée ?** Le complément de libre choix d'activité, à taux plein ou à taux partiel, est versé en principe jusqu'au mois précédant le 3e anniversaire de l'enfant ou lorsque cesse toute autre condition de droit.

Cette règle connaît les aménagements suivants :

- si vous n'avez qu'un seul enfant à charge (né ou adopté), au titre duquel vous demandez le bénéficie du complément, celui-ci vous sera versé pendant 6 mois au maximum (sans possibilité de fractionnement), à compter du mois de naissance, d'accueil ou d'adoption, ou de la fin du congé de maternité, de paternité ou d'adoption ;
- en cas de naissance de triplés (ou plus), le complément est versé jusqu'au mois précédant le 6e anniversaire des enfants ;
- pour les enfants adoptés ou confiés en vue d'adoption, le complément est versé pendant une durée d'un an (versement de 12 mensualités) à compter de l'arrivée de l'enfant au foyer des adoptants ; l'âge limite de versement du complément est dans ce cas fixé à 20 ans ;
- en cas d'adoptions multiples simultanées d'au moins 3 enfants, le complément est versé pendant 3 ans (versement de 36 mensualités) à compter de l'arrivée des enfants au foyer des adoptants, à la condition que chacun des enfants ait moins de 20 ans.

sachez-le *Si vous reprenez une activité à temps plein ou à temps partiel entre le 18e mois et le 29e mois de l'enfant (ou le 60e mois en cas de naissances de triplés, ou plus, ou d'adoptions multiples d'au moins 3 enfants), vous bénéficierez du maintien du complément de libre choix d'activité pendant 2 mois.*

➤ *Le complément de libre choix du mode de garde*

● **Sous quelles conditions ?** Ce complément a pour objet de prendre en charge une partie du coût lié à l'emploi d'une assistante maternelle ou d'une garde d'enfants à domicile. Il peut également être versé aux parents qui ont recours à une association ou une entreprise agréée pour faire garder au moins un enfant de moins de 6 ans (renseignements auprès de la CAF).
Pour en bénéficier, il faut :

● sauf exceptions (voir ci-dessous), exercer une activité professionnelle vous procurant un minimum de revenus. Si vous êtes salarié, votre salaire mensuel net perçu le mois au titre duquel le complément est attribué doit être ainsi au moins égal à 367,87 € si vous vivez seul et 735,74 € si vous vivez en couple (montants valables pour l'année 2006) ; si vous êtes non salarié, vous devez justifier être à jour du versement de vos cotisations d'assurance vieillesse ;

● faire garder un enfant de moins de 6 ans, né, adopté ou recueilli en vue d'adoption depuis le 01/01/2004, par une assistante maternelle agréée ou par une garde à domicile (qui doit évidemment être déclarée) relevant de la convention collective des « salariés employés par des particuliers » (ce que l'on appelle couramment les « employés de maison »).

La condition relative à l'activité professionnelle minimale n'est pas exigée :

● des bénéficiaires de l'allocation aux adultes handicapés, de l'allocation d'insertion ou de l'allocation de solidarité spécifique (si vous vivez en couple, cette condition est exigée d'un seul de vous deux) ;

● des bénéficiaires de l'allocation de parent isolé ou du RMI, titulaires d'un contrat de travail ou d'un contrat d'insertion, en formation professionnelle rémunérée, ou inscrits comme demandeurs d'emploi ;

● des étudiants ; attention, si vous vivez en couple, vous devrez être tous les deux étudiants pour « échapper » à la condition relative à l'activité professionnelle minimale.

En outre :

● si l'enfant (ou les enfants) est gardé par une assistante maternelle, le salaire brut versé à cette dernière ne doit pas dépasser, par jour de garde et par enfant, 5 fois le montant du SMIC horaire brut (soit au maximum 41,35 € au 01/07/2006) ;

● si l'enfant est gardé par une garde à domicile, vous ne devez pas bénéficier, pour cette personne, d'une mesure d'exonération de cotisations sociales.

• **Pour quelle durée ?** Le complément de libre choix du mode de garde prend en charge, en totalité ou en partie, les cotisations et la rémunération de la personne employée ou de l'assistante maternelle.
La prise en charge de la rémunération dépend de vos revenus, de l'âge des enfants, et du nombre d'enfants à charge (chiffres valables du 1/07/2006 au 30/06/2007) ; un minimum égal à 15 % du salaire doit, en tout état de cause, rester à votre charge.

Plafonds de ressources (1) et montant de la prise en charge de la rémunération			
Nombre d'enfants à charge	Ressources (1)		
	Inférieures à	Ne dépassant pas	Supérieures à
1 enfant	15 123 €	33 606 €	33 606 €
2 enfants	17 411 €	38 692 €	38 692 €
Par enfant en +	2 747 €	6 103 €	6 103 €
Montant mensuel de la prise en charge			
Âge de l'enfant			
Moins de 3 ans	368,48 €	263,22 €	157,91 €
de 3 ans à 6 ans (2)	184,27 €	131,63 €	78,96 €

(1) Ressources 2005 pour la période de paiement 01/07/2006-30/06/2007.
(2) Ces montants s'appliquent également lorsque la personne, ou un membre du couple, exerce une activité au plus égale à 50 % de la durée de travail pratiquée dans son entreprise et bénéficie à ce titre du complément de libre choix d'activité à taux partiel.

La prise en charge de la rémunération est calculée par enfant gardé en cas d'emploi d'une assistante maternelle agréée et par ménage si vous avez recours à une employée de maison, quel que soit alors le nombre d'enfants gardés.
S'agissant de la prise en charge des cotisations dues au titre de la personne assurant la garde des enfants, les règles suivantes s'appliquent :
- si vous avez recours à une assistante maternelle agréée, les cotisations et contributions sociales sont prises en charge en totalité, pour chaque enfant de moins de 6 ans, à la condition que la rémunération de l'assistante maternelle ne dépasse pas, par jour et par enfant, la limite visée à la p. 219 ;
- si vous avez recours à une garde à domicile, le complément de libre choix du mode de garde prend en charge 50 % des cotisations et contributions sociales dues, dans la limite d'un plafond mensuel égal à 395 € jusqu'au 3e anniversaire de l'enfant (ou des enfants gardés) et à 197 € pour un enfant de 3 à 6 ans (ou en cas de cumul avec un complément de libre choix d'activité à taux partiel).

sachez-le *La demande de complément de libre choix du mode de garde peut être effectuée directement sur le site www.caf.fr*

Les allocations familiales

• **Sous quelles conditions ?** Deux conditions doivent être réunies :
• avoir au moins deux enfants considérés comme à charge au sens des prestations familiales, c'est-à-dire qui n'ont ni dépassé la limite d'âge ni la limite de gains (voir p. 212) ;
• pour les enfants d'au moins 16 ans, pouvoir justifier que l'enfant est toujours à votre charge en renvoyant à la CAF le formulaire qu'elle vous aura fait parvenir.

• **Pour quel montant ?** Les allocations familiales sont versées chaque mois. Leur montant varie selon le nombre d'enfants à charge, avec des majorations pour chaque enfant à partir de ses 11 ans, puis à partir de ses 16 ans. Les montants mensuels sont fixés, pour l'année 2006, à 117,14 € pour 2 enfants à charge, auxquels s'ajoutent 150,08 € pour chaque enfant à charge supplémentaire. Les majorations sont fixées à 32,95 € par enfant de 11 à 16 ans et à 58,57 € par enfant de plus de 16 ans.

attention *Dans une famille de deux enfants ou dans laquelle il ne reste que deux enfants à charge, aucune majoration n'est due pour l'aîné. Ainsi, par exemple, si vous avez deux enfants à charge, dont l'un de 12 ans et l'autre de 17 ans, vous ne percevrez que la majoration au titre du plus jeune ; l'aîné n'ouvrira pas droit à la majoration pour enfant de plus de 16 ans.*

• **Qui peut bénéficier de l'allocation forfaitaire ?** Pour bénéficier de cette allocation, vous devez remplir les deux conditions suivantes :
• l'un de vos enfants doit avoir 20 ans et vivre avec vous ;
• vous devez avoir perçu les allocations familiales pour au moins 3 enfants le mois précédant son 20e anniversaire.
L'allocation, d'un montant mensuel de 74,06 € (au 1/1/2006), est versée jusqu'au mois précédant le 21e anniversaire de l'enfant. Elle est cumulable avec une majoration pour âge (enfant de plus de 11 ou de 16 ans, voir ci-dessus) servie au titre d'un autre enfant. Si l'enfant de plus de 20 ans travaille, il ne doit pas gagner plus que la limite visée à la p. 212.

Le complément familial

• **Sous quelles conditions ?** Pour avoir droit au complément familial, il faut :

● avoir au moins trois enfants à charge au sens des prestations familiales (voir p. 212), tous âgés d'au moins 3 ans ;
● ne pas avoir disposé de ressources supérieures à un plafond qui varie selon la composition de la famille (voir tableau ci-dessous et précisions p. 213). Toutefois, si vos ressources dépassent de peu le plafond qui vous est applicable, vous pouvez avoir droit à un complément familial d'un montant réduit.

Nombre d'enfants à charge (1)	Ménage (2) avec un seul revenu professionnel	Ménage (2) ayant 2 revenus professionnels (3) ou personne seule
3	26 731 €	32 700 €
4	31 186 €	37 155 €
Par enfant en +	4 455 €	4 455 €

(1) L'enfant à naître est assimilé à un enfant à charge.
(2) Il peut s'agir d'un couple marié, de concubins ou de « pacsés ».
(3) Sur la notion de double revenu professionnel, voir précisions p. 213.

● **Pour quel montant ?** Le complément familial est versé chaque mois, quel que soit le nombre d'enfants à charge. Son montant mensuel est fixé à 152,46 € (pour 2006). Il continue d'être versé tant que la condition de ressources est remplie, et tant qu'il reste au moins trois enfants de plus de 3 ans à charge.

sachez-le *Le bénéfice du complément familial ouvre droit, sous certaines conditions, à l'affiliation gratuite à l'assurance vieillesse du régime général. Ce qui signifie que la CAF va verser, pour le compte du bénéficiaire du complément familial, des cotisations qui lui donneront droit à une retraite personnelle versée par la Sécurité sociale. Sur ce point, vous pouvez vous renseigner auprès de votre CAF.*

➤ *L'allocation de rentrée scolaire*

● **Sous quelles conditions ?** Pour avoir droit à l'allocation de rentrée scolaire (ARS), il faut :
● avoir un enfant d'au moins 6 ans au 1er février de l'année qui suit la rentrée scolaire, ou de moins de 18 ans au 15 septembre de l'année de la rentrée ;
● disposer de ressources (telles que définies p. 213) n'excédant pas les plafonds indiqués ci-contre (rentrée 2006). Si les ressources excèdent de peu le plafond applicable, compte tenu du nombre d'enfants à charge, il est possible de bénéficier d'une

allocation de rentrée scolaire « différentielle », c'est-à-dire d'un montant réduit par rapport au montant normal (renseignements auprès de la CAF ou sur le site www.caf.fr).

Nombre d'enfants à charge	Plafonds de ressources
1	17 299 €
2	21 291 €
3	25 283 €
Par enfant en +	3 992 €

• **Pour quel montant ?** L'allocation de rentrée scolaire est versée en une seule fois, en principe début septembre. Son montant est fixé à 268,01 € (rentrée 2006). Une allocation est versée au titre de chaque enfant qui remplit la condition d'âge. Les enfants qui suivent un apprentissage peuvent y ouvrir droit s'ils ne dépassent pas la limite de gains visée à la p. 212.
Le versement de l'allocation est subordonné au renvoi, à la CAF, de l'imprimé de déclaration de ressources qu'elle vous aura fait parvenir. En outre, pour les enfants de 16 à 18 ans, il faut fournir une attestation de poursuite de scolarité ou d'apprentissage délivrée par l'établissement scolaire ou d'enseignement. C'est ce qui explique que, pour ces enfants, l'aide est versée après la rentrée (au plus tard le 31 octobre).

➤ *L'allocation journalière de présence parentale*

Cette allocation s'est substituée, depuis le 1er mai 2006, à l'allocation de présence parentale (APP). Les personnes qui ont un droit à l'APP en cours devront, au moment du renouvellement de ce droit, demander le bénéfice de l'allocation journalière de présence parentale (AJPP).

attention *Les chômeurs indemnisés et les personnes qui suivent une formation rémunérée ont également droit à l'AJPP, sous réserve d'adaptations spécifiques. Renseignements auprès de la CAF.*

• **Sous quelles conditions ?** Pour bénéficier de l'AJPP, il faut :
• assumer la charge d'un enfant de moins de 20 ans atteint d'une maladie, d'un handicap ou victime d'un accident d'une particulière gravité rendant indispensables une présence soutenue et des soins contraignants. La particulière gravité de la maladie, du handicap ou de l'accident ainsi que le caractère indispensable d'une présence soutenue et de soins contraignants sont attestés par un certificat médical détaillé, établi par le médecin qui suit l'enfant ; le droit à l'AJPP est soumis à un avis favorable du service du contrôle médical de la caisse de Sécurité sociale ;

- interrompre son activité professionnelle dans le cadre d'un congé de présence parentale (voir p. 137), pour s'occuper de cet enfant. L'AJPP est versée pour chaque jour de congé.

attention *L'AJPP ne peut pas être cumulée avec un certain nombre de prestations familiales ou sociales : indemnités journalières maladie, maternité, paternité ou accident du travail, allocation parentale d'éducation, AAH, complément d'allocation d'éducation de l'enfant handicapé versé pour le même enfant... Sur ce point, il convient de se renseigner auprès de sa CAF.*

- **Pour quel montant ?** Le montant de l'AJPP est fixé à 38,91 € si le bénéficiaire vit en couple et à 46,23 € s'il vit seul (pour 2006) ; ce montant est versé pour chaque jour de congé pris dans le cadre d'un congé de présence parentale, dans la limite de 22 allocations journalières par mois civil. Ainsi, par exemple, une personne qui remplit la condition visée p. 223 et qui s'absente de son travail 6 jours au cours du même mois, dans le cadre d'un congé de présence parentale, percevra six AJPP, soit 233,46 € si elle vit en couple et 277,38 € si elle vit seule. Sous condition de ressources, un complément pour frais de 99,52 € par mois peut être versé si, au cours du mois, le bénéficiaire a engagé des dépenses liées à l'état de santé de l'enfant pour un montant égal ou supérieur à 100,02 € ; le versement de ce complément n'est pas subordonné à celui de l'AJPP sur le mois considéré (renseignements auprès de la CAF ou sur le site www.caf.fr).

sachez-le *Les deux parents peuvent bénéficier de l'AJPP dans la limite de 22 allocations journalières mensuelles au total.*

- **Pour quelle durée ?** L'AJPP est versée pour un même enfant et par maladie, handicap ou accident par période de 6 mois renouvelable dans la limite de 3 ans. Le nombre total d'allocations journalières versées au cours de cette période est limité à 310, correspondant à autant de jours d'absence pris dans le cadre du congé de présence parentale. Au-delà de la période initiale de 3 ans, un nouveau droit à l'allocation peut être ouvert en cas de récidive ou de rechute.

sachez-le *Les titulaires de l'AJPP à taux plein conservent leurs droits aux prestations en nature de l'assurance maladie (remboursement des frais de soins). Ils peuvent en outre, sous certaines conditions, être affiliés gratuitement à l'assurance vieillesse, la CAF versant pour eux des cotisations qui leur ouvriront droit, au moment de la retraite, à une pension de vieillesse. Renseignements sur ce point auprès de la CAF.*

➤ *L'allocation d'éducation de l'enfant handicapé*

● **Sous quelles conditions ?** Pour avoir droit à cette allocation, qui remplace l'ancienne « allocation d'éducation spéciale », il faut avoir à charge au moins un enfant de moins de 20 ans atteint d'une incapacité permanente :

- de 80 % au minimum ;
- ou comprise entre 50 et 80 % si l'enfant fréquente un établissement d'éducation spéciale, ou si son état exige le recours à un dispositif adapté ou d'accompagnement ou à des soins dans le cadre des mesures préconisées par la Commission des droits et de l'autonomie des personnes handicapées (CDAPH ; cette commission remplace, depuis le 01/01/2006, les anciennes « commissions départementales de l'éducation spéciale » ou « CDES », ainsi que les COTOREP).

● **Pour quel montant ?** L'allocation d'éducation de l'enfant handicapé est constituée d'un montant de base (117,72 € par mois au 01/01/2006), auquel s'ajoute éventuellement, en fonction de la gravité du handicap de l'enfant, un complément. Le montant de ce complément dépend de la gravité du handicap de l'enfant, sachant qu'il existe 6 catégories de compléments (de 88,29 € par mois pour le complément de 1re catégorie à 982,15 € par mois pour celui de 6e catégorie).

L'allocation et son complément éventuel sont, sauf exception, versés chaque mois. Une allocation est versée pour chaque enfant y ouvrant droit.

L'allocation est versée par la CAF, mais c'est la CDAPH qui décide de son attribution et qui, pour l'attribution des compléments éventuels, classe l'enfant dans l'une des 6 catégories.

Par ailleurs, toute personne isolée (personnes veuves, divorcées, séparées, abandonnées ou célibataires qui assument seules la charge effective et permanente d'un ou plusieurs enfants résidant en France) bénéficiant de l'allocation d'éducation de l'enfant handicapé peut percevoir une majoration spécifique pour parent isolé d'enfant handicapé, dès lors que la CDAPH a accordé un complément en raison de l'état de l'enfant la contraignant à renoncer, cesser ou exercer une activité professionnelle à temps partiel ou exigeant le recours à une tierce personne rémunérée. Le montant de cette majoration spécifique dépend de la gravité du handicap de l'enfant (de 47,82 € par mois à 393,62 € par mois, au 1/1/2006).

L'allocation aux adultes handicapés

● **Sous quelles conditions ?** L'allocation aux adultes handicapés (AAH) est attribuée aux personnes qui sont :

● de nationalité française, ressortissant d'un pays de l'Union européenne ou de l'Espace économique européen, ou d'une autre nationalité à condition alors d'être en situation régulière au regard de la législation sur le séjour ou titulaires d'un récépissé de demande de renouvellement de titre de séjour ;

● âgées d'au moins 20 ans (ou 16 ans si elles ne sont plus à la charge de leurs parents) et de moins de 60 ans ;

● atteintes d'une incapacité permanente d'au moins 80 % ou comprise entre 50 % et 80 % à condition d'avoir été reconnues dans l'impossibilité de travailler par la CDAPH et de ne pas avoir occupé d'emploi pendant une durée d'un an à la date de la demande.

Les intéressés ne doivent pas, en outre, disposer de ressources annuelles supérieures à 12 fois le montant de l'AAH, soit 7 323,36 €, ou, lorsque le demandeur est marié et non séparé ou qu'il est lié par un PACS ou vit en concubinage, 14 646,72 € pour les droits ouverts du 1er janvier 2006 au 31 décembre 2006. Ce plafond est majoré d'une somme égale à sa moitié (soit 3 661,68 €) pour chaque enfant à charge. C'est le revenu de 2005 qui doit être pris en compte pour la période du 1/07/2006 au 31/12/2006.

● **Pour quel montant ?** Le bénéficiaire de l'AAH a droit, mensuellement, à une allocation égale au 1/12 de la différence entre le montant du plafond applicable et ses ressources, sans que cette allocation puisse excéder un montant mensuel fixé, depuis le 01/01/2006, à 610,28 €, revalorisé le 1er janvier de chaque année. Dans les ressources du bénéficiaire, certaines sont exclues, d'autres ne sont prises en compte que partiellement (renseignements auprès de la CAF).

● **Quels sont les compléments possibles ?** À l'AHH peuvent s'ajouter, selon les situations, un complément de ressources ou une majoration pour vie autonome, tous deux créés par la loi du 11/02/2005 « pour l'égalité des droits et des chances, la participation et la citoyenneté des personnes handicapées ».

● Le complément de ressources s'ajoute à l'AAH afin d'assurer aux bénéficiaires de cette allocation une « garantie de ressources ». Le montant mensuel de ce complément de ressources est égal à la différence entre le montant mensuel de la garantie de ressources (soit 776,79 € au 01/07/2006) et celui de l'AAH. Il est versé aux bénéficiaires de l'AAH au titre d'une incapacité d'au moins 80 % :

- dont la capacité de travail, appréciée par la CDAPH, est, compte tenu de leur handicap, inférieure à 5 % ;

- qui n'ont pas perçu de revenu d'activité à caractère professionnel propre depuis un an ;
- qui disposent d'un logement indépendant (n'est pas considérée disposer d'un logement indépendant la personne hébergée par un particulier à son domicile, sauf s'il s'agit de son conjoint, de son concubin ou de la personne avec laquelle elle a conclu un PACS) ;
- qui perçoivent l'AAH à taux plein ou en complément d'un avantage de vieillesse ou d'invalidité, ou d'une rente d'accident du travail.

Le versement de ce complément prend fin à l'âge auquel le bénéficiaire est réputé inapte au travail (soit en principe 60 ans) ; par ailleurs, toute reprise d'activité professionnelle entraînera la fin du versement du complément de ressources.

● La majoration pour vie autonome est versée aux bénéficiaires de l'AAH au titre d'une incapacité d'au moins 80 % qui :
- disposent d'un logement indépendant pour lequel ils reçoivent une aide personnelle au logement ;
- perçoivent l'AAH à taux plein ou en complément d'un avantage de vieillesse ou d'invalidité, ou d'une rente d'accident du travail ;
- ne perçoivent pas de revenu d'activité à caractère professionnel propre.

Le montant mensuel de la majoration pour la vie autonome est fixé à 101,80 €. Cette majoration n'est pas cumulable avec la garantie de ressources pour les personnes handicapées visée ci-contre.

sachez-le *Le complément d'allocation aux adultes handicapés (97,64 €/mois au 01/01/2006) n'est plus attribué. Les personnes qui en bénéficient au titre des dispositions antérieures à la loi du 11/2/2005 précitée continuent de le percevoir jusqu'au terme de la période pour laquelle l'AAH leur a été attribuée ou, lorsqu'elles ouvrent droit à la garantie de ressources pour les personnes handicapées ou à la majoration pour la vie autonome, jusqu'à la date à laquelle elles bénéficient de ces avantages.*

➤ *L'allocation de parent isolé*

● **Sous quelles conditions ?** Pour avoir droit à l'API, il faut :

● être dans une situation d'isolement (personne seule, séparée, divorcée, veuve...), avec un ou plusieurs enfants à charge, et n'être ni marié, ni concubin, ni « pacsé », ou être une femme seule enceinte ; les personnes isolées qui vivent dans leur famille (chez leurs parents, par exemple) peuvent avoir droit à l'API ;

● disposer de ressources inférieures au revenu minimum que garantit l'API, revenu qui varie avec le nombre d'enfants à charge.

Toutes les ressources sont prises en compte, sauf rares exceptions (allocation de rentrée scolaire, allocation d'éducation de l'enfant handicapé et son complément éventuel, prime à la naissance ou à l'adoption, allocation de base jusqu'au dernier jour du mois civil au cours duquel l'enfant atteint l'âge de 3 mois, complément de libre choix du mode de garde...). Notez qu'il est possible, pour une durée limitée, de cumuler intégralement puis partiellement l'API avec un revenu tiré d'une activité professionnelle ou d'une formation rémunérée.
L'API étant versée pour une durée limitée, la demande est à faire le plus rapidement possible auprès de la CAF, sous peine de perdre ses droits.

● **Pour quel montant ?** L'API est une allocation « différentielle » ; cela signifie que le montant mensuel versé par la CAF est égal à la différence entre le revenu minimum garanti et les ressources perçues par le bénéficiaire au cours des 3 mois précédents, auxquelles s'ajoute un forfait au titre du logement. Ce revenu minimum garanti est fixé à 551,81 € pour une femme enceinte sans enfant, 735,75 € pour un parent isolé avec un enfant à charge, majoré de 183,94 € par enfant à charge supplémentaire (montants au 01/01/2006).
Les ressources sont appréciées par périodes de 3 mois par la CAF ; pour cela, elle fait parvenir aux bénéficiaires un formulaire intitulé « déclaration trimestrielle de ressources », qu'il faut compléter et lui renvoyer.
L'API est versée :

- soit pendant 12 mois de suite ou jusqu'à ce que le plus jeune enfant ait 3 ans, si la demande a été déposée dans un délai de 6 mois après l'événement (séparation, divorce...) qui a créé la situation d'isolement ;
- soit dans la limite des 18 mois après l'événement créant l'isolement ou jusqu'aux 3 ans du plus jeune enfant, si la demande d'API a été déposée après ce délai de 6 mois.

sachez-le *Si vous percevez l'API et que vous ne bénéficiez d'aucune couverture sociale, vous serez affilié gratuitement au régime général et bénéficierez ainsi du remboursement de vos dépenses de santé (dans la limite des tarifs de la Sécurité sociale), pour vous-même et vos ayants droit (enfants notamment). Vous pourrez aussi faire une demande de CMU complémentaire (voir p. 205).*

➤ *L'allocation de soutien familial*

● **Sous quelles conditions ?** Pour avoir droit à l'ASF, il faut être dans l'une des deux situations suivantes :

- soit être seul(e) pour élever un enfant, l'autre parent étant ou décédé, ou ne l'ayant pas reconnu, ou l'ayant abandonné ; il ne faut alors pas vivre en couple (marié, concubin ou « pacsé ») ;
- soit avoir recueilli chez soi un enfant qui est privé de l'aide d'un ou de ses deux parents (que ceux-ci soient décédés ou l'aient abandonné). Dans ce cas, peu importe que le demandeur de l'allocation vive seul ou en couple, qu'il soit marié ou non.

L'abandon peut résulter simplement du fait que l'un des parents se soustrait au versement d'une pension alimentaire mise à sa charge ; dans ce cas, pour percevoir l'ASF, il faut accepter que la CAF engage une procédure contre ce parent pour récupérer la pension.

● **Pour quel montant ?** L'ASF est versée chaque mois, une allocation étant due par enfant remplissant les conditions. Deux montants sont fixés selon que l'enfant est privé de l'aide d'un ou de ses deux parents. Dans le premier cas, le montant mensuel de l'allocation est fixé à 82,36 € ; dans le second cas, il est fixé à 109,81 € (montants en vigueur pour 2006).

attention *L'allocation de soutien familial obéit à des règles très complexes, qui peuvent avoir des incidences sur la durée de son versement. Si vous pensez y avoir droit, il ne faut pas hésiter à retirer un dossier de demande à la CAF. Par ailleurs, même si vous n'y avez pas droit (par exemple, parce que vous êtes remarié), mais que vous avez des difficultés à vous faire verser la pension alimentaire qui vous est due, vous pouvez demander l'aide (gratuite, bien sûr) de la CAF pour obtenir ce versement.*

➤ Les aides au logement

● **Sous quelles conditions ?** Il existe trois types d'aides au logement qui s'adressent à des catégories distinctes de bénéficiaires (aucun cumul n'est possible entre elles) :

● l'allocation de logement familiale s'adresse aux personnes qui remplissent les conditions suivantes :
- attendre un enfant ou avoir la charge d'au moins un enfant ou d'une personne âgée (65 ans ou 60 ans, et inapte au travail ou assimilée) ou d'une personne infirme de la famille, ou être marié depuis moins de 5 ans, sans enfant à charge, si aucun des époux n'avait atteint 40 ans au moment du mariage ;
- occuper, à titre de résidence principale, un logement répondant à des conditions minimales de décence (décret du 30/01/02, *JO* du 31/01/02) et d'une superficie minimale (16 m² pour un ménage sans enfant ou 2 personnes, + 9 m² par personne supplémentaire, dans la limite de 70 m² pour 8 personnes et plus)

- l'aide personnalisée au logement (APL), qui s'adresse :
- aux locataires d'un logement conventionné, c'est-à-dire ayant fait l'objet d'une convention entre l'État et le propriétaire fixant notamment les conditions de la location (montant maximum du loyer, contrôle des charges, plafond de ressources pour les locataires...). C'est le cas, en principe, des logements HLM ; l'existence d'une telle convention est mentionnée dans le bail ;
- aux accédants à la propriété qui remboursent un prêt conventionné, un prêt PAS ou un prêt PAP (ceux-ci, bien que supprimés, peuvent toujours être en cours de remboursement), ou aux propriétaires qui effectuent des travaux d'amélioration ou d'agrandissement financés par de tels prêts.
- l'allocation de logement sociale, qui s'adresse aux personnes :
- qui ne peuvent prétendre ni à l'allocation de logement familiale, ni à l'aide personnalisée au logement ;
- et qui occupent, à titre de résidence principale, un logement répondant à des conditions minimales de décence (décret du 30/01/02, *JO* du 31/01/02) et d'une superficie minimale (au moins 9 m^2 pour une personne seule, 16 m^2 pour deux personnes, + 9 m^2 par personne supplémentaire).

Pour l'une ou l'autre de ces allocations, il faut en outre :
- disposer de ressources n'excédant pas certains plafonds qui varient avec le statut d'occupation (locataire ou propriétaire, la composition du foyer, le lieu de résidence, etc.) ;
- payer un loyer ou des mensualités de remboursement de prêt, et y consacrer une certaine partie de ses revenus.

sachez-le *Afin d'éviter les abus, ni l'allocation de logement, ni l'APL ne peuvent être versées aux personnes qui sont locataires d'un logement appartenant à l'un de leurs ascendants (parents, grands-parents, arrière-grands-parents) ou descendants (enfants, petits-enfants, arrière-petits-enfants), ou ceux de leur conjoint ou concubin, ou de toute personne liée à elles par un PACS. Et ce, même si un loyer est effectivement versé.*

- **Pour quel montant ?** Les aides au logement sont versées chaque mois. Leur montant dépend du statut d'occupation (propriétaire ou locataire), de la situation de famille du bénéficiaire, du montant du loyer ou des remboursements de prêt, des ressources et du lieu de résidence. Une évaluation du montant de l'aide peut être effectuée sur Internet (www.caf.fr). Le barème de calcul est révisé, en principe, au 1er juillet de chaque année, et en cours d'année en cas de changement dans la situation familiale (naissance ou départ d'un enfant, par exemple) ou professionnelle (reprise ou perte d'un emploi...) : la CAF doit être avertie de ces changements.

2 Le revenu minimum d'insertion

Le revenu minimum d'insertion (RMI) a été créé par la loi du 1er décembre 1988 (plusieurs fois modifiée depuis) afin de permettre à chacun de disposer de ressources minimales et de favoriser l'insertion sociale et professionnelle des personnes les plus démunies.
Les bénéficiaires du RMI ont droit à une allocation dont le montant dépend de leurs revenus et dont l'attribution est subordonnée à l'engagement de participer à des actions d'insertion.

Les bénéficiaires

Le bénéfice du RMI est réservé aux personnes résidant en France qui remplissent certaines conditions (âge, démarche d'insertion...).

➤ *À partir de quel âge peut-on prétendre au RMI ?*

Le RMI est attribué aux personnes âgées d'au moins 25 ans ; aucune condition d'âge n'est toutefois requise si le demandeur a au moins un enfant à charge, ou attend un enfant.
Les élèves, étudiants et stagiaires n'ont pas droit au RMI, sauf si la formation qu'ils suivent constitue une activité prévue dans le contrat d'insertion. Par contre, les détenus en semi-liberté ont droit au RMI.

sachez-le *Sous réserve de la constitution éventuelle du délit d'escroquerie défini et sanctionné aux articles 313-1 et 313-3 du Code pénal (puni de 375 000 € d'amende et de 5 ans d'emprisonnement), le fait de bénéficier frauduleusement ou de tenter de bénéficier frauduleusement de l'allocation de RMI ou de la prime forfaitaire visée p. 234 est passible d'une amende de 4 000 €. En cas de récidive, ce montant est doublé. La même peine s'applique en cas de fraude à l'allocation de parent isolé (API, voir p. 227) ou aux allocations de chomage.*

Quelle est la situation des étrangers ?

Les étrangers peuvent bénéficier du RMI s'ils sont titulaires de la carte de résident ou d'un titre équivalent. Pour être pris en compte dans le calcul du RMI, les étrangers vivant au foyer du bénéficiaire doivent également disposer d'un titre (carte de résident ou autre) justifiant de la régularité de leur séjour. S'il s'agit d'enfants âgés de moins de 18 ans, ils doivent être nés en France ou y séjourner dans des conditions régulières.

Aucun titre particulier n'est exigé des ressortissants des États membres de l'Union européenne et des autres États parties à l'accord sur l'Espace économique européen (Islande, Liechtenstein et Norvège). Pour avoir droit au RMI, ces derniers doivent cependant avoir résidé en France durant les trois mois précédant la demande, cette condition n'étant toutefois pas opposable (décret à paraître) :

- aux personnes qui exercent une activité professionnelle déclarée conformément à la législation en vigueur ;
- aux personnes qui ont exercé une telle activité en France et soit sont en incapacité temporaire de travailler pour raisons médicales, soit suivent une formation professionnelle au sens des articles L. 900-2 et L. 900-3 du Code du travail, soit sont inscrites sur la liste des demandeurs d'emploi ;
- aux ascendants, descendants et conjoints des personnes visées ci-dessus.

Comment s'organise l'insertion des bénéficiaires ?

Dans les 3 mois qui suivent la mise en paiement du RMI, le bénéficiaire de l'allocation et les personnes prises en compte pour la détermination de son montant dont l'âge est supérieur à une certaine limite (à fixer par décret) doivent conclure un contrat d'insertion avec le département, représenté par le président du Conseil général. Celui-ci désigne une personne chargée d'élaborer ce contrat, en accord avec les bénéficiaires. En fonction de la situation de ces derniers, le contrat doit comporter une ou plusieurs des actions concrètes suivantes : prestations d'accompagnement social ou permettant aux bénéficiaires de retrouver ou de développer leur autonomie sociale ; activités ou stages destinés à acquérir ou à améliorer les compétences professionnelles, ou à favoriser l'insertion en milieu de travail ; orientation vers le service public de l'emploi, précédée le cas échéant d'un bilan d'évaluation des capacités de l'intéressé ; emploi aidé (notamment un contrat d'avenir ou un contrat insertion-revenu minimum d'activité, voir p. 26 et suiv.), ou une mesure d'insertion par l'activité économique ; assistance à la réalisation d'un projet de création ou de reprise d'une activité non salariée.

attention *Le versement du RMI peut être suspendu par décision du président du conseil général lorsque, du fait du bénéficiaire, le contrat d'insertion n'est pas signé dans le délai de 3 mois visé ci-dessus ou lorsque, toujours du fait du bénéficiaire, ses dispositions ne sont pas respectées. Ce contrat fait cependant l'objet d'une évaluation régulière qui peut donner lieu à un réajustement des actions précédemment définies.*

Le montant de l'allocation

L'allocation de RMI est égale à la différence entre le revenu minimum garanti, fixé en fonction de la composition du foyer, et les ressources dont dispose le bénéficiaire.

➤ *Quel est le montant « théorique » du RMI ?*

Il se compose d'un montant de base, auquel s'ajoute un pourcentage de ce montant par personne supplémentaire dans le foyer. Il est revalorisé une fois par an.

Montant du RMI depuis le 01/01/2006 (1)		
Nombre d'enfants à charge	Personne seule	Couple (conjoint, concubin, PACS)
0	433,06 €	649,59 €
1	649,59 €	779,51 €
2	779,51 €	909,43 €
Par enfant en +	173,22 €	173,22 €

(1) Sur l'allocation équivalent retraite (AER), qui peut, dans certains cas, se substituer au RMI, voir p. 255.

➤ *Comment est déterminée l'allocation versée ?*

L'allocation de RMI est une allocation différentielle, c'est-à-dire égale à la différence entre le montant « théorique », tel que visé dans le tableau ci-dessus, et les ressources du demandeur.
Pour déterminer le montant de l'allocation versée, on prend ainsi en compte l'ensemble des ressources de toute nature perçues par le demandeur et (ou) les personnes de son foyer : salaires, allocations de chômage, pensions, revenus divers... Ne sont toutefois pas prises en compte dans les ressources :

- les sommes reçues à titre de libéralités (dons, pensions alimentaires versées volontairement...) ;
- certaines prestations sociales ou aides diverses : allocations d'éducation de l'enfant handicapé (ex., « allocation d'éducation spéciale »), de rentrée scolaire, complément du libre choix du mode de garde, prime à la naissance ou à l'adoption, allocation de base due pour le mois au cours duquel intervient la naissance, capital-décès, majorations pour âge dues au titre des allocations familiales, etc. Les aides au logement ne sont prises en compte que pour une part forfaitaire variable selon la composition du foyer.

En outre, les rémunérations tirées d'activités professionnelles ou de stages de formation qui ont commencé au cours de la période de versement de l'allocation de RMI peuvent, selon les modalités fixées par le Code de l'action sociale et des familles, être exclues, en tout ou partie, du montant des ressources servant au calcul de l'allocation ; ces dispositions s'appliquent notamment au cas des revenus tirés de travaux saisonniers. Sur ce point, il convient de se renseigner auprès de la CAF.

sachez-le *Les bénéficiaires du RMI qui débutent ou reprennent une activité professionnelle ou un stage de formation rémunéré auront droit à une prime forfaitaire versée chaque mois pendant une période déterminée. Un décret (à paraître) doit fixer les conditions d'attribution de cette prime forfaitaire, notamment la durée de travail minimale et le nombre de mois d'activité consécutifs auxquels son versement est subordonné, ainsi que son montant qui tiendra compte de la composition du foyer.*

➤ Exemples de calcul

Une personne qui vit seule, sans enfant à charge, et qui dispose de ressources mensuelles égales à 200 € percevra une allocation de RMI égale à : 433,06 € - 200 € = 233,06 €.

Un couple avec 3 enfants, et 300 € par mois, aura droit à :
1 082,65 € - 300 € = 782,65 €.

Le RMI peut être diminué d'un « forfait logement » (51,97 € pour une personne seule, 103,93 € pour 2 personnes, 128,62 € pour 3 personnes ou plus) si le bénéficiaire perçoit une aide au logement (APL par exemple) ou s'il n'a pas ou plus de charges de logement.

Le RMI n'est soumis ni à l'impôt sur le revenu, ni à la CSG, ni à la CRDS.

La procédure

➤ Où s'adresser pour déposer sa demande ?

La demande de RMI peut être déposée, notamment, auprès du centre communal ou intercommunal d'action sociale de votre commune de résidence ou auprès d'une association ou d'un organisme agréés. Renseignez-vous à la mairie ou à la CAF.
Si vous êtes sans domicile stable, vous devez déposer votre demande auprès d'un organisme agréé ou d'un centre communal d'action sociale où vous élirez domicile pour bénéficier du RMI.

➤ Qui décide de l'attribution du RMI ?

La décision d'attribution du RMI est prise par le président du Conseil général. La durée d'attribution initiale est de 3 mois, le temps d'établir le contrat d'insertion. Le droit à l'allocation de RMI est ensuite renouvelable par périodes comprises entre 3 mois et 1 an.

➤ Qui verse l'allocation de RMI ?

L'allocation de RMI est versée chaque mois à terme échu par la caisse d'allocations familiales (ou la caisse de mutualité sociale agricole si le bénéficiaire relève du régime agricole).

attention *Le calcul de votre allocation est effectué tous les 3 mois. Pour le réaliser, votre caisse vous adressera chaque trimestre un formulaire de déclaration de vos revenus des 3 mois précédents, à lui retourner une fois complété.*

La protection sociale

Les bénéficiaires du RMI, et le cas échéant leur famille, ont droit à une protection sociale en matière de maladie et d'accident du travail.

➤ Assurance maladie et maternité

Les allocataires du RMI (et leurs ayants droit) ont un accès automatique et gratuit à la couverture maladie universelle (CMU, voir p. 204). Ils bénéficient ainsi d'une prise en charge de leurs dépenses de santé, d'une dispense d'avance des frais de soins (tiers-payant), de l'exonération du ticket modérateur (remboursement à 100 % du tarif de la Sécurité sociale) et du forfait journalier hospitalier. Cette prise en charge s'applique aussi bien en matière de maladie que de maternité. Elle n'ouvre pas droit au versement d'indemnités journalières (prestations en espèces) en cas de maladie, sauf dans le cas où le bénéficiaire du RMI exerce une activité professionnelle qui lui permet de prétendre à de telles indemnités (les règles relèvent alors de l'assurance maladie, telle que présentée en p. 199 et suivantes).

➤ Accidents du travail

Les allocataires du RMI et les membres de leur foyer bénéficient également de la couverture accidents du travail pour les accidents survenus par le fait ou à l'occasion des actions menées pour favoriser leur insertion.

sachez-le

Les bénéficiaires du RMI ont droit à une aide au logement (APL ou allocation de logement, selon les cas). Ils ont également droit à une fourniture minimum d'eau et d'énergie, à un abonnement à prix réduit au téléphone et à une exonération de taxe d'habitation. Les renseignements sur ces aides peuvent être obtenus auprès de la caisse d'allocations familiales de son lieu de résidence et auprès du centre des impôts.

Partie III

Le chômage

1 L'indemnisation du chômage

Les travailleurs involontairement privés d'emploi ont droit, aux termes de l'article L. 351-1 du Code du travail, à un revenu de remplacement qui relève, selon les cas :
- du régime d'assurance chômage géré par les partenaires sociaux et financé par les cotisations salariales et patronales ;
- du régime de solidarité financé par l'État et la contribution « 1 % » des fonctionnaires.
Ce régime est, comme l'assurance chômage, géré par l'UNEDIC et les ASSEDIC.

Les dispositions applicables au titre de l'assurance chômage résultent de conventions négociées et signées par les partenaires sociaux (organisations syndicales et patronales), puis agréées par les pouvoirs publics. La dernière convention en date (convention du 18/01/2006), dont les dispositions sont présentées ici, s'applique aux salariés dont la fin de contrat est postérieure au 17/01/2006. Ceux dont la fin de contrat de travail est intervenue avant le 18/01/2006 restent régis, concernant principalement les durées d'indemnisation, par les dispositions de la convention du 01/01/2004 ; il en va de même des salariés compris dans une procédure de licenciement engagée avant le 18/01/2006, l'engagement de la procédure correspondant soit à la date de l'entretien préalable lorsque celui-ci est requis, soit à la date de présentation de la lettre de convocation à la première réunion des instances représentatives du personnel. Les différentes durées d'indemnisation, correspondant à ces situations, figurent en p. 245.

➤ *Les salariés du secteur public et parapublic*

Ils n'entrent pas, normalement, dans le champ d'application du régime d'assurance chômage. Cependant, ont droit à la même indemnisation en cas de chômage (art. L. 351-12) :

- les agents non fonctionnaires, c'est-à-dire les contractuels de l'État et de ses établissements publics administratifs ;

- les agents, statutaires ou non, des collectivités locales (communes, départements, régions) ;
- les salariés des établissements publics à caractère administratif, industriel ou commercial des collectivités locales ;
- les salariés des sociétés d'économie mixte dans lesquelles les collectivités locales ont une participation majoritaire ;
- les salariés du secteur public industriel et commercial (sociétés nationalisées, entreprises publiques, établissements industriels et commerciaux, etc.) ;
- les salariés non statutaires des chambres de métiers, des services à caractère industriel et commercial gérés par les chambres de commerce et d'industrie, des chambres d'agriculture, des établissements et services d'utilité agricole de ces chambres ;
- certains fonctionnaires de France Télécom placés hors de la position d'activité.

Les règles d'indemnisation en cas de perte d'emploi sont identiques, mais l'indemnisation est assurée par l'employeur directement, ou par les ASSEDIC si une convention a été conclue avec l'UNEDIC.

L'inscription comme demandeur d'emploi

Quelle que soit votre situation, vous devez vous inscrire le plus tôt possible comme demandeur d'emploi auprès de l'ASSEDIC. Un formulaire de demande d'allocation vous sera remis, que vous devrez compléter en y joignant les pièces demandées, notamment l'attestation fournie par votre dernier employeur (ou les attestations, si vous avez eu plusieurs emplois) (voir p. 184).

attention *Pour plus de précisions sur les modalités d'inscription, de radiation et de réinscription, n'hésitez pas à vous renseigner auprès de l'ASSEDIC ou de l'ANPE.*

Le régime d'assurance chômage

Les salariés involontairement privés d'emploi ont droit, sous certaines conditions, au versement de l'allocation d'aide au retour à l'emploi (ARE), d'un montant fixe pendant toute la durée d'indemnisation.

Quelles conditions faut-il remplir ?

Pour bénéficier de l'ARE, il faut remplir les conditions suivantes :
1 - Être involontairement privé d'emploi en raison d'un licenciement (quels qu'en soient la cause ou le motif), d'une rupture de contrat résultant d'une cause économique (y compris un départ négocié ayant une telle cause), d'une rupture de CNE à l'initiative de

l'employeur, d'une fin de CDD ou de mission d'intérim, ou d'une démission considérée comme « légitime » figurant dans la liste limitative établie par l'UNEDIC. Si vous avez démissionné pour un motif qui ne figure pas dans cette liste (voir encadré ci-contre), vous ne pourrez pas, en principe, bénéficier de l'allocation d'assurance chômage. Toutefois, si votre période de chômage dure plus de 4 mois, la commission paritaire de l'ASSEDIC pourra, sur votre demande et en fonction de vos efforts pour retrouver un emploi, décider de vous attribuer l'allocation d'aide au retour à l'emploi.

sachez-le *Si vous démissionnez pour créer ou reprendre une entreprise, vous pourrez, si l'entreprise doit cesser son activité dans les 36 mois qui suivent sa création ou sa reprise, vous inscrire comme demandeur d'emploi et faire valoir vos droits aux allocations d'assurance chômage sur la base de votre activité salariée antérieure ; votre démission sera considérée comme légitime.*

attention *Au sens de l'assurance chômage, les cas de démissions « légitimes » sont strictement réglementés et susceptibles d'évolution. Si vous êtes concerné, n'hésitez pas à vous renseigner auprès de l'ASSEDIC avant de prendre une quelconque décision.*

Les démissions légitimes

Est considérée comme démission « légitime » :

- la démission pour suivre son conjoint qui déménage pour des raisons professionnelles (nouvel emploi, mutation, création ou reprise d'une entreprise...) ;
- la démission en raison d'un mariage ou de la conclusion d'un PACS impliquant un changement de résidence. Le délai entre la fin de l'emploi et le mariage ou la conclusion du PACS ne doit pas être supérieur à 2 mois ;
- la démission du jeune (moins de 18 ans) pour suivre ses parents ou la personne qui exerce l'autorité parentale ;
- le départ volontaire d'un contrat emploi-solidarité ou d'un contrat emploi-jeunes pour occuper un emploi ou suivre une formation ; est également réputée légitime la rupture à l'initiative du salarié d'un contrat initiative-emploi (CIE) à durée déterminée, d'un contrat d'accompagnement dans l'emploi (CAE), d'un contrat d'avenir (CA) ou d'un CI-RMA pour exercer un emploi en CDD d'au moins 6 mois ou en CDI, ou pour suivre une action de formation qualifiante ;

- le « départ volontaire » de l'entreprise dans le cadre d'un projet de suppression d'emploi pour motif économique ;
- la démission du salarié en raison du non-paiement de ses salaires (sur production d'une ordonnance de référé lui allouant une provision de sommes correspondant à des arriérés de salaires) ;
- la démission intervenue à la suite d'un acte susceptible d'être délictueux dont le salarié déclare avoir été victime à l'occasion de l'exécution de son contrat de travail et pour lequel il justifie avoir déposé une plainte auprès du procureur de la République ;
- la démission intervenue pour cause de changement de résidence justifié par une situation où le salarié est victime de violences conjugales et pour laquelle il justifie avoir déposé une plainte auprès du procureur de la République ;
- la démission en cours de période d'essai (max. 91 jours) d'un emploi repris après un licenciement ou une fin de CDD sans inscription comme demandeur d'emploi ;
- la démission du salarié pour occuper un nouvel emploi, puis la rupture par l'employeur de la période d'essai avant l'expiration d'un délai de 91 jours. Le salarié doit justifier de 3 années d'affiliation continue au régime d'assurance chômage ;
- la démission d'un journaliste faisant jouer la clause de conscience ;
- la cessation du contrat de travail du salarié titulaire d'un contrat « de couple ou indivisible » en raison du licenciement ou de la mise à la retraite de son conjoint.

Sous certaines conditions, l'engagement pour une ou plusieurs missions de volontariat de solidarité internationale ou de volontariat associatif d'une durée continue minimale d'un an est également considéré comme un motif légitime de démission (renseignements auprès de l'SSEDIC).

2 - Justifier d'une période d'affiliation de 182 jours (910 h), 365 jours (1 820 h), 487 jours (2 426 h) ou 821 jours (4 095 h) au cours des 22, 20, 26 ou 36 mois qui précèdent la fin de votre contrat de travail (fin du préavis exécuté ou non). La durée d'affiliation comprend l'ensemble des périodes d'activité salariée au sein d'une ou plusieurs entreprises entrant dans le champ d'application du régime d'assurance chômage (entreprises privées). Sont prises en compte les périodes de travail effectif, de congés payés ou de préavis non exécuté, mais aussi toutes les périodes de suspension du contrat : maladie, maternité, formation, congés sans solde... La durée d'affiliation, combinée avec l'âge, détermine la durée d'indemnisation (voir p. 244). Les personnes sortant d'un contrat emploi-solidarité ou d'un apprentissage dans le secteur public ont droit aux allocations d'assurance chômage, même si leur employeur n'est pas affilié au régime UNEDIC. Les titulaires d'un contrat d'avenir ou d'un contrat d'accompagnement dans l'emploi ont également droit aux allocations de chômage, qui leur sont versées soit par leur ancien employeur (dans le cadre de l'« auto-assurance »), soit directement par l'ASSEDIC si leur employeur avait choisi de les affilier au régime d'assurance chômage.

3 - Être inscrit comme demandeur d'emploi (voir démarches p. 239) ou accomplir une action de formation inscrite dans leur projet personnalisé d'accès à l'emploi (PPAE, voir p. 250). L'inscription en tant que demandeur d'emploi doit intervenir dans les 12 mois suivant la fin du contrat de travail (fin de préavis). En cas d'inscription tardive, vous ne pourrez plus prétendre aux allocations d'assurance chômage. Toutefois, ce délai de 12 mois peut être allongé dans un certain nombre de cas : congé parental d'éducation ou congé de présence parentale, maternité, maladie, formation, volontariat pour la solidarité internationale, congé pour création ou reprise d'entreprise, assistance d'une personne handicapée... Renseignez-vous auprès des ASSEDIC.

sachez-le *La période de 12 mois est en outre allongée (dans la limite de 2 ans) des périodes durant lesquelles l'intéressé a créé ou repris une entreprise.*

4 - Être à la recherche effective et permanente d'un emploi. Il faut pour cela accomplir, de sa propre initiative ou sur proposition de l'un des organismes constituant le service public de l'emploi (ANPE, AFPA...), des actes positifs et répétés en vue de retrouver un emploi, de créer ou de reprendre une entreprise. Il faut également répondre aux convocations de l'ASSEDIC. Si vous n'êtes pas en mesure de justifier d'une telle recherche (candidatures envoyées, relevés de démarches sur Internet...), votre allocation d'assurance chômage peut être réduite ou supprimée, au terme d'une procédure contradictoire durant laquelle vous avez le droit d'être entendu, le cas échéant accompagné d'une personne de votre choix. Si vous exercez une activité bénévole, celle-ci ne doit ni s'effectuer chez un précédent employeur, ni se substituer à un emploi salarié. Elle doit, en outre, rester compatible avec l'obligation de recherche effective et permanente d'un emploi, faute de quoi le versement des allocations chômage peut être suspendu.

Dans quels cas peut-on être dispensé de recherche d'emploi ?

Seuls les chômeurs âgés de 57,5 ans et plus, ou âgés de 55 ans et justifiant d'au moins 160 trimestres validés par l'assurance vieillesse, peuvent, à leur demande, être dispensés de recherche d'emploi. Ils sont tenus de signaler à leur ASSEDIC, dans les 72 heures, tout changement dans leur situation et doivent, pour continuer de percevoir leurs allocations, résider sur le territoire français.

5 - Ne pas avoir été indemnisé plus de 3 fois au titre du chômage saisonnier.

6 - Être physiquement apte à l'exercice d'un emploi.

7 - Résider sur le territoire relevant du champ d'application du régime d'assurance chômage (métropole, DOM, Saint-Pierre-et-Miquelon).

8 - Être âgé de moins de 60 ans. Toutefois, les personnes qui, lors de leur 60e anniversaire, ne justifient pas du nombre de trimestres (tous régimes confondus) requis pour avoir droit à une retraite à taux plein (voir p. 274) peuvent bénéficier des allocations d'assurance chômage jusqu'à ce qu'elles remplissent cette condition, et au plus tard jusqu'à 65 ans, et ce dans la limite de leurs droits. Sur le maintien possible des allocations au profit de certains chômeurs âgés en cours d'indemnisation, voir p. 245.

➤ *L'allocation d'aide au retour à l'emploi (ARE)*

L'allocation d'aide au retour à l'emploi (ARE) est d'un montant fixe pendant toute la durée d'indemnisation : ce montant dépend de votre salaire antérieur ; la durée de versement dépend de votre âge et de la durée pendant laquelle vous avez cotisé à l'assurance chômage (durée d'affiliation) au cours de la période précédant la rupture de votre contrat de travail (fin du préavis, effectué ou non).

sachez-le *Des annexes à la convention d'assurance chômage prévoient des adaptations de la réglementation pour certaines catégories de salariés dont l'activité s'exerce dans des conditions particulières : travailleurs à domicile, dockers, personnel navigant de la marine marchande, VRP, journalistes, travailleurs intermittents et travailleurs intérimaires... La liste complète des professions concernées, ainsi que l'annexe correspondante peuvent être consultées directement auprès de l'ASSEDIC, ou sur Internet (www.assedic.fr).*

attention *Les chômeurs saisonniers peuvent bénéficier de l'ARE, mais l'ASSEDIC applique, sauf exceptions, un coefficient réducteur sur les salaires pris en compte pour calculer la partie proportionnelle de leur allocation, ainsi que sur la partie fixe de l'allocation et, le cas échéant, sur l'allocation minimale. En outre, si vous êtes reconnu saisonnier à compter du 18/01/2006, le nombre d'admissions au titre du chômage saisonnier est limité à trois. Est considéré comme saisonnier le chômage survenant trois années de suite aux mêmes périodes (quel que soit le secteur d'activité) ou le chômage survenant à la suite d'activités exercées dans un secteur saisonnier (exploitations forestières, centres de loisirs et de vacances...) : dans ce cas, est considéré comme chômeur saisonnier le salarié qui, dans les trois ans précédant la fin de son contrat de travail, a exercé une activité dans un de ces secteurs, au cours de deux des trois années. Si vous êtes dans l'un de ces cas, n'hésitez pas à prendre contact avec votre ASSEDIC pour connaître vos droits et notamment les modalités de l'accompagnement renforcé dont vous pouvez bénéficier.*

• **Montant de l'allocation d'aide au retour à l'emploi.** Le montant brut journalier de l'ARE est égal (depuis le 01/07/2006) :

- soit à 40,4 % du salaire journalier de référence (SJR), auxquels s'ajoute une partie fixe de 10,46 € ;
- soit à 57,4 % du salaire journalier de référence.

Le calcul le plus avantageux est retenu.

L'allocation d'aide au retour à l'emploi comporte :

- un montant minimum fixé à 25,51 € ;
- un montant maximum, l'allocation ne pouvant être supérieure à 75 % du SJR.

Le salaire journalier de référence est calculé comme suit :

$$\frac{\text{Salaires bruts (y compris les primes) perçus pendant la période de référence}}{\text{Nombre de jours calendaires compris dans la période de référence}}$$

Les salaires, pris en compte dans la limite de 4 fois le plafond de la Sécurité sociale, sont ceux perçus au titre des 12 mois civils précédant le dernier jour de travail payé à l'intéressé.

• **Durée de versement.** La durée totale d'indemnisation varie en fonction de votre âge, apprécié à la date de la fin de contrat de travail (terme du préavis), de votre durée d'affiliation préalable et de la date de fin de votre contrat de travail.

- Fin de contrat de travail postérieure au 17/01/2006

Durée d'affiliation	Âge à la fin du contrat	Durée d'indemnisation
182 jours ou 910 heures au cours des 22 derniers mois	sans importance	213 jours (7 mois)
365 jours ou 1 820 heures au cours des 20 derniers mois	sans importance	365 jours (12 mois)
487 jours ou 2 426 heures au cours des 26 derniers mois	sans importance	700 jours (23 mois)
821 jours ou 4 095 heures au cours des 36 derniers mois	50 ans ou plus	1 095 jours (36 mois)

- Fin de contrat de travail antérieure au 18/01/2006 (voir précisions p. 238)

Durée d'affiliation	Âge à la fin du contrat	Durée d'indemnisation
182 jours ou 910 heures au cours des 22 derniers mois	sans importance	213 jours (7 mois)
426 jours ou 2 123 heures au cours des 24 derniers mois	sans importance	700 jours (23 mois)
821 jours ou 4 095 heures au cours des 36 derniers mois	• 50 ans et plus	1 095 jours (36 mois)
821 jours ou 4 095 heures au cours des 36 derniers mois et 100 trimestres validés au titre de l'assurance vieillesse	• 57 ans et plus	1 277 jours (42 mois)

- **Maintien de l'indemnisation au-delà de 60 ans.** Les chômeurs âgés de 60 ans et 6 mois (ou plus) qui ne peuvent prétendre à une retraite à taux plein continuent de percevoir leur allocation (au-delà de leur durée normale d'indemnisation) jusqu'à ce qu'ils remplissent les conditions requises pour percevoir cette retraite (voir p. 274) et, au plus tard, jusqu'à 65 ans. Pour bénéficier de cette mesure, l'allocataire doit :
- être en cours d'indemnisation depuis un an au moins ;
- justifier de 12 ans d'affiliation au régime d'assurance chômage ou de périodes assimilées définies par l'accord d'application n° 18 ;

- justifier de 100 trimestres validés par l'assurance vieillesse ;
- justifier, soit de 1 année continue, soit de 2 années discontinues d'affiliation dans une ou plusieurs entreprises au cours des 5 années précédant la fin du contrat de travail.

Sont toutefois soumis à la commission paritaire de l'ASSEDIC les dossiers des allocataires :

- dont la fin du contrat de travail est intervenue par suite de démission ;
- dont le licenciement est intervenu pendant la durée d'application d'une convention FNE.

sachez-le *Les allocataires qui, avant 60 ans, justifient de 160 trimestres d'assurance vieillesse peuvent, sous certaines conditions, bénéficier de l'allocation équivalent retraite (voir p. 255).*

- **Paiement de l'allocation.** L'ARE n'est pas versée dès le lendemain du dernier jour de travail en raison de l'application d'un délai d'attente et des éventuels différés d'indemnisation. Ces différés d'indemnisation, qui courent à compter du lendemain de la fin du contrat de travail, sont de 2 ordres :

- le 1er correspond au nombre de jours de congés payés qu'il vous restait à prendre à la fin du contrat de travail ;
- le 2e se calcule en divisant le montant des sommes perçues lors de la rupture du contrat excédant les indemnités légales (indemnités conventionnelles, transaction...) par le montant du SJR (voir p. 244). Ce second délai de carence est limité à 75 jours maximum.

À ces différés d'indemnisation s'ajoute un délai d'attente de 7 jours, délai qui ne s'applique pas en cas de réadmission intervenant dans un délai de 12 mois depuis la précédente admission.

L'allocation est payée mensuellement à terme échu, en fonction du nombre de jours calendaires (28, 29, 30 ou 31 jours).

- **En cas de nouvelle perte d'emploi.** Si, alors que vous étiez chômeur indemnisé, vous avez retrouvé un emploi et que vous le perdez, vous pouvez selon les cas :

- bénéficier de l'ouverture d'une nouvelle période d'indemnisation (« réadmission »), si vous en remplissez les conditions au titre de cette nouvelle activité. Dans ce cas, l'ASSEDIC procédera à une comparaison :

- entre le montant global du reliquat des droits ouverts au titre de la précédente admission et le montant global des droits qui seraient ouverts en l'absence de reliquat ;
- entre le montant brut de l'allocation journalière de la précédente admission et le montant brut de l'allocation journalière qui serait servie en l'absence de reliquat.

Le montant global et le montant de l'allocation journalière les plus élevés sont retenus. La durée d'indemnisation est limitée au quotient du montant global par le montant brut de l'allocation journalière retenu, arrondi au nombre entier supérieur.
- bénéficier du reliquat de vos droits, si votre nouvelle activité ne vous a pas ouvert de nouveaux droits et si votre période d'indemnisation initiale n'était pas épuisée. Attention, dans ce cas, certaines conditions sont à remplir ; renseignez-vous auprès de votre ASSEDIC.

Que se passera-t-il au terme de mon indemnisation ?

Si, au terme de vos droits à l'assurance chômage, vous n'êtes pas en mesure de bénéficier d'une allocation du régime de solidarité pour un motif autre que la condition de ressources (voir p. 253), vous pouvez demander à bénéficier d'une aide forfaitaire égale à 27 fois le montant de la partie fixe de l'ARE (voir p. 244). Adressez votre demande à l'ASSEDIC dans les 2 mois suivant la décision de refus d'une des allocations du régime de solidarité.

- **Statut fiscal et social de l'allocation.** L'allocation d'aide au retour à l'emploi est imposable dans la catégorie des traitements et salaires. Elle est en outre soumise, avant son versement, aux prélèvements suivants :
- CRDS au taux de 0,5 % ;
- CSG au taux de 6,2 %, avec toutefois des possibilités d'exonération ou d'application d'un taux réduit à 3,8 %. En tout état de cause, le prélèvement de la CSG ne peut porter le montant net de l'allocation en dessous du SMIC brut ;
- participation de 3,00 % prélevée sur le SJR et destinée au financement des retraites complémentaires. Ce prélèvement ne peut toutefois avoir pour effet de verser une allocation journalière inférieure au montant minimal de l'ARE (voir p. 244).

sachez-le *Différentes aides peuvent être mobilisées pour faciliter le retour à l'emploi des allocataires du régime d'assurance chômage : aide différentielle au reclassement, aide à la mobilité, aide dégressive à l'employeur, aide à la création ou à la reprise d'entreprise, aide à la formation, aide à la validation des acquis de l'expérience, aide à l'insertion durable des salariés en CDD ou en situation de chômage saisonnier... Sur ce point, il convient de se renseigner auprès de l'ASSEDIC.*

● **Interruption ou cessation du paiement.** L'ARE n'est pas due lorsque l'allocataire :

● retrouve une activité professionnelle salariée ou non, exercée en France ou à l'étranger, sous réserve de la possibilité de cumul entre allocation et revenus d'activité (voir p. 257) ;

● bénéficie de l'aide à la création ou à la reprise d'entreprise versée, sous certaines conditions, par l'ASSEDIC ;

● perçoit ou serait susceptible de percevoir des prestations en espèces (indemnités journalières) de la Sécurité sociale (maladie-maternité, accident du travail ou maladie professionnelle) ;

● est admis à bénéficier de l'une des prestations suivantes : complément de libre choix d'activité, allocation parentale d'éducation, allocation journalière de présence parentale.

En outre, l'ARE n'est plus due lorsque l'allocataire :

● cesse de résider sur le territoire français (voir p. 243) ;

● atteint l'âge de 60 ans, sous réserve de disposer alors du nombre de trimestres d'assurance requis pour pouvoir bénéficier d'une pension de vieillesse à taux plein.

Le paiement de l'ARE cesse à la date à laquelle :

● l'ASSEDIC détecte une déclaration inexacte ou une attestation mensongère ayant eu pour effet d'entraîner le versement d'allocations intégralement indues. Dans ce cas, le remboursement des allocations peut être demandé à l'intéressé qui est, en outre, passible de sanctions pénales ;

● l'allocataire est exclu du revenu de remplacement par le préfet (voir ci-dessous).

Sur les dispositions applicables au titre du suivi du projet personnalisé d'accès à l'emploi (PPAE), on se reportera à la p. 252.

● **Suppression de l'allocation ou réduction de son montant.** Lorsque le demandeur d'emploi manque à l'une ou l'autre de ses obligations, le préfet du département (ou, par délégation, le directeur départemental du travail, de l'emploi et de la formation professionnelle) peut supprimer le revenu de remplacement de manière temporaire ou définitive, ou en réduire le montant, selon les différentes modalités suivantes.

sachez-le *Le préfet doit informer le demandeur d'emploi, par écrit, de son intention de prononcer une sanction. Cette lettre, motivée, doit indiquer le motif de la sanction et la sanction envisagée, et informer le demandeur d'emploi qu'il peut, dans un délai de 10 jours, répondre en produisant des observations écrites et/ou en demandant à être entendu. Dans les cas où la sanction envisagée est d'une durée supérieure à 2 mois, la lettre doit mentionner la possibilité, pour le demandeur d'emploi, de saisir une commission tripartite (État, ANPE, ASSEDIC). En l'absence de réponse dans un délai de 10 jours, la procédure peut suivre son cours, la sanction étant prononcée à partir des éléments du dossier.*

- Première situation. 1° Impossibilité de justifier de l'accomplissement d'actes positifs et répétés de recherche d'emploi. 2° Refus, sans motif légitime, par le demandeur d'emploi, d'accepter un emploi compatible avec sa spécialité ou sa formation et avec ses possibilités de mobilité géographique compte tenu de sa situation personnelle et familiale et des aides à la mobilité qui lui sont proposées, et rétribué à un taux de salaire normalement pratiqué dans la profession et dans la région. 3° Refus, sans motif légitime, d'une proposition de contrat d'apprentissage ou d'une proposition de contrat de professionnalisation. 4° Refus, sans motif légitime, d'une action de formation, d'une action d'insertion ou d'une offre de contrat aidé (contrat d'avenir, CI-RMA...).

Dans l'une ou l'autre de ces situations, le préfet réduit de 20 % le montant de l'ARE, pendant une durée de 2 à 6 mois. Lorsque l'un de ces mêmes manquements se répète, le montant de l'ARE est réduit de 50 % pour une durée de 2 à 6 mois, ou bien l'allocation est supprimée de façon définitive.

- Deuxième situation. 1° Refus, sans motif légitime, de répondre à toute convocation des services et organismes appartenant au service public de l'emploi (ANPE, ASSEDIC...) ou mandatés par ces services ou organismes. 2° Refus, sans motif légitime, de se soumettre à une visite médicale auprès des services médicaux de main-d'œuvre destinée à vérifier l'aptitude au travail ou à certains types d'emploi.

Dans l'une ou l'autre de ces situations, le préfet supprime le revenu de remplacement pour une durée de 2 mois. Lorsque l'un de ces mêmes manquements se répète, le revenu de remplacement est supprimé pour une durée de 2 à 6 mois ou bien de façon définitive.

- Troisième situation. Déclaration inexacte ou mensongère du demandeur d'emploi, faite en vue de percevoir indûment le revenu de remplacement.

Dans ce cas, le préfet supprime le revenu de façon définitive ; toutefois, si ce manquement est lié à une activité non déclarée d'une durée très brève, le revenu de remplacement est supprimé pour une durée de 2 à 6 mois.

sachez-le *Dans certains cas, l'ASSEDIC peut, à titre conservatoire et jusqu'à ce que le préfet ait statué sur la situation du demandeur d'emploi selon les modalités visées ci-dessus, prendre une mesure de suspension du versement ou de réduction du montant du revenu de remplacement (sur ce point, voir p. 252).*

➤ Le projet personnalisé d'accès à l'emploi (PPAE)

Afin de favoriser son retour à l'emploi dans les meilleurs délais, le salarié privé d'emploi est engagé dans un « projet personnalisé d'accès à l'emploi » (PPAE) élaboré avec les organismes participant au service public de l'emploi (SPE) : ANPE, ASSEDIC, AFPA... Le PPAE s'est substitué aux dispositifs précédemment applicables (PAP, PARE) ; il concerne tous les allocataires de l'assurance chômage, quelle que soit la date de fin de leur contrat de travail.

● **Évaluation personnalisée.** À la suite de son inscription comme demandeur d'emploi, le salarié privé d'emploi bénéficie, de la part de l'ASSEDIC, d'une première évaluation personnalisée et d'une information sur les perspectives d'évolution des métiers à partir desquelles il est orienté vers l'ANPE, l'APEC (ou vers tout autre organisme participant au SPE ayant passé une convention avec l'UNEDIC), en vue :
● d'actions de reclassement immédiat,
● de la réalisation éventuelle d'un bilan de compétences,
● d'une action de validation des acquis de l'expérience (VAE),
● de la prescription d'une formation complémentaire dont l'intérêt pour son reclassement a été identifié directement,
● ou de la conclusion d'un contrat de professionnalisation.

● **Objet et contenu du PPAE.** Le PPAE définit, dans le cadre du parcours adapté à la situation de l'allocataire, les mesures d'accompagnement personnalisé qui permettront au salarié privé d'emploi d'accélérer son retour à l'emploi. Le PPAE est établi par l'intéressé et/ou en coopération avec l'ANPE ou tout autre organisme participant au SPE.
Ce projet détermine, pour chaque demandeur d'emploi :
● les types d'emplois qui correspondent effectivement à ses qualifications validées, à ses capacités professionnelles et rétribués à un taux de salaire normalement pratiqué dans la profession et la région, vers lesquels il oriente ses recherches en priorité ;
● les types d'emploi vers lesquels il souhaiterait éventuellement se reconvertir ;
● les prestations ou formations qualifiante, diplômante ou d'adaptation, de réorientation qui seront nécessaires pour qu'il accède à un emploi conforme à ce projet. Priorité devra être donnée à une formation réalisée dans le cadre d'un contrat de travail.

• Actualisation du PPAE. Elle est destinée à permettre de répondre au mieux aux besoins du demandeur d'emploi.

• Actualisation au terme de 6 mois. Si, dans les 6 mois suivant sa prise en charge, et dans la limite de la durée des droits, l'allocataire n'a pas retrouvé un emploi et si aucune proposition d'embauche :

- correspondant à ses capacités professionnelles, à ses qualifications résultant de ses diplômes, de ses acquis et de son expérience professionnelle ;
- compatible avec ses possibilités de mobilité géographique compte tenu de sa situation personnelle et familiale ;
- rétribuée à un taux de salaire normalement pratiqué dans la profession et la région

ne lui a été offerte, dans le cadre du PPAE, l'ANPE ou l'organisme en charge de l'accompagnement procède, avec l'allocataire, à l'actualisation du PPAE. Si besoin est, un autre parcours est retenu.

sachez-le *Le cas échéant, un bilan de compétences approfondi peut vous être proposé.*

• Actualisation au terme de 12 mois. Si, au-delà de 12 mois suivant sa prise en charge et dans la limite de la durée des droits, il n'a pas été possible de proposer à l'allocataire l'emploi recherché, il est retenu un autre parcours en fonction des difficultés particulières de reclassement rencontrées par l'intéressé. Dans ce cas, des aides particulières peuvent être mobilisées, notamment l'aide dégressive à l'employeur.

• Suivi du PPAE et obligations du demandeur d'emploi. Le PPAE est communiqué par l'ANPE à l'ASSEDIC. Le suivi du parcours de l'allocataire par l'ASSEDIC s'effectue au moyen du dossier unique du demandeur d'emploi (DUDE), quotidiennement mis à jour par l'ANPE, l'ASSEDIC et, s'il y a lieu, par tout autre organisme participant au service public de l'emploi chargé de la mise en œuvre du parcours.

Le salarié privé d'emploi doit effectuer des actes positifs et répétés de recherche d'emploi. Il doit, en conséquence, être disponible et s'impliquer réellement dans la démarche de retour à l'emploi et les actions de formation ou autres prestations qui lui sont éventuellement proposées dans le cadre de son PPAE. Il est tenu de se présenter :

• à l'ASSEDIC en vue de la première évaluation personnalisée visée page 250 et aux entretiens relatifs au suivi du parcours,

• et à tout autre entretien sur convocation de l'ASSEDIC, l'ANPE ou tout autre organisme participant au SPE.

Il a accès au dossier comportant le point de sa situation.

Indépendamment de ses recherches personnelles, il donne suite aux offres d'emploi qui lui sont proposées correspondant à ses capacités professionnelles et à ses qualifications résultant de ses diplômes, de ses acquis et de son expérience professionnelle, dès lors que ces offres sont conformes au PPAE ou qu'elles n'ont pas fait l'objet d'un refus légitime. Les emplois offerts doivent être compatibles avec sa spécialité ou sa formation, ses possibilités de mobilité géographique compte tenu de sa situation personnelle et familiale et des aides à la mobilité qui lui sont proposées, et rétribués à un taux de salaire normalement pratiqué dans la profession et dans la région.
Si le salarié privé d'emploi s'est engagé dans une procédure personnelle et validée de recherche d'emploi, cette procédure est considérée comme répondant à ses engagements.

● **Contrôle de l'exécution du PPAE.** L'ASSEDIC examine, sur la base des informations recueillies notamment auprès de l'ANPE et de ses prestataires, les conditions de réalisation du parcours dans lequel s'est engagé l'allocataire au titre du PPAE :

- si les conclusions de l'examen sont positives, le demandeur d'emploi doit poursuivre son action conformément aux prescriptions retenues pour la suite de la réalisation de son PPAE. En fonction des circonstances, de nouvelles mises au point ont lieu jusqu'à l'aboutissement de l'action de retour à l'emploi ;
- en cas de doute sur la réalité de la recherche d'emploi ou sur la volonté de l'allocataire de suivre une formation prévue par le PPAE, l'ASSEDIC saisit le préfet du département qui peut, dans les conditions visées en p. 248, décider de suspendre, temporairement ou définitivement, ou de réduire l'allocation d'aide au retour à l'emploi.

L'ASSEDIC peut également suspendre le versement de l'allocation d'aide au retour à l'emploi, à titre conservatoire (dans l'attente de la décision définitive du préfet, voir p. 250) :

- en cas de refus de l'allocataire, sans motif légitime, de répondre à une convocation ;
- en cas de déclaration inexacte ou mensongère de l'allocataire faite en vue de percevoir indûment le revenu de remplacement.

sachez-le *La suspension du versement de l'allocation ne peut intervenir qu'après que l'intéressé a été mis à même de présenter ses observations. Elle cesse de produire effet au-delà d'une durée de 2 mois à l'issue de laquelle, en l'absence de décision explicite du préfet, le versement du revenu de remplacement est, en tout état de cause, rétabli.*

Le régime de solidarité

Le régime de solidarité, financé par l'État et géré par les ASSEDIC, est destiné à assurer un minimum de ressources aux personnes qui ne peuvent pas, ou ne peuvent plus, prétendre aux allocations de l'assurance chômage. Il comprend quatre allocations : l'allocation de solidarité spécifique (ASS), l'allocation d'insertion (AI) qui devrait être remplacée par une « allocation temporaire d'attente », l'allocation équivalent retraite (AER) et l'allocation de fin de formation (AFF, voir p. 261).

sachez-le *Les allocations du régime de solidarité sont imposables dans la catégorie des traitements et salaires. Au regard de la CSG et de la CRDS, la situation est la suivante : exonération de CRDS, non-prélèvement de la CSG en raison de leur montant inférieur au SMIC.*

➤ *L'allocation de solidarité spécifique*

Peuvent bénéficier de l'allocation de solidarité spécifique (ASS) les personnes recherchant effectivement un emploi et répondant aux catégories suivantes :

- les personnes privées d'emploi qui cessent d'être indemnisées au titre de l'assurance chômage ou qui ont épuisé leurs droits à l'allocation de fin de formation (voir p. 261) ;
- les personnes privées d'emploi, âgées de 50 ans ou plus, percevant l'allocation du régime d'assurance chômage qui en font la demande.

Si vous demandez le bénéfice de l'ASS, vous renoncez à celui de l'allocation versée par l'assurance chômage.

● **Les conditions requises.** Pour bénéficier de l'ASS, il faut :

- justifier de 5 ans d'activité salariée dans les 10 ans précédant la rupture du contrat de travail. Pour les personnes ayant interrompu leur activité au moins 1 an pour élever un ou plusieurs enfants, cette durée peut être réduite de 1 an par enfant élevé ou à charge dans la limite de 3 ans ;
- ne pas disposer de ressources mensuelles (allocation de solidarité comprise, prestations familiales, allocation de logement, pension alimentaire ou prestation compensatoire versée par le demandeur d'emploi non comprises) supérieures à 70 fois le montant de l'allocation pour une personne isolée, soit 997,50 €, et 110 fois le même montant pour un couple, soit 1 567,50 € (depuis le 01/01/2006). Selon les ressources mensuelles, l'allocation peut être versée sous forme différentielle ;

● être effectivement à la recherche d'un emploi ; les personnes âgées de 55 ans et plus peuvent, à leur demande, être dispensées de l'obligation de recherche d'emploi. L'absence de recherche d'emploi, hors cas de dispense, peut conduire à l'interruption du versement de l'ASS.

● **À partir de quand peut-on bénéficier de l'allocation de solidarité ?** L'allocation de solidarité est attribuée dès que l'on cesse d'être indemnisé par l'assurance chômage.
Par ailleurs, les personnes ayant 50 ans (ou plus) et percevant une allocation d'assurance chômage peuvent demander à opter pour l'allocation de solidarité dès leur 50e anniversaire.

● **Quelle est la durée de versement de l'allocation ?** L'allocation de solidarité est attribuée par périodes de 6 mois renouvelables. Le renouvellement de l'allocation est subordonné aux mêmes conditions que son attribution initiale. En tout état de cause, l'allocation cesse d'être versée à l'allocataire âgé de 60 ans et qui totalise le nombre de trimestres exigés pour bénéficier d'une retraite à taux plein ; à défaut, l'allocation continue d'être versée au-delà de 60 ans jusqu'à ce que ce nombre de trimestres soit atteint, et au plus tard jusqu'à 65 ans.
En ce qui concerne les personnes âgées de 55 ans et plus, dispensées à leur demande de recherche d'emploi, l'allocation de solidarité est attribuée jusqu'à l'âge de la retraite et non par périodes de 6 mois (sous réserve toutefois qu'elles continuent à remplir les conditions de ressources).

● **Quel est le montant de l'allocation ?** Le taux journalier de base de l'ASS est de 14,25 € (depuis le 01/01/2006), soit 427,50 € par mois (mois de 30 jours).
Si elles ont été admises au bénéfice de l'allocation de solidarité spécifique avant le 1er janvier 2004, les personnes âgées de 55 ans justifiant de 20 ans d'activité salariée ou âgées de 57,5 ans et ayant 10 ans d'activité bénéficient d'une majoration de 6,21 € (soit 20,46 € par jour et 613,80 € pour un mois de 30 jours). La durée d'activité exigée (de 10 ou 20 ans) est réduite, pour les femmes, de 2 ans par enfant élevé, dans la limite de 6 ans pour 10 ans d'activité et de 12 ans pour 20 ans d'activité. Cette majoration n'est plus attribuée aux bénéficiaires admis à l'ASS depuis le 1er janvier 2004.

attention *Suivant le montant de vos ressources mensuelles, l'allocation de solidarité peut être inférieure au taux normal.*

➤ *L'allocation équivalent retraite*

L'allocation équivalent retraite (AER) est destinée à assurer à ses bénéficiaires un minimum de ressources jusqu'à leurs 60 ans.

• **Qui peut en bénéficier ?** Peuvent prétendre à l'AER les personnes âgées de moins de 60 ans (à 60 ans, elles percevront leur pension de vieillesse à taux plein) qui disposent d'au moins 160 trimestres (40 ans) validés par les régimes obligatoires d'assurance vieillesse et qui appartiennent à l'une des trois catégories suivantes :

1° bénéficiaires de l'allocation de solidarité spécifique ou du RMI ; dans ce cas, l'AER se substitue à ces allocations ;

2° bénéficiaires d'une allocation d'assurance chômage ayant épuisé leurs droits à cette allocation ;

3° bénéficiaires d'une allocation d'assurance chômage en cours d'indemnisation, disposant de ressources inférieures au revenu garanti par l'AER (voir ci-dessous). L'AER vient alors compléter l'allocation d'assurance chômage perçue par le bénéficiaire.

• **Quelles sont les conditions à remplir ?** Outre la condition relative à l'âge et au nombre de trimestres validés (voir ci-dessus), l'AER est attribuée aux personnes dont les ressources mensuelles (1/12 du total des ressources des 12 derniers mois) sont inférieures à (montants en vigueur pour l'année 2006) :

- 1 476,96 € pour une personne seule, ou 919 € pour la catégorie de bénéficiaires visée au 3° ci-dessus ;
- 2 123,13 € pour un couple.

Les ressources prises en compte sont celles du demandeur et, le cas échéant, de son conjoint, concubin ou partenaire dans le cadre d'un PACS, telles qu'elles sont déclarées à l'administration fiscale ; sont exclues les prestations familiales et l'allocation de logement.

• **Quel est le montant de l'allocation ?** Le montant de l'AER est fixé à 30,77 € par jour (936 € par mois). L'AER peut être versée à taux plein ou à taux partiel selon le montant des ressources dont le demandeur (ou son ménage) dispose : le taux plein n'est versé que lorsque le total des ressources mensuelles, majoré du montant de l'AER, n'excède pas les plafonds de ressources visés ci-dessus. Dans le cas contraire, une allocation différentielle est versée, permettant au bénéficiaire de porter le total de ses ressources au niveau de ces montants. Le système de calcul étant relativement complexe, il ne faut pas hésiter à consulter l'ASSEDIC.

sachez-le *Lorsque l'AER est attribuée en complément d'une allocation d'assurance chômage, son montant est égal, si le bénéficiaire vit seul, à la différence entre ses ressources (allocation et autres ressources) et 936 €. S'il vit en couple, l'AER complétera son allocation et ses autres ressources éventuelles à hauteur de 936 €, sans qu'il soit tenu compte des revenus d'activité ou de remplacement de son conjoint.*

- **Où faut-il s'adresser ?** Comme les autres allocations du régime de solidarité, l'AER doit être demandée auprès de l'ASSEDIC. L'allocation est attribuée par périodes de 12 mois renouvelables ; elle est versée mensuellement à terme échu. Ses bénéficiaires sont, à leur demande, dispensés de recherche d'emploi.

➤ *L'allocation d'insertion*

Peuvent bénéficier de l'allocation d'insertion les personnes appartenant, au moment de leur inscription comme demandeur d'emploi, à l'une ou l'autre des catégories suivantes :

- détenus libérés depuis moins de 12 mois si la durée de détention est égale ou supérieure à 2 mois ;
- réfugiés et apatrides (sous certaines conditions) ;
- salariés expatriés (sous certaines conditions) ;
- salariés victimes d'un accident du travail ou d'une maladie professionnelle, dont le contrat de travail est suspendu et qui sont en attente d'un stage de réadaptation, de rééducation ou de formation professionnelle.

L'allocation d'insertion ne peut être versée qu'une seule fois au titre d'un même cas d'ouverture (anciens détenus, réfugiés et apatrides, expatriés, victimes d'un accident du travail).

attention *L'allocation d'insertion doit être remplacée par une « allocation temporaire d'attente », destinée principalement aux demandeurs d'asile âgés d'au moins 18 ans, pendant la durée d'instruction de leur demande (décrets à paraître).*

- **La condition de ressources.** L'allocation d'insertion est versée sous condition de ressources. Celles-ci ne doivent pas dépasser, pour une personne seule et par mois, 90 fois le montant journalier de l'allocation d'insertion, soit 903,60 €. Pour un couple, le plafond de ressources mensuelles est fixé à 180 fois le montant journalier de l'allocation d'insertion, soit 1 807,20 € (montants au 01/01/2006). Les prestations familiales ne sont pas prises en compte dans les ressources.

Le montant cumulé des ressources et de l'allocation d'insertion versée ne doit, en aucun cas, dépasser le plafond fixé. Si tel est le cas, l'allocation d'insertion est réduite.

- **Durée et versement de l'allocation d'insertion.** L'allocation d'insertion est attribuée pour une durée de 1 an, par périodes de 6 mois après examen de la situation de l'intéressé. Ces durées peuvent être fractionnées, notamment en raison de courtes périodes de travail.

- **Montant de l'allocation d'insertion.** Il est de 10,04 € par jour depuis le 01/01/2006, soit 301,20 € par mois (30 jours). Ce montant fait l'objet d'une revalorisation annuelle afin de suivre l'évolution du coût de la vie.

Cumul des allocations avec une activité

À certaines conditions, vous pouvez être indemnisé comme demandeur d'emploi, tout en ayant ou en gardant une activité réduite. Ces conditions diffèrent toutefois selon que vous êtes pris en charge au titre de l'assurance chômage (pour une fin de contrat de travail postérieure au 17/01/2006) ou au titre du régime de solidarité.

➤ *Vous êtes indemnisé par l'assurance chômage*

Si vous exercez une activité salariée occasionnelle ou réduite, qui n'excède pas 110 heures par mois, vous pourrez continuer de percevoir votre ARE, sous réserve :

- s'il s'agit d'une (ou plusieurs) activité(s) conservée(s) (salariés ayant plusieurs employeurs), qu'elle(s) vous procure(nt) une rémunération n'excédant pas 70 % des rémunérations brutes mensuelles perçues avant la perte d'une partie de vos activités ;
- s'il s'agit d'une reprise d'activité, qu'elle vous procure une rémunération n'excédant pas 70 % des rémunérations brutes mensuelles prises en compte pour le calcul de votre indemnisation.

Dans la première situation, l'allocation d'assurance chômage est intégralement cumulable avec les revenus tirés de l'activité conservée ; cette allocation sera simplement calculée sur la base des seuls salaires correspondant à l'emploi perdu. En revanche, en cas de reprise d'activité, le cumul n'est que partiel : vous aurez, pour chaque mois où vous avez travaillé, un nombre de jours non indemnisés calculés en divisant le salaire brut mensuel de l'activité par votre SJR (voir p. 244) ; pour les allocataires âgés de 50 ans ou plus, le nombre de jours non indemnisés est minoré d'un coefficient de 0,8.

Exemple : votre SJR était de 45 € (ce qui correspond à un salaire brut d'environ 1 370 €) et l'activité reprise vous procure un salaire mensuel brut de 380 €. L'ASSEDIC déduira pour le mois considéré 8 jours d'allocations (380 €/45 € = 8,44, arrondis à 8). En revanche, aucune allocation ne serait maintenue si le revenu mensuel issu de l'activité réduite dépassait 70 % de 1 370 €, soit 959 €.

attention *Les conditions de cumul des allocations d'assurance chômage et d'un revenu procuré par une activité professionnelle non salariée (artisan, commerçant, profession libérale...) relèvent de dispositions spécifiques. Si vous êtes intéressé, notamment si vous avez décidé de créer ou de reprendre une entreprise, n'hésitez pas à vous renseigner auprès de votre ASSEDIC, avant même de commencer à exercer une telle activité.*

sachez-le *Qu'il s'agisse d'une activité conservée ou d'une activité reprise, le cumul avec l'allocation d'assurance chômage est en principe possible pendant 15 mois seulement, dans la limite évidemment de la durée d'indemnisation de l'intéressé. Cette limite de 15 mois ne s'applique toutefois ni aux chômeurs âgés de 50 ans et plus, ni aux titulaires d'un contrat emploi-solidarité ou d'un contrat d'accompagnement dans l'emploi.*

➤ Vous êtes indemnisé par le régime de solidarité

La rémunération tirée de l'exercice d'une activité professionnelle peut être cumulée avec le versement des allocations du régime de solidarité (allocation d'insertion ou allocation de solidarité spécifique) pendant une durée maximale de 12 mois à compter du début de cette activité. Toutefois si, au cours de ces 12 mois, vous n'avez pas effectué 750 heures de travail, le cumul de l'allocation et de la rémunération est maintenu (dans la limite de vos droits à l'ASS) jusqu'à ce que ce plafond soit atteint, sans qu'il soit nécessaire d'obtenir une autorisation spécifique. Le dispositif est prévu pour permettre :

- pendant les 6 premiers mois civils de reprise d'activité, un cumul intégral entre les allocations de solidarité et les revenus d'activité, dès lors que ces derniers n'excèdent pas 50 % du SMIC mensuel (dans le cas contraire, un abattement est effectué sur les allocations) ;
- pendant les 6 mois civils suivants, un cumul entre allocations et revenus, avec déduction des allocations d'une somme équivalant à 40 % du revenu brut total d'activité.

sachez-le *Le délai de 12 mois pendant lequel le cumul est possible ne s'applique pas aux allocataires âgés d'au moins 50 ans. Par ailleurs, des dispositions spécifiques plus favorables s'appliquent aux titulaires d'un contrat emploi-solidarité, de l'allocation équivalent retraite, du contrat d'avenir ou du contrat d'accompagnement dans l'emploi. Enfin, les titulaires de l'ASS peuvent, sous certaines conditions, bénéficier d'une prime de retour à l'emploi ; sur tous ces points, renseignez-vous auprès de l'ASSEDIC.*

L'aide à la création d'entreprise

Cette aide consiste en une exonération de cotisations sociales, à laquelle s'ajoute, pour certains bénéficiaires, l'attribution d'une aide financière. En outre, si vous bénéficiez de l'aide à la création d'entreprise, vous aurez droit, pendant 12 mois, à une couverture sociale gratuite (notamment en assurance maladie-maternité). Pour plus de renseignements, on peut s'adresser à l'ANPE ou à l'ASSEDIC.

attention *Les demandeurs d'emploi qui souhaitent bénéficier des aides à la création d'entreprise (exonération de cotisations ou aide financière) doivent déposer leur dossier auprès de la DDTEFP (coordonnées sur le site www.travail.gouv.fr) avant la création ou la reprise de leur entreprise.*

➤ *L'exonération de cotisations*

Peuvent bénéficier, au titre de leur nouvelle activité, d'une exonération de cotisations sociales pour une durée de 12 mois :

- les titulaires de l'allocation de solidarité spécifique, de l'allocation d'insertion et de l'allocation de parent isolé ;
- les bénéficiaires du RMI, leur conjoint ou concubin ;
- les jeunes susceptibles d'accéder aux emplois-jeunes et ceux dont le contrat emploi-jeunes a été rompu avant le terme de l'aide prévue ;
- les personnes privées d'emploi percevant (ou susceptibles de percevoir) l'allocation d'aide au retour à l'emploi ;
- les demandeurs d'emploi non indemnisés, inscrits pendant plus de 6 mois au cours des 18 derniers mois ;
- les salariés qui reprennent tout ou partie de leur entreprise en cours de liquidation ou de redressement judiciaire ;
- les personnes ayant conclu un « contrat d'appui au projet d'entreprise » (art. L. 127-1 à 7 du Code du commerce), dès lors qu'elles remplissent l'une des conditions précitées à la date de conclusion de ce contrat.

Sur demande de l'intéressé, l'exonération est prolongée dans la limite de 24 mois lorsque l'entreprise créée ou reprise est une très petite entreprise (une « micro-entreprise ») ; en fonction des revenus du bénéficiaire, elle est alors totale ou partielle (renseignements auprès de l'ASSEDIC ou de l'URSSAF).

➤ *L'aide financière*

Cette aide est susceptible d'être attribuée :

- aux jeunes éligibles au dispositif « emploi jeunes » ou dont le contrat emploi-jeunes a été rompu ;

- aux bénéficiaires des minima sociaux (ASS, RMI, API) ;
- aux salariés repreneurs de leur entreprise ;
- aux bénéficiaires d'un « contrat d'appui au projet d'entreprise » ;
- aux personnes de 50 ans et plus inscrites sur la liste des demandeurs d'emploi.

L'aide prend la forme d'une avance remboursable attribuée après expertise du projet de création ou de reprise d'entreprise. Son montant maximal est fixé à 6 098 € si le projet est présenté par un seul créateur. Si le projet est présenté par plusieurs personnes, le montant cumulé des aides ne peut excéder 9 145 €. Enfin, si la demande est présentée par plus de 10 salariés qui souhaitent reprendre leur entreprise en difficulté, le montant maximum de l'aide est fixé à 76 225 €.

sachez-le *Les bénéficiaires des minima sociaux (RMI, API, ASS, AI, allocation de veuvage), ainsi que les bénéficiaires de l'allocation d'aide au retour à l'emploi, qui créent ou reprennent une entreprise peuvent, pour une durée limitée, cumuler leur allocation avec leurs revenus professionnels (renseignements auprès de l'ASSEDIC, de la caisse d'assurance vieillesse ou de la CAF selon le cas). Par ailleurs, les allocataires du régime d'assurance chômage peuvent percevoir, sous certaines conditions, une aide à la création ou à la reprise d'entreprise (renseignements auprès de l'ASSEDIC).*

La formation des demandeurs d'emploi

L'accès à une formation des demandeurs d'emploi dépend principalement de leur situation au regard de l'indemnisation ou non par le régime d'assurance chômage. Nous présentons ici les grandes lignes de ce dispositif, sachant que, si vous êtes demandeur d'emploi, il ne faut pas hésiter à contacter l'ANPE ou l'ASSEDIC pour connaître les possibilités de formation qui vous sont offertes.

➤ *La formation dans le cadre de l'assurance chômage*

- **Le maintien des allocations.** Si vous êtes demandeur d'emploi, bénéficiaire de l'allocation d'assurance chômage (allocation d'aide au retour à l'emploi - ARE), vous pouvez, dans le cadre du PPAE élaboré entre vous et l'ANPE, être amené à suivre une ou plusieurs actions de formation. Dans ce cas, vous continuerez de percevoir votre allocation, dans la limite de votre durée d'indemnisation.

sachez-le *L'ASSEDIC peut accorder aux demandeurs d'emploi une aide à la formation qui couvre, outre les frais de formation* stricto sensu, *les frais de dossier et d'inscription relatifs à la formation, ainsi que les frais de transport, de repas et d'hébergement restant à la charge de l'allocataire (renseignements auprès de l'ASSEDIC).*

● **L'allocation de fin de formation (AFF).** Dans l'hypothèse visée ci-dessus (formation dans le cadre du PPAE), si vos droits à l'ARE prennent fin alors que vous êtes en formation, vous pourrez bénéficier de l'AFF, destinée à prendre le relais de votre ARE, afin de ne pas vous laisser sans ressources. Cette disposition s'applique dans les conditions suivantes :

● l'AFF est accordée de plein droit aux demandeurs d'emploi ayant une durée d'indemnisation de 7 mois maximum. La durée de versement de cette AFF « de droit commun » est de 4 mois. Dans cette situation, l'attribution de l'AFF est automatique, dès lors que le demandeur d'emploi remplit les conditions énoncées ;

● l'AFF peut être accordée à titre dérogatoire sans limitation de durée, c'est-à-dire jusqu'au terme de la formation entreprise :

- aux demandeurs d'emploi ayant une durée d'indemnisation en ARE supérieure à 7 mois ;
- aux demandeurs d'emploi éligibles à l'AFF « de droit commun » (voir ci-dessus) pour lesquels la durée de versement de 4 mois est insuffisante compte tenu de la durée de formation qu'il leur restera à effectuer au terme de leurs droits à l'ARE (la durée de formation non couverte par l'ARE doit être supérieure à 4 mois).

La dérogation est accordée au vu de la formation entreprise, celle-ci devant permettre d'acquérir une qualification et d'accéder à un emploi pour lequel sont identifiées des difficultés de recrutement.

Dans tous les cas, le montant de l'AFF est égal au montant de l'allocation d'aide au retour à l'emploi (ARE) que le demandeur d'emploi percevait à l'entrée en formation.

sachez-le *La décision d'attribuer l'AFF est prise, par l'ANPE, au moment de la prescription de l'action de formation. En cas de refus, c'est donc auprès de l'ANPE que le demandeur d'emploi doit exercer ses recours. La responsabilité du versement de l'allocation incombe à l'ASSEDIC, cela afin d'éviter les ruptures de paiement au moment du basculement de l'ARE vers l'allocation de fin de formation.*

➤ *Le régime public de formation*

Les demandeurs d'emploi ne remplissant pas les conditions pour bénéficier d'une formation dans le cadre de l'assurance chômage relèvent du régime public de formation qui intervient à titre subsidiaire et dont le financement est assuré par l'État et les régions (art. L. 961-1 du Code du travail). On peut se renseigner auprès de l'ANPE, notamment pour connaître les stages agréés.

● **Qui peut en bénéficier ?** Ce régime de formation s'adresse :
● aux salariés privés d'emploi ayant exercé une activité salariée pendant 6 mois dans une période de 12 mois, ou pendant 12 mois dans une période de 24 mois, aux travailleurs handicapés privés d'emploi et aux jeunes handicapés à la recherche d'un premier emploi ;
● aux personnes veuves, divorcées, séparées, abandonnées ou célibataires et qui assument seules la charge effective et permanente d'un ou plusieurs enfants résidant en France, ainsi qu'aux femmes seules enceintes, aux mères de famille ayant eu trois enfants au moins, et aux femmes divorcées, veuves ou séparées judiciairement depuis moins de 3 ans ;
● aux travailleurs non salariés qui ont exercé une activité professionnelle, salariée ou non, durant 12 mois, dont 6 mois consécutifs dans les 3 années qui précèdent l'entrée en stage ;
● aux demandeurs d'emploi à la recherche d'une insertion professionnelle ne pouvant entrer dans l'une des catégories précédentes : jeunes, chômeurs de longue durée...

● **Avec quelle rémunération ?** Pour les deux premières catégories de bénéficiaires visées ci-dessus, la rémunération mensuelle est fixée à 652,02 € (depuis le 01/01/2003). Pour les travailleurs non salariés, la rémunération mensuelle est fixée à 708,59 € (depuis le 01/01/2003). Enfin, pour les autres bénéficiaires, la rémunération dépend de l'âge à la date d'entrée en stage : 130,34 € lorsqu'ils ont moins de 18 ans, 310,39 € lorsqu'ils ont de 18 à 20 ans, 339,35 € lorsqu'ils ont de 21 à 25 ans, 401,09 € lorqu'ils ont 26 ans ou plus. Lorsque le stage s'effectue à temps partiel, le stagiaire perçoit, pour chaque heure de stage, une rémunération égale à la rémunération mensuelle qu'il aurait perçue pour un stage à temps complet, divisée par 151,67.
Les montants visés ci-dessus incluent l'indemnité compensatrice de congés payés. Peuvent s'y ajouter des indemnités de transport et des indemnités d'hébergement.

● **Pour quelle formation ?** Le stage doit être agréé par l'État ou la région au titre de la formation professionnelle.

● **Statut et protection sociale.** Durant le stage, vous avez le statut de stagiaire de la formation professionnelle rémunéré par l'État, ce qui vous permet de bénéficier d'une protection sociale assurée par des cotisations versées par l'État ou la région (renseignements complémentaires auprès de votre caisse de Sécurité sociale).

La retraite et la préretraite

1 Les préretraites

Deux formules de préretraite existent : l'une, générale, la préretraite licenciement, faisant l'objet d'une convention FNE ; l'autre, la préretraite amiante, destinée aux salariés victimes ou exposés aux risques de l'amiante. La préretaite progressive de même que la préretaite contre embauches n'admettent plus de nouveaux bénéficiaires : la première depuis le 01/01/2005, la seconde depuis le 01/01/2003. On signalera également l'existence de dispositifs particuliers, mis en place par accord national professionnel (automobile, industrie chimique...), au profit des salariés occupés à des emplois pénibles et ayant commencé à travailler jeunes.

La préretraite licenciement

➤ *Qui peut en bénéficier ?*

Pour bénéficier de la préretraite licenciement et percevoir l'allocation spéciale du Fonds national de l'emploi (AS-FNE), il faut appartenir à une entreprise ayant conclu une convention FNE et :

- être concerné par le licenciement économique ;
- être âgé d'au moins 57 ans (exceptionnellement 56 ans) ;
- avoir au moins 1 an d'ancienneté dans l'entreprise ;
- justifier d'au moins 10 ans d'activité salariée.

sachez-le *L'employeur et le salarié doivent verser une participation financière à l'État. Celle du salarié est en principe égale à la différence entre l'indemnité conventionnelle de licenciement et l'indemnité légale, avec des plafonds maxima.*

➤ *Quel est le montant de l'allocation ?*

L'allocation est égale à 65 % du salaire antérieur dans la limite du plafond de la Sécurité sociale (2 589 €/mois en 2006) et à 50 %

pour la partie comprise entre 1 et 2 fois ce plafond (avec un minimum fixé à 28,40 €/jour au 01/01/2006). Pour déterminer le salaire antérieur, il est tenu compte des rémunérations des 12 derniers mois civils. L'AS-FNE, revalorisée chaque année, est versée à l'expiration des différés d'indemnisation (voir p. 246), jusqu'à 60 ans ou jusqu'à l'acquisition du nombre de trimestres permettant la liquidation d'une retraite à taux plein (voir p. 274) et au plus tard jusqu'à 65 ans. Elle cesse d'être versée dès que vous demandez la liquidation de votre retraite (sauf pension de réversion) ; sauf dérogation, elle est suspendue en cas de reprise d'une activité professionnelle (voir l'ASSEDIC).

sachez-le *Les salariés qui ont été admis au bénéfice de la préretraite contre embauches (également baptisée « ARPE », allocation de remplacement pour l'emploi) perçoivent, dès le lendemain de la fin du contrat de travail et jusqu'à 60 ans, une allocation mensuelle égale à 65 % de leur ancien salaire mensuel brut (salaire moyen brut des 12 derniers mois), dans la limite de 4 fois le plafond de la Sécurité sociale. L'allocation ne peut être inférieure au minimum de l'AS-FNE (voir ci-dessus). Rappelons que ce dispositif n'admet plus de nouveaux bénéficiaires depuis le 1er janvier 2003.*

La préretraite progressive

➤ *Quel est le statut du bénéficiaire ?*

Bien que ce dispositif n'admette plus de nouveaux bénéficiaires depuis le 1er janvier 2005, les conventions signées avant cette date continuent de s'appliquer jusqu'à leur terme normal.
Si vous bénéficiez de ce dispositif, vous continuerez de travailler à 50 % de votre temps de travail initial.

➤ *Quel est le montant ?*

L'employeur maintient le salaire au prorata du nouveau temps de travail (soit 50 % du salaire brut antérieur). Vous recevrez en plus, de l'ASSEDIC, une allocation qui correspond à 30 % du salaire brut antérieur jusqu'au plafond de la Sécurité sociale (2 589 € en 2006) et à 25 % au-delà, dans la limite de deux fois ce plafond.
L'allocation est d'un montant minimum de 14,20 € par jour (au 01/01/2006) ; elle est versée jusqu'à ce que vous puissiez bénéficier d'une retraite à taux plein et au plus tard jusqu'à 65 ans. Au-delà de 60 ans, l'allocation continue d'être versée aux seuls salariés qui ne disposent pas du nombre de trimestres permettant de bénéficier d'une retraite à taux plein (voir p. 274).

Vous pouvez accomplir pendant votre travail des actions de tutorat visant à faciliter l'intégration et la formation des nouveaux embauchés. Vous pouvez également exercer cette tâche pendant votre temps libre et bénéficier alors d'une couverture contre le risque d'accident du travail et de maladie professionnelle.

La préretraite des victimes de l'amiante

Ce dispositif permet aux salariés qui ont été exposés aux risques de l'amiante de cesser leur activité au plus tôt à 50 ans et de percevoir une allocation de cessation anticipée d'activité (lois du 23/12/1998, du 29/12/1999 et du 21/12/2001, et les décrets et arrêtés pris pour leur application). Pour plus de précisions, adressez-vous à vos délégués ou à votre union départementale CFDT (voir adresses en fin d'ouvrage).

attention *Les salariés qui bénéficient de ce dispositif doivent donner leur démission. Ils perçoivent alors une indemnité égale à celle de départ à la retraite à l'initiative du salarié (voir p. 191). Cette indemnité n'est soumise ni à la CSG, ni à la CRDS, ni à l'impôt sur le revenu. Il en est de même de l'éventuelle indemnité complémentaire versée par l'employeur.*

➤ Qui peut en bénéficier ?

Il existe plusieurs catégories de bénéficiaires :

- les salariés ou anciens salariés reconnus atteints, par la Sécurité sociale, d'une maladie professionnelle liée à l'amiante. La liste de ces maladies est fixée par un arrêté du 29/03/1999. Ouvrent également droit à la préretraite amiante, les maladies reconnues d'origine professionnelle par la CPAM (ou la MSA pour les salariés agricoles), au titre de la procédure spécifique prévue par l'article L. 461-1 du Code de la Sécurité sociale (maladie professionnelle non inscrite sur les tableaux), dont l'imputabilité à l'amiante est attestée (arrêté du 03/02/2005). Ces salariés peuvent cesser leur activité dès 50 ans ;
- les salariés et anciens salariés des établissements de fabrication de matériaux contenant de l'amiante, des établissements de flocage et de calorifugeage à l'amiante ou de construction et de réparation navales, ainsi que les dockers professionnels et certains personnels portuaires assurant la manutention. Ces salariés ou anciens salariés doivent travailler ou avoir travaillé dans un établissement ou dans un port figurant sur une liste fixée par

arrêté ministériel, à une époque pendant laquelle y étaient traités de l'amiante ou des matériaux contenant de l'amiante ou pendant laquelle y étaient manipulés de l'amiante ou des matériaux contenant de l'amiante. L'âge de départ en préretraite (au plus tôt 50 ans) est alors calculé en retranchant de l'âge légal de départ en retraite (60 ans) un tiers de la durée de travail effectuée dans un ou plusieurs de ces établissements ou ports.

sachez-le *Les salariés victimes d'une maladie liée à l'amiante constatée entre le 01/01/1947 et le 29/12/1998 et non reconnue alors comme maladie professionnelle peuvent obtenir une réouverture des droits aux prestations et indemnités prévues par cette législation (prestations plus avantageuses que les prestations de droit commun). Les règles de prescription ne peuvent être opposées à ces demandes, qu'elles émanent des salariés victimes ou de leurs ayants droit.*

➤ *Quel est le montant de l'allocation ?*

L'allocation est égale à 65 % du salaire de référence (SR) des bénéficiaires (moyenne des rémunérations des 12 derniers mois d'activité salariée), dans la limite du plafond de la Sécurité sociale (2 589 €/mois en 2006) et à 50 % pour la partie comprise entre 1 et 2 fois ce plafond. Afin de ne pas pénaliser les bénéficiaires, certaines périodes au cours desquelles ils ont perçu une rémunération réduite (chômage partiel, mi-temps thérapeutique, temps partiel effectué dans le cadre d'un CDD, etc.) ne sont pas prises en compte pour le calcul du salaire de référence. Le montant brut mensuel minimum de l'allocation est de 28,40 € x 365/12 = 863,83 €. L'allocation ne peut être supérieure à 85 % du SR.

sachez-le *L'allocation cesse d'être versée aux intéressés lorsqu'ils peuvent justifier, à partir de 60 ans, du nombre de trimestres requis pour obtenir une retraite à taux plein. Le versement prend fin, au plus tard, à l'âge de 65 ans.*

L'allocation de préretraite amiante ne peut se cumuler ni avec un revenu de remplacement (allocation d'assurance chômage, allocation du régime de solidarité, etc.), ni avec un avantage de vieillesse ou d'invalidité, ni avec une allocation de préretraite ou de cessation anticipée d'activité (un cumul partiel est toutefois possible pour les salariés ou anciens salariés relevant d'un régime spécial de Sécurité sociale).

sachez-le *La loi n° 2000-1257 du 23/12/2000 a créé un Fonds d'indemnisation des victimes de l'amiante (ou « FIVA »), dont l'objet est d'assurer la réparation intégrale des préjudices subis par les personnes qui ont été exposées aux risques de l'amiante, ou par leurs ayants droit. La procédure à suivre pour demander cette indemnisation est fixée notamment par le décret n° 2001-963 du 23 octobre 2001 (JO du 24/10/2001), qui peut être consulté sur le site Internet www.legifrance.gouv.fr. On précisera que cette procédure est prévue pour déboucher, dans les 6 mois suivant le dépôt de la demande, sur une offre d'indemnisation couvrant l'ensemble des préjudices subis. Un numéro vert a été mis en place pour répondre aux questions des personnes concernées : 0 800 500 200.*

2 La retraite

Tout salarié a droit, à partir de 60 ans, ou avant cet âge s'il remplit certaines conditions, à une retraite du régime général de la Sécurité sociale, en contrepartie des cotisations d'assurance vieillesse versées.
S'ajoute à cette retraite de base une retraite complémentaire versée par l'ARRCO, les cadres percevant en outre une retraite de l'AGIRC. Les dispositions détaillées ici sont celles applicables aux salariés du secteur privé relevant du régime général. Les fonctionnaires, agents du secteur public, artisans, salariés des régimes spéciaux... relèvent d'autres dispositions.

Les retraites issues de régimes obligatoires par répartition peuvent être complétées par des systèmes de retraite par capitalisation facultative, mis en place par accord collectif, notamment dans le cadre des différentes formules de plans d'épargne entreprise ou du plan d'épargne pour la retraite collectif (PERCO). Renseignez-vous auprès de vos délégués.

attention *Si vous avez relevé de plusieurs régimes de base (salarié, artisan...) au cours de votre carrière, vous recevrez une retraite de chacun de ces régimes, proportionnelle à votre durée d'affiliation à chacun d'eux. On tiendra compte également de toutes ces périodes d'activité pour déterminer si vous avez droit ou non à une retraite à taux plein (voir p. 274).*

sachez-le *Aucune retraite n'est versée automatiquement ; il faut en faire la demande (voir p. 278). Sur les modalités de départ à la retraite vis-à-vis de l'employeur, reportez-vous à la page 191.*

Pour acquérir des droits à retraite

Les conditions d'acquisition des droits à retraite sont différentes dans le régime général et dans les régimes complémentaires.

Pour la retraite de la Sécurité sociale

Un seul trimestre validé permet d'obtenir le versement d'une pension (qui sera évidemment d'un montant limité). Pour valider un trimestre, il faut avoir cotisé sur un salaire représentant 200 fois le SMIC horaire en vigueur au 1er janvier de l'année. Par exemple, pour 2006, tout salaire au moins égal à 1 606 € (8,03 x 200) ayant donné lieu à cotisation permet de valider un trimestre (dans la limite évidemment de 4 trimestres par année civile).

Dans les régimes complémentaires

La retraite est fonction des points dont dispose le retraité. Le nombre de points acquis se calcule en divisant le montant des cotisations versées par le salarié au titre de la retraite complémentaire par un salaire de référence revalorisé chaque année par les institutions de retraite complémentaire.

sachez-le *Des trimestres ou des points gratuits peuvent être attribués en cas de chômage, maternité, etc.*

La retraite progressive

Quand pouvez-vous en bénéficier ?

Vous pouvez faire liquider une partie de votre retraite tout en continuant de travailler à temps partiel, à condition :

- d'avoir 60 ans et de totaliser au moins 150 trimestres de durée d'assurance et de périodes reconnues équivalentes (disposition applicable aux pensions prenant effet postérieurement au 30/06/2006 et antérieurement au 31/12/2008) ;
- d'exercer une seule activité à temps partiel, inférieure d'au moins 1/5 à la durée du travail applicable dans l'entreprise.

À l'appui de votre demande de retraite progressive, vous devrez fournir un certain nombre de justificatifs, et notamment : votre contrat de travail à temps partiel ; une attestation de votre employeur indiquant la durée du travail à temps complet applicable dans l'entreprise ; une déclaration sur l'honneur attestant que vous n'exercez plus aucune autre activité professionnelle que celle qui fait l'objet du contrat de travail à temps partiel (formulaire de demande sur le site www.retraite.cnav.fr).

Combien percevrez-vous au titre de la retraite ?

Vous toucherez une fraction de votre pension qui dépend de la durée du travail à temps partiel :

- 30 % si vous travaillez entre 60 et 80 % d'un temps complet ;

- 50 % si vous travaillez entre 40 et 59,99 % d'un temps complet ;
- 70 % si vous travaillez moins de 40 % d'un temps complet.

Lorsque vous cesserez totalement votre activité, vous percevrez, à votre demande, votre pension complète liquidée dans les conditions de droit commun. Cette pension ne pourra être inférieure au montant entier ayant servi de base au calcul de la fraction de pension qui vous avait été servie, le cas échéant revalorisé (disposition applicable aux pensions prenant effet postérieurement au 30/06/2006 et antérieurement au 31/12/2008).

sachez-le *Le dispositif de retraite progressive été étendu aux retraites complémentaires ARRCO et AGIRC. Vous pouvez donc faire liquider votre retraite progressive à la fois par la Sécurité sociale et par vos régimes complémentaires. La fraction de pension qui sera servie sera calculée de la même manière que pour la retraite de la Sécurité sociale (voir ci dessus).*

La retraite de la Sécurité sociale

➤ *Condition d'âge*

1 - Principe. Sauf si vous vous trouvez dans l'une des situations visées ci-dessous, c'est à partir de 60 ans, et pas avant, que vous pourrez demander la liquidation de votre retraite. Cette demande n'est pas obligatoire : vous pouvez tout à fait continuer de travailler après cet âge, notamment si vous n'avez pas acquis le nombre de trimestres d'assurance requis pour bénéficier d'une retraite à taux plein.

attention *Si vous demandez votre retraite dès votre 60e anniversaire sans avoir droit à une retraite à taux plein, votre pension sera définitivement calculée sur la base des droits que vous aurez acquis au moment de la liquidation. Il n'y aura pas de nouveau calcul lorsque vous aurez atteint 65 ans. Dans certains cas, il peut donc être préférable de continuer de travailler après 60 ans, de manière à disposer d'une retraite à taux plein.*

2 - Retraite avant 60 ans. Sous certaines conditions, les salariés justifiant d'une longue carrière et ayant commencé à travailler jeunes, ainsi que les salariés handicapés, peuvent faire liquider leur retraite avant 60 ans, à taux plein.

- Salariés ayant commencé à travailler jeunes et justifiant d'une longue carrière. Depuis le 01/01/2004, la liquidation de la retraite est possible avant 60 ans (et au plus tôt à 56 ans), sous réserve de justifier :

- d'une durée totale d'assurance et de périodes reconnues équivalentes dans le régime général et, le cas échéant, dans un ou plusieurs autres régimes obligatoires, au moins égale à 168 trimestres (soit 42 ans) ;
- au sein de cette durée totale d'assurance, d'une certaine durée d'assurance, tous régimes de base confondus, ayant donné lieu à cotisations à la charge du salarié : 168 trimestres pour un départ à 56 ou 57 ans, 164 trimestres pour un départ à 58 ans, 160 trimestres pour un départ à 59 ans. Pour apprécier cette condition, on ne tiendra compte ni des périodes assimilées à des périodes d'assurance (exception faite, dans certaines limites, des périodes de service national et de maladie, maternité, accidents du travail), ni des périodes reconnues équivalentes et des majorations de durée d'assurance pour enfant ou pour congé parental.

Pour partir en retraite avant 60 ans, les assurés remplissant les deux conditions visées ci-dessus doivent en outre :
- pour un départ à 56, 57 ou 58 ans, avoir validé au moins 5 trimestres avant la fin de l'année civile de leurs 16 ans. À défaut, pour ceux nés au dernier trimestre, 4 trimestres validés dans l'année civile des 16 ans suffiront ;
- pour un départ à 59 ans, avoir validé au moins 5 trimestres avant la fin de l'année civile de leurs 17 ans. À défaut, pour ceux nés au dernier trimestre, 4 trimestres validés dans l'année civile des 17 ans suffiront.

Exemple : Mme Durand, mère de 2 enfants, née le 28 février 1947, a commencé à travailler à 14 ans, en juin 1961, année pour laquelle elle a validé 3 trimestres. Elle justifie de 179 trimestres acquis par cotisations et de 16 trimestres de majoration pour enfants, soit 195 trimestres d'assurance validés.

Si elle le souhaite, elle pourra demander la liquidation de ses droits à retraite au 1er janvier 2006, à l'âge de 58 ans et 11 mois, puisqu'elle justifiera à cette date :
- de 195 trimestres validés (soit plus que les 168 trimestres validés nécessaires) ;
- au sein de ces 195 trimestres validés, de 179 trimestres acquis par cotisations (soit plus que les 164 trimestres nécessaires) ;
- de 11 trimestres validés avant la fin de l'année civile de ses 16 ans (soit plus que les 5 trimestres validés nécessaires), puisqu'elle aura validé 3 trimestres en 1961, 4 trimestres en 1962 et 4 trimestres en 1963.

● Salariés handicapés. Depuis le 01/07/2004, l'assuré handicapé peut bénéficier de sa pension de vieillesse à taux plein avant 60 ans s'il justifie avoir accompli, alors qu'il était atteint d'une incapacité permanente au moins égale à 80 %, d'une durée d'assurance dans le régime général et, le cas échéant, dans un ou plusieurs autres régimes obligatoires au moins égale à une certaine limite, tout ou partie de cette durée ayant donné lieu à cotisations à sa charge (voir tableau ci-dessous).

Âge de la retraite à compter de ...	Durée d'assurance minimale	Durée cotisée exigée
55 ans	120 trimestres	100 trimestres
56 ans	110 trimestres	90 trimestres
57 ans	100 trimestres	80 trimestres
58 ans	90 trimestres	70 trimestres
59 ans	80 trimestres	60 trimestres

attention *Les conditions pour bénéficier d'une retraite avant 60 ans étant relativement complexes, les salariés intéressés doivent impérativement faire le point sur leurs droits avant de prendre une quelconque décision. Le plus simple pour cela est de contacter le « point accueil retraite » le plus proche de leur domicile : coordonnées sur le site www.retraite.cnav.fr*

Comment est calculée la pension ?

Pour les pensions de vieillesse ayant pris effet à compter du 1er janvier 2004, le montant de la pension (P) est obtenu à partir de la formule suivante :

$$P = SAM \times T \times \frac{D}{d}$$

dans laquelle « SAM » représente le salaire annuel moyen, « T » le taux de liquidation, « D » la durée d'assurance au régime général limitée à la durée maximum, « d », la durée d'assurance maximum retenue, variable selon la date de naissance de l'assuré (voir p. 276).

Le salaire annuel moyen (SAM)

Pour calculer votre retraite, la Sécurité sociale prend en compte le montant des rémunérations sur lesquelles vous avez cotisé chaque année, dans la limite du plafond. Elle applique à ces rémunérations annuelles un coefficient de majoration (celui qui sert à revaloriser les retraites de l'année en question), afin de tenir compte de l'érosion monétaire. La pension est ensuite calculée sur les meilleures années de salaire, après revalorisation. Jusqu'en 1993, les 10 meilleures années étaient retenues.

Depuis le 01/01/1994, ce chiffre est augmenté d'une année par an, pour être porté à 25 en 2008.
Pour déterminer le nombre d'années à retenir, c'est l'année de naissance de l'assuré qui est prise en compte. Ainsi, par exemple :
- si vous êtes né en 1946, le calcul se fera sur les 23 meilleures années, que vous demandiez la liquidation de votre retraite en 2006 ou après,
- si vous êtes né en 1947, le calcul se fera sur les 24 meilleures années, que vous demandiez votre retraite en 2007 ou après.

➤ *Détermination du taux*

La pension de retraite peut être liquidée soit à taux plein, soit selon un taux minoré par des abattements.

1 - La liquidation à taux plein. La retraite est liquidée à taux plein, c'est-à-dire à 50 % :
- au profit des salariés qui demandent leur retraite avant 60 ans dans les conditions visées aux pages 271 et 272 ;
- à partir de 60 ans, si l'assuré justifie d'un nombre minimum de trimestres d'assurance. Ce nombre est fixé à 160 trimestres pour les retraites liquidées depuis le 01/01/2003 ; à compter de 2009, il devrait être majoré d'un trimestre par année pour atteindre 164 trimestres pour les assurés nés en 1952 ;
- dès 60 ans pour les salariés reconnus inaptes au travail ou anciens déportés, internés politiques ou de la Résistance et titulaires de la carte à ce titre ;
- dès 60 ans également pour les ouvrières ayant 30 ans de cotisations dans le régime général (ou agricole), ayant élevé au moins 3 enfants et ayant exercé un travail manuel ouvrier pendant au moins 5 ans au cours des 15 ans qui précèdent la demande de liquidation de pension ;
- entre 60 et 65 ans pour les anciens combattants et prisonniers de guerre, en fonction du temps qu'ils ont passé en service actif ou de leur durée de captivité ;
- dans tous les cas à partir de 65 ans, quel que soit le nombre de trimestres de l'assuré.

sachez-le *Pour déterminer le taux de liquidation de votre pension, on tiendra compte de votre activité professionnelle dans tous les régimes de Sécurité sociale : salariés, artisans, etc. Les périodes de chômage, de congé maladie, de maternité... sont également prises en compte sous certaines conditions, de même que les périodes ayant donné lieu à rachat au titre des années d'études supérieures ou des années n'ayant pas permis de valider 4 trimestres. Sur ces possibilités de rachat, et sur leur coût, il est possible de se renseigner auprès des « points accueil retraite » dont les coordonnées sont disponibles sur le site www.retraite.cnav.fr*

2 - La liquidation selon un taux minoré ou « décote ». Si vous prenez votre retraite entre 60 et 65 ans (sauf notamment pour inaptitude) et que vous ne justifiez pas des 160 trimestres permettant d'obtenir le taux plein, on applique à ce taux (50 %) un coefficient de minoration par trimestre manquant soit pour atteindre les 160 trimestres, soit pour atteindre l'âge de 65 ans. C'est le calcul le plus favorable à l'assuré qui est retenu, étant précisé que le taux de liquidation ne peut en aucun cas être inférieur à 25 %.
Pour les pensions ayant pris effet avant le 1er janvier 2004, ce coefficient était fixé à 2,50 %, ce qui revenait à retirer du taux plein (soit 50 %) 1,25 point par trimestre manquant. Pour les pensions qui ont pris effet à compter du 1er janvier 2004, le taux de cette décote sera progressivement ramené à 1,25 % (soit 0,625 point par trimestre manquant), en fonction d'un échéancier établi selon la date de naissance de l'assuré.

Décote en pourcentage	Minoration du taux en points par trimestre	Année de naissance de l'assuré
2,5	1,25	Avant 1944
2,375	1,1875	1944
2,25	1,125	1945
2,125	1,0625	1946
2	1	1947
1,875	0,9375	1948
1,75	0,875	1949
1,625	0,8125	1950
1,5	0,75	1951
1,375	0,6875	1952
1,25	0,625	Après 1952

Exemple : un salarié demande sa retraite en 2007, à 60 ans. Il totalise 37,5 années d'assurance (150 trimestres). Il lui manque :
- 65 ans – 60 ans = 5 ans, soit 20 trimestres,
- 160 – 150 = 10 trimestres (160 représentant le nombre de trimestres exigé pour avoir le taux plein).

La différence la plus faible est de 10 trimestres ; l'abattement sera donc de 10 x 1 point, soit 10 points. Le taux applicable à sa pension sera donc de 40 % (50 – 10).

attention *Le taux de pension attribué lors de la liquidation est définitif. Il ne peut jamais être révisé, même à 65 ans.*

➤ Durée d'assurance au régime général

1 - Principe. Indépendamment du taux, qui varie en fonction de la durée d'assurance tous régimes confondus, la pension de vieillesse est également calculée en proportion de la durée d'assurance dans le seul régime général. Cette durée d'assurance au régime général, fixée à 150 trimestres pour les assurés nés avant 1944, est, à compter du 01/01/2004, augmentée de 2 trimestres par an en fonction de la date de naissance de l'assuré, soit 152 trimestres pour les assurés nés en 1944, 154 pour ceux nés en 1945, 156 pour ceux nés en 1946, 158 pour ceux nés en 1947. Pour les pensions prenant effet après le 31/12/2007, le nombre maximum de trimestres retenu sera fixé à 160 trimestres. Si l'assuré ne réunit pas, dans le seul régime général, la durée d'assurance requise en fonction de son année de naissance, sa retraite du régime général ne sera pas versée entière, mais sera proratisée (voir exemple ci-dessous). Sont pris en compte pour ce calcul : les trimestres cotisés au régime général déterminés à partir des salaires soumis à cotisations ; les trimestres assimilés (maladie, maternité, etc.) ; les majorations éventuelles (voir ci-dessous) ; les périodes « rachetées » par l'assuré (années d'études supérieures ou années n'ayant pas permis de valider 4 trimestres).
Exemple : M. X, né en 1947, totalise 160 trimestres tous régimes confondus (il aura donc droit au taux plein de 50 %), dont 152 trimestres au titre du seul régime général. Son salaire annuel moyen, calculé sur les 24 meilleures années (voir p. 274), est de 15 000 €. Sa retraite sera calculée à partir de la formule suivante :

$$15\,000 \times 50\,\% \times \frac{152}{158} = 7\,215{,}18\ €$$

2 - Majorations de durée d'assurance. Une majoration de durée d'assurance est prévue dans les différentes situations suivantes :

- Majoration pour enfants. Les femmes assurées sociales bénéficient d'une majoration de leur durée d'assurance d'un trimestre pour toute année durant laquelle elles ont élevé un enfant, dans la limite de 8 trimestres par enfant. Concrètement, un trimestre est accordé dès la date de naissance de l'enfant, ou de son adoption ou de sa prise en charge si celle-ci est postérieure à la naissance. Un trimestre d'assurance supplémentaire s'ajoute chaque année à la date de l'anniversaire de l'enfant ou à chaque période d'un an suivant l'adoption ou la prise en charge effective de l'enfant, dans la limite de 7 trimestres, et ce jusqu'au 16e anniversaire de l'enfant.

● Bénéficiaires d'un congé parental d'éducation. Le père assuré ayant obtenu un congé parental d'éducation bénéficie d'une majoration de sa durée d'assurance égale à la durée effective du congé parental. Cette majoration est également accordée aux femmes assurées sociales si elle leur est plus favorable que la majoration pour enfant visée ci-dessus.

● Assurés sociaux ayant un enfant handicapé. Les assurés sociaux élevant un enfant ouvrant droit à l'allocation d'éducation de l'enfant handicapé (ou aux allocations précédemment en vigueur et ayant le même objet) et à son complément bénéficient, le cas échéant en plus de la majoration pour enfant visée ci-dessus, d'une majoration de leur durée d'assurance d'un trimestre par période d'éducation de 30 mois, dans la limite de 8 trimestres.

● Assurés de plus de 65 ans. Les assurés âgés de plus de 65 ans à la date d'effet de leur pension de vieillesse ont droit à une majoration de leur durée d'assurance, de 2,50 % par trimestre écoulé entre le 1er jour du mois qui suit leur 65e anniversaire et la date d'effet de leur pension de vieillesse. Cette majoration est accordée sous certaines conditions et dans certaines limites, selon des règles très complexes : il convient donc de se renseigner auprès de sa caisse d'assurance vieillesse (en principe, la caisse régionale d'assurance maladie).

Les majorations de pension

Certaines majorations peuvent venir s'ajouter à la pension de retraite (les conditions étant nombreuses, renseignez-vous auprès de la permanence vieillesse de votre caisse de Sécurité sociale) :

● pour les personnes ayant élevé au moins 3 enfants (= 10 %) ;

● pour conjoint à charge (sous certaines conditions) ;

● pour assistance d'une tierce personne (avec un minimum annuel fixé, au 01/01/2006, à 11 785,83 €) ;

● pour prolongation d'activité (ou « surcote »). Pour les périodes d'activité exercées depuis le 01/01/2004, la durée d'assurance ayant donné lieu à cotisations à la charge de l'assuré accomplie après l'âge de 60 ans et au-delà de 160 trimestres d'assurance donne lieu à une majoration de la pension fixée à 0,75 % par trimestre de majoration retenu.

Montants minimum et maximum

1 - Minimum. Lorsqu'elle est liquidée au taux plein (et seulement dans ce cas), la retraite versée par la Sécurité sociale ne peut être inférieure à un minimum appelé « minimum contributif », à ne pas confondre avec le « minimum vieillesse » visé page 282. Ce minimum est proratisé si l'assuré ne justifie pas du nombre de trimestres

permettant de bénéficier d'une retraite entière dans le régime général (156 pour les assurés nés en 1946..., voir p. 276).
Le minimum contributif est majoré au titre des périodes ayant donné lieu à cotisation à la charge de l'assuré : périodes de cotisations à l'assurance vieillesse obligatoire, périodes d'assurance volontaire vieillesse, rachat de cotisations, versement pour la retraite au titre du taux et de la durée d'assurance... Ainsi, en 2006, le montant du minimum est fixé à 6 760,82 €/an (soit 563,40 €/mois) et le montant majoré au titre des périodes cotisées est porté à 7 172,54 €/an (soit 597,71 €/mois). Le minimum et la majoration peuvent être servis entiers ou réduits proportionnellement au nombre de trimestres de l'assuré.
Exemple : Mme Dupont, née en 1947, a été reconnue inapte au travail : sa retraite, qui prend effet au 01/10/2006, est donc calculée au taux de 50 %. Elle totalise 100 trimestres au régime général, dont 80 trimestres cotisés et 20 non cotisés (validés, par exemple, au titre de périodes de maladie ou de chômage). Sa pension mensuelle calculée est égale à 259 €.
Montant du minimum : 563,40 € x 100/156 (voir p. 276) = 361,15 €
Montant de la majoration au titre des périodes cotisées : (597,71 € - 563,40 €) x 80/156 = 17,59 €
Montant du minimum contributif majoré : 361,15 € + 17,59 € = 378,74 €. C'est ce montant, supérieur à la pension calculée (259 €), qui lui sera versé.

2 - Maximum. Le montant maximum des pensions de vieillesse est fixé à 50 % du plafond de calcul des cotisations de la Sécurité sociale, soit 15 534 €/an, au 01/01/2006.

sachez-le *Sont prélevées sur les retraites la CSG au taux de 6,6 %, avec possibilité d'exonération ou d'application d'un taux réduit à 3,8 %, ainsi que la CRDS au taux de 0,5 %. Mêmes taux pour les pensions de réversion et les retraites complémentaires, avec en plus, dans ce dernier cas, une cotisation maladie de 1 %.*

➤ *Les démarches*

La retraite n'est pas automatique. Vous devez demander la liquidation de vos pensions et vous engager à interrompre votre activité professionnelle (sauf cumul autorisé avec une activité ou choix pour la retraite progressive, voir p. 270). Il faut s'y prendre au moins 6 mois à l'avance pour que tous les problèmes (reconstitution de carrière, calcul des pensions) soient réglés au moment du départ en retraite. Présentez-vous ou écrivez (adresses sur le site www.retraite.cnav.fr) :

- à la permanence vieillesse de votre centre de Sécurité sociale,
- à la permanence la plus proche des CICAS (centre d'information et de coordination de l'action sociale), qui sont les bureaux d'accueil des caisses de retraite complémentaire.

Les deux démarches sont nécessaires, mais les permanences ont souvent lieu le même jour, au même endroit. Renseignez-vous à votre mairie.

Vous pouvez obtenir une évaluation de votre future retraite (voir www.retraite.cnav.fr) ou faire une simulation sur le site www.espaceretraite.tm.fr. En outre, dans les conditions fixées par deux décrets du 19 juin 2006 (*JO* du 20 juin), chaque assuré recevra, à partir d'un certain âge, une estimation indicative du montant de sa retraite.

sachez-le *La retraite est payée mensuellement à terme échu. Toutefois, lorsque la pension est inférieure à 139,85 €/an (au 01/01/2006), la retraite est remplacée par un versement forfaitaire unique égal à 15 fois le montant annuel de la retraite.*

Les retraites complémentaires

➤ *Quand peut-on les obtenir ?*

Il faut en principe avoir 65 ans pour obtenir la liquidation de sa retraite complémentaire à taux plein, qu'il s'agisse de l'ARRCO ou de l'AGIRC. Avant cet âge, le montant de la retraite est réduit par l'application d'abattements, sauf cas particuliers : assurés ayant obtenu la liquidation de leur retraite de Sécurité sociale au taux plein ou au titre des dispositions sur les carrières longues ou sur les salariés handicapés (voir p. 271 et 272).

➤ *Quel en est le montant et quand sont-elles payées ?*

Les retraites ARRCO et AGIRC se calculent en multipliant le nombre de points acquis par la valeur du point fixée par ces régimes. Au 01/04/2006, la valeur du point ARRCO était fixée à 1,1287 € et celle du point AGIRC à 0,4005 €.

Un certain nombre de périodes sont assimilées à des périodes de cotisation et donnent lieu à l'attribution gratuite de points (périodes de chômage, de perception d'indemnités d'assurances maladie, maternité...). En outre, des majorations peuvent être accordées, notamment pour charges de famille.

Les retraites complémentaires ARRCO et AGIRC sont payées trimestriellement et d'avance.

La pension de réversion

Cette pension permet au conjoint survivant de bénéficier d'une partie de la retraite que percevait ou qu'aurait perçue l'assuré décédé.

➤ *La pension de réversion de la Sécurité sociale*

Égale à 54 % de la pension principale dont bénéficiait ou aurait bénéficié l'assuré décédé ou disparu, cette pension est versée au conjoint survivant, sous conditions d'âge et de ressources.
La condition d'âge dépend de la date d'effet de la pension de réversion ; elle sera définitivement supprimée à compter du 01/01/2011.

Date d'effet de la pension de réversion	Âge minimum
Avant le 01/07/2005	55 ans
Du 01/07/2005 au 30/06/2007	52 ans
Du 01/07/2007 au 30/06/2009	51 ans
Du 01/07/2009 au 31/12/2010	50 ans

Les ressources du bénéficiaire ne doivent pas excéder les plafonds suivants (pour 2006) : 16 702,40 € par an (4 175,60 € par trimestre) s'il vit seul ou 26 723,84 € par an (6 680,96 €) s'il vit en couple (mariés, « pacsés » ou concubins). Les ressources à retenir sont celles des 3 mois civils précédant la date d'effet de la pension de réversion. Si les ressources dépassent le plafond autorisé, sont prises en compte les ressources des 12 mois civils précédant cette date d'effet. Un abattement de 30 % est appliqué sur les revenus professionnels lorsque le bénéficiaire atteint l'âge de 55 ans. Si le total du montant de la pension de réversion et des ressources de l'intéressé ou du ménage excède le plafond applicable, la pension de réversion est réduite du montant de ce dépassement.
La pension de réversion ne peut être inférieure à 3 048,20 € par an (au 01/01/2006). Ce minimum est servi entier si l'assuré décédé justifiait de 60 trimestres d'assurance au régime général ; dans le cas contraire, il est réduit proportionnellement. La pension ne peut être supérieure à 8 388,36 € par an (au 01/01/2006).

sachez-le *Le père, ou la mère, qui a encore des enfants à charge a droit, pour chacun d'eux, à une majoration forfaitaire de sa pension de réversion d'un montant (au 01/01/2006) de 86,21 € par mois et par enfant à charge. Pour en bénéficier, il faut notamment avoir moins de 65 ans à la date de la demande, ne pas percevoir une retraite à titre personnel ou une allocation pour charge d'enfant servie par un autre régime de retraite de base. Renseignements auprès de la caisse régionale d'assurance maladie.*

La pension de réversion des régimes complémentaires

Les conjoints, veufs ou veuves, d'un assuré bénéficiaire d'une retraite complémentaire ou encore en activité et qui cotisait à ces régimes peuvent prétendre à une pension de réversion qui viendra s'ajouter à celle de la Sécurité sociale. Les règles applicables diffèrent selon qu'il s'agit de l'AGIRC (retraite des cadres) ou de l'ARRCO. Dans le premier cas, la pension de réversion est attribuée au conjoint survivant non remarié à partir de 60 ans, ou entre 55 et 60 ans mais avec application d'un abattement. Elle peut cependant être attribuée dès 55 ans sans abattement si l'intéressé bénéficie de la pension de réversion de la Sécurité sociale. Dans le régime unique de l'ARRCO, la pension de réversion est versée au conjoint survivant non remarié dès l'âge de 55 ans. Qu'il s'agisse de l'ARRCO ou de l'AGIRC, la pension est calculée sur la base de 60 % des points acquis par le conjoint décédé. Des dispositions plus favorables sont toutefois prévues en faveur des conjoints survivants qui ont encore des enfants à charge ou qui sont invalides. Tous les renseignements peuvent être obtenus auprès de la caisse de retraite complémentaire de l'assuré décédé.

L'allocation de veuvage

Cette allocation peut être attribuée au conjoint survivant qui, faute d'avoir atteint l'âge requis, ne peut prétendre à une pension de réversion.

Quelles sont les conditions à remplir ?

Pour ouvrir droit à cette allocation, le conjoint décédé devait avoir été affilié à l'assurance vieillesse pendant au moins 3 mois, consécutifs ou non, durant l'année précédant son décès.
Pour sa part, le conjoint survivant doit remplir les conditions suivantes :

- ne pas avoir atteint l'âge requis pour bénéficier d'une pension de réversion (voir p. 280), résider en France, ne pas vivre maritalement, ne pas être remarié ou ne pas avoir conclu de PACS ;
- ne pas avoir disposé, au cours des 3 mois civils précédant la demande, de ressources personnelles supérieures à 2 022,63 € (au 01/01/2006). Par la suite, si le total des ressources et de l'allocation dépasse ce plafond, l'allocation est réduite à due concurrence (sous réserve des règles permettant, pour une durée limitée, le cumul intégral, puis partiel, de cette allocation avec des revenus professionnels).

➤ *Quel est le montant de l'allocation veuvage ?*

Le montant mensuel de l'allocation est de 539,37 € (au 01/01/2006).

➤ *Quelle est la durée de versement de l'allocation ?*

L'allocation est versée pendant 2 années si le bénéficiaire n'avait pas atteint l'âge de 50 ans à la date du décès de son conjoint. Dans le cas contraire, c'est-à-dire si le bénéficiaire avait au moins 50 ans à la date du décès de son conjoint, l'allocation veuvage lui sera versée jusqu'à l'âge d'obtention d'une pension de réversion (voir p. 280), sous réserve qu'il continue de remplir les autres conditions, notamment de ressources.
La demande doit impérativement être déposée dans les 2 ans qui suivent le décès. Pour plus de renseignements, on peut s'adresser au « point accueil retraite » le plus proche de son domicile (adresses sur le site www.retraite.cnav.fr).

Le minimum vieillesse

Le minimum vieillesse est destiné à assurer un minimum de ressources à toute personne âgée de 65 ans, ou de 60 ans dans certains cas, n'ayant pas (ou pas suffisamment) cotisé pour se constituer une retraite minimale. Le formulaire de demande peut être retiré dans les mairies. En principe pour les droits ouverts à compter du 01/07/2006 (décrets à paraître), le minimum vieillesse sera remplacé par une allocation de solidarité aux personnes âgées, d'un montant variable selon la composition du foyer.

➤ *Quels sont les plafonds de ressources applicables ?*

Pour avoir droit au minimum vieillesse, les ressources du bénéficiaire ne doivent pas dépasser (chiffres en vigueur au 01/01/2006) :

- 7 500,53 € par an pour une personne seule ;
- 13 137,70 € par an pour un ménage.

Ces plafonds de ressources sont revalorisés chaque 1er janvier.

➤ *Quel est le montant du minimum vieillesse ?*

Le minimum vieillesse n'est pas une seule prestation, mais est constitué par deux allocations (une allocation de base à laquelle s'ajoute l'allocation du Fonds de solidarité) qui, additionnées, constituent un minimum de ressources. Revalorisé chaque année, en principe le 1er janvier, son montant est fixé, depuis le 01/01/2006, à :

- 7 323,48 € par an pour une personne seule ;
- 13 137,69 € par an pour un ménage.

MODÈLES DE LETTRES

➤ *Contestation d'une sanction disciplinaire* *(voir p. 118)*

Lettre recommandée avec AR (à adresser à l'employeur)

Nom, prénom A ..., le ...
Adresse

Monsieur *(ou Madame)*,

Par lettre du ..., vous m'avez signifié une sanction.

Je vous rappelle que je suis en désaccord sur les motifs qui vous ont conduit à la prendre.

En effet *(expliquer votre position et votre version des faits)*.

J'espère que vous voudrez bien réexaminer votre décision et reste à votre disposition pour un entretien si cela était nécessaire.

Je vous prie d'agréer, Monsieur (Madame), l'expression de mes sentiments distingués.

Signature

➤ *Demande de congé de formation syndicale* *(voir p. 108)*

Lettre recommandée avec AR

Nom, prénom A ..., le ...
Adresse

Monsieur *(ou Madame)*,

Conformément aux dispositions de l'article L. 451-1 du Code du travail, je vous demande un congé de formation économique, sociale et syndicale afin de participer à une session de formation de ... jours, organisée par l'Institut confédéral d'études et de formation syndicale de la CFDT du ... au ...

Dans l'attente de votre réponse, veuillez croire, Monsieur (Madame),à l'expression de mes sentiments distingués.

Signature

➤ *Pouvoir* *(voir p. 162)*

Je soussigné *(nom, prénom, domicile)* donne pouvoir à *(nom, prénom, domicile, qualité de la personne à qui vous donnez pouvoir)* pour se présenter en mon nom et me représenter au conseil des prud'hommes de ... dans l'action introduite par moi contre *(nom, raison sociale, adresse de l'adversaire)*.

Pour me représenter en conséquence à toutes audiences, enquêtes, expertises, comparutions devant les conseillers rapporteurs, avec mission de défendre mes intérêts, éventuellement de se concilier et de transiger.

Fait à ..., le ....

Signature *(précédée de la mention manuscrite « bon pour pouvoir »)*

➤ *Demande de congé individuel de formation* (*voir p. 101*)

A ..., le ...

Monsieur *(ou Madame)*,

J'ai l'honneur de vous demander l'autorisation de m'absenter du ... au ... pour suivre un stage d'une durée de ... jours *(ou ... heures)* conformément à l'article L. 931-2 du Code du travail, relatif au congé individuel de formation.

En effet, j'ai ... mois d'ancienneté dans la branche professionnelle dont ... dans l'entreprise. Je vous précise qu'il s'agit d'un stage organisé par *(indiquer le centre de formation)* qui me permet d'obtenir une formation sur *(contenu et thème du stage)*.

Dès réception de la réponse, que j'espère positive, je transmettrai une demande de prise en charge de ma rémunération et des frais de formation, à *(mettre le nom du fonds paritaire auquel l'employeur a versé sa participation)*. Au vu de la réponse qui me sera faite par ce fonds, je vous confirmerai mon départ effectif.

Je vous prie d'agréer, Monsieur (Madame) le Directeur, l'expression de mes sentiments distingués.

Signature

➤ *Demande de congé parental d'éducation* (*voir p. 138*)

Lettre recommandée avec AR ou remise en main propre contre décharge

Nom, prénom
Adresse

A ..., le ...

Monsieur *(ou Madame)*,

En application de l'article L. 122-28-1 du Code du travail, relatif au congé parental d'éducation et au travail à temps partiel des parents d'un jeune enfant, je vous demande de suspendre mon contrat de travail pour une durée de ...(1). Je désire que cette suspension prenne effet à compter du ...

Veuillez agréer, Monsieur (Madame) le Directeur, l'expression de mes sentiments distingués.

Signature

(1) ou de passer à ... heures par semaine *(préciser le nombre d'heures choisi : votre temps de travail hebdomadaire ne peut être inférieur à 16 heures)*, pour une durée de ...

➤ *Démission (voir p. 166)*

Lettre recommandée avec AR (dont vous conservez le double)

Nom, prénom A ..., le ...
Adresse

Monsieur *(ou Madame)* le Directeur,

Je vous informe de ma décision de démissionner.

Je quitterai définitivement mon travail le *(indiquer la date de la fin du préavis)* après exécution de mon préavis qui est de *(indiquer la durée)* (1) (2).

Veuillez agréer, Monsieur (Madame) le Directeur, l'expression de mes sentiments distingués.

Signature

(1) Ou : Je vous remercie de bien vouloir accepter de me dispenser de mon préavis.
(2) En cas de démission, le délai de préavis est fixé par la convention collective ou les usages.

➤ *Dénonciation du reçu pour solde de tout compte (voir . 184)*

Lettre recommandée avec AR

Nom, prénom A ..., le ...
Adresse

Monsieur *(ou Madame)*,

Je soussigné *(nom, prénom)*, demeurant à *(adresse complète)*, dénonce le reçu pour solde de tout compte que j'ai signé le ....

Je considère que la somme de ... que vous m'avez versée ne correspond pas à la totalité de mes droits. En ce qui concerne *(par exemple)* les congés payés, j'avais droit à ... au lieu de ... parce que ...

Sous réserve de tous mes autres droits.

Fait à ..., le ...

Signature

➤ Recours contre une décision d'exclusion temporaire ou définitive du bénéfice des allocations ASSEDIC (voir p. 248)

Lettre recommandée avec AR

Nom, prénom A ..., le ...
Adresse

Monsieur *(ou Madame)* le Directeur [1],

Par courrier en date du ..., vous m'informez que les services de l'ASSEDIC cesseront de me verser les allocations de chômage à partir du ... et pour une période de ... *(ou définitivement à partir du ...)*. Votre décision est prise au motif *(citez les motifs figurant dans la lettre de l'ASSEDIC ou de la DDTEFP)*.

J'ai l'honneur par la présente d'exercer un recours contre votre décision et vous demande de bien vouloir rapporter celle-ci.

Je conteste en effet les motifs invoqués et porte à votre connaissance les informations suivantes : *(expliquez les motifs de votre recours. Par exemple, les raisons pour lesquelles vous ne vous êtes pas présenté à un entretien, les démarches que vous avez effectuées pour chercher du travail...)*.

Afin de compléter mon dossier, je joins à la présente certains documents justificatifs, à savoir : *(mentionner les différents documents justifiant votre absence, attestant vos démarches de recherche de travail...)*.

Je vous précise que je suis actuellement sans ressources et que le versement des allocations est essentiel pour me permettre de subvenir à mes besoins et à ceux de ma famille.

Veuillez agréer, Monsieur (Madame) le Directeur, l'expression de mes salutations respectueuses.

Signature

(1) Directeur du Travail et de l'Emploi ou directeur de l'ASSEDIC selon l'origine de la lettre vous notifiant la suspension des allocations.

➤ Demande de congé de présence parentale (voir p. 137)

À adresser à l'employeur au moins 15 jours avant le début du congé
Lettre recommandée avec AR ou remise en main propre contre décharge

Nom, prénom A ..., le ...
Adresse

Monsieur *(ou Madame)*,

Je vous informe que mon enfant *(nom et prénom)* est victime *(d'une maladie, d'un accident ou d'un handicap)* grave, et que son état de santé nécessite ma présence à ses côtés.

En vertu de l'article L. 122-28-9 du Code du travail, je souhaite bénéficier, à compter du *(date)* d'un congé de présence parentale tel qu'il est prévu au premier alinéa dudit article du Code du travail.

Je vous joins le certificat médical attestant de la durée prévisible de la nécessité de ma présence auprès de mon enfant compte tenu de son état de santé.

Je vous prie d'agréer, Monsieur (Madamc) , l'expression de ma considération distinguée.

Signature

➤ Demande de congé de paternité (voir p. 149)

À adresser à l'employeur 1 mois au moins avant le début souhaité du congé de paternité
Lettre recommandée avec AR

Nom, prénom A ..., le ...
Adresse

Monsieur *(ou Madame)*,

En vertu de l'article L. 122-25-4 du Code du travail, je vous informe que mon enfant est né *(ou devrait naître)* le *(date)* et que je souhaite bénéficier d'un congé de paternité à partir du *(indiquer la date du début du congé)* jusqu'au *(indiquer la date de fin de congé)*.

Je vous joins la photocopie du livret de famille *(ou de l'acte de naissance, ou bien encore du certificat médical attestant de la date prévue de la naissance)*.

Je vous prie d'agréer, Monsieur (Madame), l'expression de ma considération distinguée.

Signature

SERVICES À LA PERSONNE : mode d'emploi

La loi du 26 juillet 2005 a mis en place le « plan Borloo » de développement des services à la personne. Son objectif est double : mieux répondre au besoin croissant des familles d'être épaulées dans leur vie quotidienne et créer un véritable gisement d'emplois. Mais qu'entend-on exactement par « services à la personne » ? Il s'agit d'un ensemble d'activités dont la liste précise est donnée par le décret n° 2005-1698 du 29 décembre 2005.

> Sommaire

I – Qu'appelle-t-on « services à la personne » ?

Des services rendus à domicile…

En principe, les « services à la personne » ne concernent que des activités effectuées au domicile des particuliers. Il s'agit :

• de l'entretien de la maison et de travaux ménagers ;
• de petits travaux de jardinage ;
• de prestations de petit bricolage dites « hommes toutes mains » ;
• de la garde d'enfants à domicile ;
• du soutien scolaire et de cours à domicile ;
• de l'assistance aux personnes âgées ou aux autres personnes qui ont besoin d'une aide personnelle à leur domicile, à l'exception d'actes de soins relevant d'actes médicaux ;
• de l'assistance aux personnes handicapées, y compris les activités d'interprète en langue des signes, de technicien de l'écrit et de codeur en langage parlé complété ;
• des activités de garde-malade à l'exclusion des soins ;
• de l'assistance informatique et pour Internet à domicile ;
• des soins et promenades d'animaux domestiques, de soins d'esthétique à domicile pour les personnes dépendantes ;
• du gardiennage et de la surveillance temporaire, à domicile, de la résidence principale ou secondaire ;
• de l'assistance administrative à domicile.

… Avec des aménagements possibles

A titre d'exception, certaines activités de « services à la personne » peuvent être partiellement réalisées en dehors du domicile du particulier, mais elles doivent alors être rattachées à une offre globale d'assistance incluant un ensemble d'activités qui sont effectuées à son domicile. Cette condition est souvent remplie dans l'aide apportée aux personnes âgées pour assurer leur maintien à domicile. Les activités concernées sont :

• le temps passé aux commissions pour la préparation des repas à domicile,
• la livraison de repas à domicile,
• la collecte et la livraison à domicile de linge repassé,
• l'aide à la mobilité et au transport de personnes ayant des difficultés de déplacement,

• la prestation de conduite du véhicule personnel des personnes dépendantes, du domicile au travail, sur le lieu de vacances, pour les démarches administratives,
• l'accompagnement des personnes âgées ou handicapées en dehors de leur domicile (promenades, transports, actes de la vie courante),
• la livraison de courses à domicile.

Comment bénéficier de ces services ?

Si vous souhaitez bénéficier de l'un ou l'autre de ces services à la personne (par exemple : cours de soutien scolaire à domicile pour votre enfant), vous avez le choix entre embaucher directement un salarié qui viendra chez vous (par exemple, un étudiant) ou faire appel à un organisme agréé (entreprise ou association) spécialisé dans le service recherché.
Cet organisme peut être soit :
• **Un organisme prestataire** : l'intervenant qui effectue le service est alors salarié de cette structure. Vous n'avez donc pas à le déclarer. Vous payez simplement la facture établie par l'organisme.
• **Un organisme mandataire** : avec cette formule, vous mandatez une entreprise ou une association pour qu'elle se charge du recrutement du salarié et qu'elle effectue la gestion administrative de cet emploi. Dans ce cas, vous restez l'employeur et, à ce titre, vous êtes responsable du paiement du salaire et des cotisations sociales.

à noter *Des établissements publics, au premier rang desquels les centres communaux et intercommunaux d'action sociale et les services municipaux, proposent également des activités de services à la personne, notamment dans le domaine de la garde d'enfants : crèches, haltes-garderies, jardins d'enfants…*

Comment payer ces services ?

Le moyen le plus simple de payer ces services à la personne est d'utiliser le chèque emploi service universel (CESU) lorsque c'est possible (voir ci-dessous et suivantes). Cette offre se présente sous deux formes :

➤ **Le CESU bancaire** qui s'inscrit dans la continuité du chèque emploi service (CES). Le chéquier comprend des chèques (pour rémunérer le salarié) et des volets sociaux pour le déclarer.

➤ **Le CESU préfinancé.** Il s'agit d'un titre de paiement à montant prédéfini (comme un titre restaurant). Il est financé en tout ou partie par une entreprise, un comité d'entreprise, une mutuelle, une caisse de retraite, une collectivité territoriale… Il sert à payer un salarié à domicile, une assistante maternelle agréée, une association ou une entreprise agréée de services à la personne ou une structure d'accueil du jeune enfant (crèche, halte-garderie…). Si ce titre sert à rémunérer un salarié à domicile, le particulier doit le déclarer au moyen du volet social CESU.

L'agence nationale des services à la personne

L'Agence nationale des services à la personne est un établissement public administratif national, placé sous la tutelle du ministre chargé de l'Emploi, de la Cohésion sociale et du Logement. L'agence est chargée de promouvoir le développement et la qualité des services à la personne. Elle a également un rôle d'observatoire statistique de l'évolution des services et de l'emploi dans ce secteur.

Site Internet : www.servicesalapersonne.gouv.fr

II – Le CESU bancaire : mode d'emploi

Le CESU bancaire vient remplacer le chèque emploi service (CES), déjà connu du grand public. L'idée est toujours la même : simplifier le recours à un emploi à domicile.

Qui est concerné ?

Le CESU bancaire s'adresse à tous les particuliers qui souhaitent employer et déclarer une personne exerçant, à titre régulier ou occasionnel, l'une des activités de services à la personne telles qu'elles viennent d'être définies (voir ci-dessus) :

- **activités déjà couvertes par l'ancien chèque emploi service,** c'est-à-dire notamment l'entretien de la maison, les travaux ménagers, les petits travaux de jardinage, le soutien scolaire et les cours à domicile, l'assistance aux personnes âgées ou handicapées, l'assistance administrative à domicile, les prestations de petit bricolage ;

- **activités exercées hors du domicile** qui s'inscrivent dans le prolongement d'une activité de services à domicile, comme le temps passé à faire les courses, la livraison de repas à domicile, la collecte et la livraison à domicile de linge repassé… ;
- **activités nouvelles** telles que : l'assistance informatique et pour Internet à domicile, les soins et les promenades d'animaux domestiques pour les personnes dépendantes, le gardiennage et la surveillance temporaire à domicile des résidences principales et secondaires…

sachez-le *Vous ne pouvez pas utiliser le CESU bancaire pour payer votre assistante maternelle agréée ou pour votre garde d'enfant à domicile si, par ailleurs, vous bénéficiez à ce titre d'une prestation de votre caisse d'allocations familiales ou de votre caisse de mutualité sociale agricole.*

Comment l'obtenir ?

Il est très simple de se procurer un chéquier CESU, puisqu'il suffit de remplir un formulaire d'adhésion auprès de votre agence bancaire. Celle-ci vous préviendra lorsqu'elle aura reçu votre chéquier ; il vous suffira alors d'aller le retirer.

sachez-le *Si vous étiez déjà adhérent au chèque emploi service (CES), vous n'avez aucune démarche à faire. Vous pouvez terminer d'utiliser votre chéquier CES en cours ; lors de son renouvellement, la banque vous délivrera un nouveau chéquier CESU automatiquement.*

Comment s'en servir ?

Votre chéquier CESU contient des chèques et des volets sociaux.

➤ **Les chèques sont destinés à rémunérer votre salarié.** Vous les remplissez avec le montant du salaire net (et non du salaire brut) à lui verser. Dans le cadre du CESU, les salaires versés et déclarés doivent être majorés de 10 % au titre des congés payés (ainsi, lorsque le salarié est en vacances, l'employeur n'a rien à payer et rien à déclarer).

➤ **Les volets sociaux vous permettent de déclarer** la rémunération de votre salarié auprès du Centre national du chèque emploi service universel (CNCESU). Vous avez également la possibilité d'accomplir cette démarche par Internet, en vous connectant sur : www.cesu.urssaf.fr

Vous devez envoyer votre volet social par la poste à la fin du mois au cours duquel a été effectué le travail, ou dans les 15 jours qui suivent le paiement du salaire, ou faire votre déclaration par Internet. Pour un travail régulier avec un même salarié, vous ne devez établir qu'un seul volet social par mois civil.

Dès réception de votre volet social, le CNCESU va calculer le montant des cotisations sociales dues sur le salaire versé (cotisations salariales et patronales). Ce centre va ensuite vous envoyer un avis de prélèvement précisant le détail et le montant des cotisations ainsi que la date de prélèvement sur votre compte (environ deux mois après l'envoi du volet social).

Du côté du salarié employé par le particulier

Peut-on refuser d'être payé par le CESU bancaire ?

Oui, un salarié peut refuser d'être payé par le CESU bancaire, même si le dispositif ne présente, en fait, aucun inconvénient pour lui. Son employeur ne peut pas le contraindre à accepter cette formule.

Comment encaisser le CESU bancaire ?

Le CESU bancaire fonctionne comme un chèque classique. Il suffit de le déposer à sa banque pour l'encaisser.

Un bulletin de salaire est-il établi ?

Dés réception du volet social envoyé par l'employeur, le CNCESU adresse au salarié une attestation d'emploi qui vaut bulletin de salaire. Si le nombre d'heures ou le total net payé ne sont pas conformes aux heures effectuées au domicile de l'employeur, le salarié doit refaire le point avec lui pour que ce dernier corrige sa déclaration auprès du centre.

Quelle protection sociale ?

Les attestations d'emploi reçues par le salarié lui permettent de justifier de ses droits auprès des organismes sociaux (assurance maladie, caisse de retraite, assurance-chômage...).

Quels revenus déclarer aux impôts ?

Les attestations d'emploi mentionnent le salaire net imposable. Par ailleurs, les salariés peuvent consulter un récapitulatif fiscal sur Internet : www.cesu.urssaf.fr (espace salariés).

III – Le CESU préfinancé

Selon le même principe qu'un ticket-restaurant, ce CESU est cofinancé. Ainsi, le particulier l'achète à un prix inférieur à la valeur qu'il affiche. Il peut ensuite l'utiliser pour payer des activités de services à la personne.

Qu'est-ce que le CESU préfinancé ?

Le CESU préfinancé, ou « titre CESU », est un moyen de paiement. Il est identifié au nom du bénéficiaire et affiche une valeur définie (10 €, 20 €, par exemple). Il fonctionne selon le même principe que les titres restaurant dans les entreprises : le bénéficiaire l'achète à un coût inférieur à celui de sa valeur faciale, car il est cofinancé par l'organisme qui le délivre au particulier.

Qui le cofinance ?

De nombreux organismes peuvent participer au financement de ce CESU :

- les employeurs du secteur privé ;
- les comités d'entreprise (le CESU préfinancé remplace l'ancien « titre emploi service ») ;
- les employeurs publics : collectivités territoriales, administrations de l'État, organismes sociaux, de santé et de sécurité sociale, établissements publics ;
- les collectivités territoriales : par exemple, les conseils généraux peuvent verser sous forme de CESU tout ou partie de l'allocation personnalisée d'autonomie (APA) aux personnes âgées qui en sont bénéficiaires ;
- les centres communaux et intercommunaux d'action sociale (CCAS et CIAS), les caisses de sécurité sociale, les caisses de retraite, les organismes de prévoyance et les mutuelles peuvent également verser sous forme de CESU tout ou partie des prestations en nature d'action sociale relatives aux services à la personne ou permettant le maintien à domicile des personnes fragiles.

sachez-le *Pour le secteur privé, les conditions de financement (abondement) du CESU sont attractives. En effet, les aides versées par l'employeur ne sont pas soumises à cotisations sociales (dans la limite d'un plafond annuel de 1 830 € par salarié). Par ailleurs, les entreprises bénéficient d'un crédit d'impôt sur les bénéfices de 25 % des aides versées (ce crédit est plafonné à 500 000 € par exercice).*

Pour les salariés, l'aide reçue indirectement par le biais du CESU préfinancé (c'est-à-dire la participation de l'employeur) n'est pas imposable au titre de l'impôt sur le revenu. L'employeur communique, à chaque salarié qui en est bénéficiaire (avant le 1er février de l'année suivant celle de l'attribution de l'aide versée par le comité d'entreprise ou l'entreprise), une attestation mentionnant le montant total de celle-ci et précisant son caractère non imposable.

Qui émet les carnets de CESU préfinancés ?

Les carnets de CESU préfinancés sont émis par des organismes habilités par l'Agence nationale des services à la personne. Actuellement, six entreprises ont obtenu cette habilitation :

- **Natexis Intertitres** (groupe Banque populaire)
- **Sodexho chèques et cartes de service** (groupe Sodexho Alliance)
- **Groupe Domiserve** (filiale des groupes Axa et Dexia crédit local)
- **Chèque Domicile** (groupe Chèque Déjeuner)
- **Accor Services France** (groupe Accor)
- **La Banque postale** (groupe La Poste)

Quel est le prix à payer ?

Pour le particulier qui s'en servira, l'intérêt de la formule est de lui permettre d'acheter le CESU préfinancé à un coût moindre que la valeur qu'il affiche, c'est-à-dire que le « pouvoir d'achat » qu'il lui procurera. Par exemple : un CESU de 30 € pourra ne coûter que 15 € à celui qui en est bénéficiaire. Rien n'interdit d'ailleurs qu'un organisme décide de financer la totalité des CESU qu'il distribue. Les bénéficiaires n'auraient alors rien à débourser. Il n'existe pas de règles fixant le montant de la part à payer par les utilisateurs. L'employeur, ou l'organisme, qui apporte son financement en fixe également le montant. Il peut décider notamment d'en varier le coût en fonction des revenus des personnes.

Comment l'obtenir ?

C'est l'organisme financeur qui définit les conditions d'obtention du CESU préfinancé. Si celui-ci est mis en place par une entreprise ou un organisme social, ces structures vont probablement s'attacher à en aviser les bénéficiaires potentiels. Rien n'interdit toutefois d'interroger son comité d'entreprise, sa mutuelle, sa caisse de retraite pour savoir s'ils envisagent de mettre en place cette formule.

Comment s'en servir ?

Le CESU préfinancé peut servir :

- à régler les services d'un organisme agréé (entreprise ou association prestataires de services à la personne), d'une structure mandataire agréée ou d'une structure d'accueil d'un enfant (crèche, halte-garderie, jardin d'enfants, garderie périscolaire). Dans ce cas, aucune déclaration d'emploi n'est à effectuer (le particulier n'a pas à envoyer de volet social au Centre national du CESU) ;
- à rémunérer une assistante maternelle agréée ou une garde d'enfant à domicile. Dans ce cas, le particulier employeur qui perçoit une aide de la caisse d'allocations familiales à ce titre doit continuer à adresser les volets sociaux au centre PAJEMPLOI au Puy-en-Velay, ou sa déclaration nominative trimestrielle à l'URSSAF de son département ;
- à rémunérer un salarié employé par un particulier pour une activité entrant dans le champ des services à la personne. Son fonctionnement obéit alors aux mêmes règles que le CESU bancaire en ce qui concerne les droits et obligations des particuliers employeurs. L'envoi au Centre national CESU d'un volet social est alors obligatoire (voir p. 296).

sachez-le *L'employeur ou l'organisme qui assurent le préfinancement de ces chèques peuvent choisir d'en réserver l'utilisation à certaines catégories de services aux personnes (par exemple : garde d'un enfant de moins de trois ans).*

Comment l'encaisser ?

La personne qui a été rémunérée au moyen d'un CESU préfinancé doit l'adresser au centre de remboursement du CESU (CR CESU, site Internet www.cr-cesu.fr), qui le règle ensuite par virement sur son compte bancaire. En principe, à compter du second semestre 2006, il devrait être possible de déposer les CESU préfinancés directement sur son compte bancaire.

Ne pas oublier le volet social pour les salariés

Si vous rémunérez directement un employé avec un CESU préfinancé, vous devez remplir un volet social* pour le déclarer et payer les cotisations sociales afférentes à son salaire.

➤ Si vous êtes déjà titulaire d'un numéro URSSAF auprès du Centre national du CESU (ancien adhérent du chèque emploi service), vous n'avez aucune démarche à effectuer ; vous pouvez payer directement votre salarié avec les titres CESU émis à votre nom et continuer d'utiliser les volets sociaux de votre chéquier ou le site Internet (www.cesu.urssaf.fr) pour déclarer les heures effectuées.

➤ Si vous n'êtes pas titulaire d'un numéro URSSAF auprès du Centre national du CESU, vous recevrez automatiquement, quelques jours après la remise de votre carnet de titres CESU préfinancés, un courrier d'information ainsi qu'une autorisation de prélèvement en double exemplaire à retourner rapidement au Centre national du CESU accompagnés d'un relevé d'identité bancaire. Cette démarche vous permettra d'obtenir votre premier carnet de volets sociaux et de faire prélever les cotisations sociales dues sur votre compte.

* **Attention**, si vous recevez une aide de la CAF ou de la MSA pour la garde de votre enfant par une assistante maternelle ou une employée à domicile, vous pouvez payer ces salariés avec le CESU préfinancé, mais vous devez continuer à utiliser les volets sociaux du centre PAJEMPLOI.

sachez-le *Si le montant des titres CESU ne suffit pas à couvrir la totalité du salaire de votre employé, vous pouvez le compléter par tout autre moyen de paiement à votre convenance.*

IV - Les obligations des particuliers employeurs

Si vous embauchez directement un salarié pour vous rendre un service à domicile (par exemple, femme de ménage, garde d'enfants), vous devez respecter un certain nombre d'obligations prévues par la convention collective des salariés employés par des particuliers et ce, que vous utilisiez ou non le CESU pour rémunérer cette personne. Notez que si vous employez une assistante maternelle agréée, vous devez lui appliquer la convention collective nationale des « assistants maternels du particulier employeur » du 1er juillet 2004, et non la convention collective des salariés des particuliers employeurs dont les règles sont énoncées ci-dessous. Renseignements sur le site : www.fepem.fr

Faut-il rédiger un contrat de travail ?

La convention collective nationale prévoit qu'un contrat de travail doit être établi soit à l'embauche du salarié, soit au plus tard à la fin de la période d'essai.

Cependant, si vous utilisez le chèque emploi service universel (CESU) pour rémunérer votre salarié, il faut faire la distinction entre un travail occasionnel et un travail régulier.

➤ **En cas de travail occasionnel**. Si vous utilisez le CESU pour des « prestations occasionnelles » dont la durée n'excède pas huit heures ou pour une durée dans l'année d'un mois non renouvelable, vous n'êtes pas tenu de rédiger un contrat de travail (le CESU en tient lieu), même si c'est vivement conseillé. À titre d'exemple : si vous avez recours à une baby-sitter pour une soirée, vous n'êtes pas obligé de lui rédiger un contrat de travail.

➤ **En cas de travail régulier.** Si vous utilisez le CESU pour payer un travail régulier, vous devez établir un contrat de travail. Peu importe alors le nombre d'heures qu'effectue votre employé par semaine. Par exemple : si vous avez recours chaque semaine à une femme de ménage pour deux heures, vous devez lui remettre un contrat de travail écrit.

Le contrat de travail doit préciser : les noms et adresses du particulier employeur et du salarié, la date du début du contrat et la période d'essai éventuelle, le lieu habituel de travail, la nature et la qualification de l'emploi, l'horaire de travail, les jours de repos, la rémunération…

sachez-le *Pour vous simplifier la tâche, un modèle de contrat de travail en deux exemplaires (un pour l'employeur, un pour le salarié) est annexé à la demande d'adhésion au chèque emploi service universel. Ce même contrat de travail peut être téléchargé sur le site : www.cesu.urssaf.fr (à la rubrique « information-documentation »).*

Quel salaire doit-on verser ?

Le salaire minimum auquel peut prétendre votre employé ne peut être inférieur au SMIC (soit 8,27 € de l'heure depuis le 1er juillet 2006). Il s'agit là du salaire d'un débutant. La convention collective prévoit des minimums conventionnels un peu plus élevés selon l'ancienneté de l'employé et son niveau de qualification. Ces minimums sont régulièrement revalorisés par voie d'avenant. Le dernier en date est celui du 5 juillet 2005, entré en vigueur le 1er décembre 2005. Il convient donc de se reporter à cette convention avant de fixer le salaire de votre employé. Toutes les informations sont consultables sur le site : www.fepem.fr

Quel est le montant des cotisations sociales à payer ?

Le salaire de votre employé est assujetti à des cotisations sociales salariales et patronales (sauf exonération, voir ci-dessous). Vous lui versez un salaire net et il vous revient de payer toutes les cotisations. Si vous utilisez le CESU, vous ne vous souciez que du salaire net. Le centre de traitement du CESU calcule pour vous, dès réception de votre volet social, le montant des cotisations dues, avant de les prélever sur votre compte bancaire.

Que vous ayez recours au CESU ou non, il faut toutefois savoir que vous avez le choix entre deux bases de calcul des cotisations sociales : l'assiette forfaitaire égale au SMIC ou le salaire réel. Employeur et salarié doivent tomber d'accord sur ce choix. À défaut, c'est la seconde option qui est retenue, car elle est plus protectrice pour le salarié.

Dorénavant, s'il choisit de cotiser sur le salaire réel, l'employeur bénéficie d'une réduction de 15 points du taux des cotisations patronales de sécurité sociale (maladie, vieillesse, famille et accidents du travail). Un exemple pour comprendre (source : www.cesu.urssaf.fr) : un employeur rémunère son salarié 8 € net par heure de travail, congés payés inclus. Chaque mois, ce salarié effectue dix heures de travail, soit un salaire net total à lui verser de 80 €. Si l'employeur choisit l'option « base forfaitaire », les cotisations s'élèvent à : 57,24 €. S'il choisit l'option « salaire réel », avec application de la réduction, les cotisations s'élèvent à : 51,52 € (sans réduction, elles s'élèveraient à 66,44 €). Dans cet exemple, l'employeur a intérêt à choisir la base réelle. Chacun y est gagnant, puisque cette option offre une meilleure protection sociale à son salarié.

à noter

*Sur le site : **www.cesu.urssaf.fr** (rubrique simulation), vous avez la possibilité d'estimer le montant des cotisations et de la réduction de 15 points offerte aux employeurs choisissant l'option salaire réel.*

En pratique, pour bénéficier de cet abattement de 15 points des cotisations patronales, il vous suffit, en accord avec votre salarié, de cocher la case « salaire réel » sur le volet social du CESU ou dans la rubrique relative à l'option retenue pour le calcul des cotisations sur votre déclaration nominative simplifiée (DNS).

*Sur le site : **www.fepem.fr**, vous pouvez consulter le montant des cotisations dues sur les salaires versés.*

Comment calculer les congés payés ?

Votre employé a droit à des congés payés, même s'il ne travaille que quelques heures par semaine chez vous. La durée de son congé payé annuel est 2,5 jours ouvrables par mois (soit, au maximum : 30 jours ouvrables par an).

Sauf accord entre les parties, la date de départ en congé est fixée par l'employeur, avec un délai suffisamment long (2 mois minimum), précisé dans le contrat de travail, pour permettre au salarié l'organisation de ses vacances.

Selon la convention collective, un congé de 2 semaines continues (ou 12 jours ouvrables consécutifs) doit être octroyé au cours de la période du 1er mai au 31 octobre, sauf accord entre les parties pour s'arranger autrement.

Lorsque les droits acquis sont inférieurs à 12 jours ouvrables, les congés doivent être pris en totalité et en continu. Dans le cas contraire, le solde des congés, dans la limite de 12 jours ouvrables, peut être pris pendant ou en dehors de la période du 1er mai au 31 octobre, de façon continue ou non. Le fait de poser ses congés en dehors de cette période peut donner droit à 1 ou 2 jours de congés supplémentaires pour fractionnement :

- lorsque le fractionnement émane d'une volonté de l'employeur, avec l'accord du salarié, il donne droit à : 2 jours ouvrables si le nombre total de jours ouvrables pris en dehors de la période est de 6 jours ou plus ; 1 jour ouvrable si le nombre total de jours ouvrables pris en dehors de cette période est de 3, 4 ou 5 jours ;
- lorsque la demande de fractionnement émane du salarié, l'employeur peut subordonner son accord au renoncement aux jours supplémentaires de congé.

La cinquième semaine, dans la limite des droits acquis, peut être accolée à une période de 4 semaines (ou 24 jours ouvrables) si les parties en conviennent. La cinquième semaine ne peut en aucun cas donner droit à des jours supplémentaires de congé pour fractionnement.

sachez-le *Les congés sont rémunérés au moment où ils sont pris. Toutefois, lorsque l'employeur et le salarié ont opté pour le chèque emploi service universel (CESU), le salaire horaire net figurant sur le chèque est égal au salaire horaire net convenu, majoré de 10 % au titre des congés payés. Dans ce cas, il n'y a pas lieu de rémunérer les congés au moment où ils sont pris.*

Comment mettre fin au contrat de travail ?

Si vous souhaitez vous séparer de votre employé, vous devez pouvoir invoquer une cause réelle et sérieuse pour le licencier. Il peut s'agir d'un motif lié à son comportement (par exemple : absences répétées non justifiées) ou à un changement dans votre situation (par exemple : déménagement, chômage...).

La procédure à respecter

Le particulier employeur n'étant pas une entreprise et le lieu de travail étant son domicile privé, les règles de procédure spécifiques au licenciement économique et celles relatives à l'assistance du salarié par un conseiller lors de l'entretien préalable ne sont pas applicables. Ainsi, quel que soit le motif du licenciement (à l'exception du décès de l'employeur), vous êtes tenu d'observer la procédure suivante :

• **Convocation à un entretien préalable** par lettre recommandée ou par lettre remise en main propre contre décharge. Cette convocation doit indiquer l'objet de l'entretien (en l'occurrence, un éventuel licenciement) ;

• **Entretien avec le salarié** : vous devez mettre à profit cet entretien pour indiquer le ou les motifs de la décision envisagée et recueillir les explications du salarié ;

• **Notification du licenciement** : si vous décidez effectivement de licencier votre salarié, vous devez lui notifier son licenciement par lettre recommandée avec demande d'avis de réception.

Important : la lettre de licenciement doit préciser clairement le ou les motifs de licenciement. La date de la première présentation de la lettre recommandée de licenciement fixe le point de départ du préavis.

Le droit à un préavis

La durée du préavis à effectuer en cas de licenciement pour motif autre que faute grave ou lourde est fixée à :

• 1 semaine pour le salarié ayant moins de 6 mois d'ancienneté de services continus chez le même employeur ;

• 1 mois pour le salarié ayant de 6 mois à moins de 2 ans d'ancienneté de services continus chez le même employeur ;

- 2 mois pour le salarié ayant 2 ans ou plus d'ancienneté de services continus chez le même employeur.

sachez-le *En cas d'inobservation du préavis, la partie responsable de son inexécution (employeur ou salarié) devra verser à l'autre partie une indemnité égale au montant de la rémunération correspondant à la durée du préavis. Ainsi, si vous ne souhaitez pas que votre employé exécute son préavis, vous devrez le lui payer.*

Les indemnités à verser
Une indemnité distincte de l'éventuelle indemnité de préavis sera accordée, en dehors du cas de faute grave ou lourde, aux salariés licenciés avant l'âge de 65 ans et ayant au moins 2 ans d'ancienneté ininterrompue au service du même employeur.
Cette indemnité, non soumise à cotisations et contributions sociales, est calculée de la manière suivante :
• pour les 10 premières années d'ancienneté : 1/10 de mois par année d'ancienneté de services continus chez le même employeur ;
• pour les années au-delà de 10 ans : 1/6 de mois par année d'ancienneté de services continus chez le même employeur.
Le salaire à prendre en considération pour le calcul de l'indemnité est 1/12 de la rémunération brute des 12 derniers mois précédant la date de notification du licenciement ou, si la formule est plus avantageuse pour l'intéressé, 1/3 des 3 mois précédant la date de fin de contrat (étant entendu que, dans ce cas, toute prime ou gratification à caractère annuel ou exceptionnel qui aurait été versée au salarié pendant cette période ne serait prise en compte que *prorata temporis*).

Heures de liberté pendant le préavis
Pour la recherche d'un nouvel emploi, les salariés à temps complet auront droit, sans diminution de salaire :
• s'ils ont moins de 2 ans d'ancienneté chez le même employeur, à 2 heures par jour pendant 6 jours ouvrables ;
• s'ils ont plus de 2 ans d'ancienneté chez le même employeur, à 2 heures par jour pendant 10 jours ouvrables.
À défaut d'un autre accord entre les parties, ces 2 heures seront prises alternativement un jour au choix de l'employeur, un jour au choix du salarié. Employeur et salarié pourront s'entendre pour bloquer tout ou partie de ces heures avant l'expiration du préavis.

sachez-le *Le salarié qui trouve un nouveau travail pendant le temps de préavis n'est pas tenu d'effectuer la totalité du préavis. Il pourra, sur présentation du justificatif d'un nouvel emploi, cesser le travail après avoir effectué 2 semaines de préavis dans la limite du préavis restant à courir. Salarié et employeur seront alors dégagés de leurs obligations en ce qui concerne l'exécution et la rémunération du préavis non exécuté.*

Quel est le préavis prévu en cas de démission ?

Le salarié employé de maison qui décide de démissionner ne peut pas quitter son emploi du jour au lendemain, sauf accord de son employeur. La durée du préavis à effectuer est fixée à :

• 1 semaine pour le salarié ayant moins de 6 mois d'ancienneté de services continus chez le même employeur ;
• 2 semaines pour le salarié ayant de 6 mois à moins de 2 ans d'ancienneté de services continus chez le même employeur ;
• 1 mois pour le salarié ayant 2 ans ou plus d'ancienneté de services continus chez le même employeur.

sachez-le *La convention collective des salariés des particuliers employeurs est consultable sur le site : www.legifrance.gouv.fr (rubrique convention collective, recherche par intitulé ou n° 3180) et sur le site : www.fepem.fr*

Les droits de l'employé de maison licencié

Peut-il faire un recours aux prud'hommes pour licenciement abusif ?
Rien n'interdit à votre employé d'agir aux prud'hommes s'il considère que son licenciement est abusif ou que la procédure n'a pas été respectée.

A-t-il droit à une indemnisation par l'assurance-chômage ?
À la fin du contrat de travail, l'employeur doit remettre au salarié un certificat de travail et une attestation ASSEDIC (le formulaire est à réclamer auprès de l'ASSEDIC). Le salarié peut ensuite s'inscrire comme demandeur d'emploi et demander l'examen de ses droits à l'assurance-chômage. Ceux-ci vont dépendre de sa durée d'activité antérieure et du montant des salaires précédemment perçus.

V – Les aides aux particuliers employeurs

Si vous avez recours à une activité de services à la personne, vous avez droit à une réduction d'impôt et, dans certains cas, à une exonération de cotisations sociales.

Une réduction d'impôt conséquente

Qui est concerné ?

Toutes les personnes qui sont assujetties à l'impôt sur le revenu. À noter : si votre droit à réduction d'impôt est supérieur à l'impôt dû, vous ne pouvez bénéficier d'aucun reversement (à la différence du système de crédit d'impôt).

Pour quelles dépenses ?

Les dépenses effectivement supportées (après déduction des éventuelles aides reçues) pour :

• la rémunération d'un employé de maison (pour un « service à la personne » rendu à votre domicile), recruté directement ou par l'intermédiaire d'un organisme ou d'une entreprise agréés,

• des sommes facturées par un organisme ou une entreprise agréés, prestataires de services à domicile.

Toutes les activités de services à la personne, telles que listées par la réglementation, ouvrent droit à réduction fiscale (voir ci-dessus).

Quel montant ?

Le montant de la réduction d'impôt est actuellement égal à 50 % des dépenses effectivement payées, lesquelles sont prises en compte dans la limite de 12 000 € (soit une réduction maximale de 6 000 €). Ce plafond est majoré de 1 500 € :

• par enfant à charge (cette somme est divisée par deux en cas d'enfant à charge de l'un et l'autre de ses parents séparés, dans le cadre d'une garde alternée) ;

• pour chaque membre du foyer fiscal âgé de 65 ans et plus ;

• lorsque le contribuable rémunère un salarié au domicile d'un ascendant bénéficiaire de l'allocation personnalisée d'autonomie (APA), si ce dernier est âgé de plus de 65 ans.

L'application de ces majorations ne peut toutefois pas porter le plafond des dépenses prises en compte pour le calcul de la réduction d'impôt au-delà de 15 000 € (soit une réduction maximale de 7 500 €).

attention *Pour certaines dépenses, il existe des plafonds spécifiques :*

– les prestations dites « hommes toutes mains » doivent donner lieu à un abonnement mensuel résiliable sous préavis de 2 mois auprès d'associations ou d'entreprises de service agréées. L'intervention ne doit pas excéder 2 heures. Le montant total des prestations ouvrant droit à réduction fiscale est plafonné à 500 € par an et par foyer fiscal ;

- pour les prestations d'assistance informatique et Internet à domicile, le montant ouvrant droit à réduction fiscale est plafonné à 1 000 € par an et par foyer fiscal ;

- pour les interventions de petits travaux de jardinage des particuliers, le montant ouvrant droit à réduction fiscale est plafonné à 1 500 € par an et par foyer fiscal.

Si vous employez une assistante maternelle

Pour les dépenses payées à compter du 1er janvier 2006, les parents qui ont confié la garde de leur enfant (âgé de moins de 6 ans au 1er janvier de l'année d'imposition) à une assistante maternelle agréée ont droit à un crédit d'impôt égal à 50 % des sommes effectivement dépensées (déduction faite de l'aide éventuelle de la CAF ou d'une aide versée par l'employeur des parents). Les dépenses prises en compte sont plafonnées à 2 300 € par enfant. L'avantage fiscal est donc, au maximum, de 1 150 € par enfant. Lorsque l'enfant réside alternativement au domicile de chacun de ses parents, l'avantage fiscal est accordé pour moitié à chacun d'entre eux et le plafond de 2 300 € divisé par deux.

Le crédit d'impôt, à la différence de la réduction d'impôt, est un avantage qui profite même aux contribuables qui ne payent pas d'impôt ou qui payent un impôt inférieur à celui du crédit d'impôt auquel ils ont droit (par exemple, si vous avez à payer 300 € d'impôt et que vous pouvez prétendre à un crédit d'impôt de 575 €, le Trésor public vous reversera la différence constatée – soit 275 €). Si vous n'êtes pas du tout imposable, vous recevrez la totalité de la somme soit, dans cet exemple, 575 €.

sachez-le *Pour les personnes invalides obligées de faire appel à l'assistance d'une tierce personne et les contribuables ayant à charge une personne invalide de troisième catégorie, ou un enfant donnant droit au complément d'allocation d'éducation de l'enfant handicapé, le plafond des dépenses déductibles est fixé à 20 000 € (soit une réduction d'impôt maximale de 10 000 €).*

Comment en bénéficier ?

Il suffit d'inscrire dans votre déclaration de revenus les sommes dépensées (salaires + charges et/ou montant facturé par l'organisme agréé) et de joindre l'attestation annuelle transmise par l'URSSAF ou le Centre national de traitement du CESU (si vous avez rémunéré directement un salarié) et/ou la facture de l'organisme agréé.

Une exonération de cotisations sous condition

La rémunération d'une aide à domicile est exonérée de cotisations patronales de sécurité sociale si l'employeur remplit notamment l'une des conditions suivantes :

- être âgé de 70 ans et plus (pour un couple, cette condition est remplie dès lors que l'un des deux conjoints a atteint l'âge de 70 ans). Dans ce cas, le montant de la rémunération exonérée est limité à 65 fois le montant du SMIC horaire (soit, depuis le 1er juillet 2006, 537,55 €) ;
- avoir à sa charge un enfant handicapé ouvrant droit au complément de l'allocation d'éducation de l'enfant handicapé (exemple : l'allocation d'éducation spéciale) ;
- vivre seul et avoir atteint l'âge de 60 ans, avec l'obligation de faire appel à une tierce personne pour accomplir les actes ordinaires de la vie ;
- être atteint d'une invalidité à 80 % ;
- bénéficier de l'allocation personnalisée d'autonomie (APA) ou être titulaire de l'allocation compensatrice pour tierce personne ou de majoration pour tierce personne.

Pour bénéficier de l'exonération, il faut en faire la demande à l'URSSAF dès l'embauche de l'employé ou ultérieurement par le biais de la déclaration nominative trimestrielle (URSSAF). En cas d'utilisation du chèque emploi service universel (CESU), la demande est adressée au Centre national du chèque emploi service universel (CNCESU). À noter : pour l'employeur âgé de 70 ans et plus, l'exonération est appliquée automatiquement sans qu'il ait de démarche à faire.

sachez-le *Cette exonération ne peut pas se cumuler avec la réduction de 15 points de cotisations patronales de sécurité sociale accordées aux employeurs choisissant l'option « salaire réel ».*

Contacts utiles

Centre national du chèque emploi service universel (CNCESU) : 3, avenue Emile-Loubet, 42961 Saint-Étienne. Cedex 9. Tél. : 0820 86 85 84 (0,12 €/minute). Site Internet : www.cesu.urssaf.fr

La FEPEM (Fédération des particuliers employeurs). Tél. : 0825 07 64 64 (0,15 €/minute). Site Internet : www.fepem.fr

VIE PRATIQUE

Mes droits, j'y tiens. Aujourd'hui, j'adhère !

➤ *Être adhérent à la CFDT : un atout au quotidien*

En adhérant à la CFDT :

- vous êtes écouté, informé, conseillé et défendu par les militants CFDT, sur votre lieu de travail ;
- vous bénéficiez d'une assurance professionnelle ;
- vous recevez une prestation, en cas de grève ;
- vous agissez sur votre vie professionnelle.

➤ *La cotisation, c'est « tout bénéfice »*

Cotiser à la CFDT, c'est :

- bénéficier des services aux adhérents ;
- profiter d'une réduction d'impôts de 66 % de la cotisation ;
- recevoir gratuitement et à domicile dix numéros par an de *CFDT Magazine* ;
- avoir accès à des informations professionnelles et locales, éditées par les différentes structures de la CFDT (syndicat, fédération, union régionale) ;
- garantir notre indépendance vis-à-vis des partis politiques et du gouvernement ;
- lutter contre la répression syndicale dans le monde : 129 militants syndicaux tués en 2003.

➤ *La CFDT partout, pour faire respecter vos droits*

La CFDT vous défend :

- sur votre lieu de travail : conditions de travail, heures supplémentaires, congés, augmentations ;
- dans les permanences juridiques CFDT ;
- aux prud'hommes, si besoin : conseils, soutien financier, réseau d'avocats ;
- dans les organismes sociaux : assurance-maladie, assurance-chômage, retraite complémentaire.

Pour en savoir plus : www.cfdt.fr

CNAS CFDT

Caisse nationale - Caisse syndicale

Tout adhérent CFDT peut bénéficier des prestations de la CNAS.

La CNAS – Caisse nationale d'action syndicale – est un outil que s'est donné la CFDT pour venir en aide à ses adhérents dans le cadre d'une grève, d'un problème juridique ou bien encore en cas d'accident dans l'exercice de ses fonctions syndicales.

Cette caisse est alimentée par une part de la cotisation (soit 8,6 %).

➤ *La caisse de grève*

À partir du 3e jour de grève, la CNAS verse une prestation journalière de 16 € par jour à ses adhérents. La CFDT est la seule organisation syndicale française à disposer d'une caisse de grève.

➤ *Le soutien juridique à l'adhérent*

Chaque adhérent a droit au soutien juridique pour les procédures et recours concernant le droit du travail, la formation permanente et la protection sociale. Le dossier juridique sera assuré en priorité par un défenseur syndical.

➤ *Droit syndical et fonds tactique*

Pour accroître l'efficacité de l'action syndicale, la CNAS assure un soutien aux syndicats engagés dans des actions juridiques pour la défense du droit syndical ou pour des dossiers présentant un intérêt général ou collectif.

➤ *La solidarité*

La CNAS intervient pour aider les militants CFDT subissant des sanctions du fait de leur activité syndicale.

➤ *Les assurances*

Les adhérents poursuivis pénalement dans le cadre de leur exercice professionnel peuvent être défendus par le biais d'un contrat d'assurance. Les militants exerçant leur activité syndicale en dehors de leur entreprise ou administration ne bénéficient pas toujours de la couverture « accident du travail ». Pour pallier cette situation, la CNAS a souscrit un contrat d'assurance couvrant les risques physiques.

Vous désirez obtenir l'aide de la CNAS ? N'attendez pas ! Prenez contact avec votre syndicat ou votre union départementale.

L'aide juridique

L'aide juridique a été réformée par la loi du 10 juillet 1991 dans le but d'étendre le régime de l'aide judiciaire et de mettre en place un mécanisme d'aide à l'accès au droit. Cette loi est en vigueur depuis le 1er janvier 1992.

➤ *L'aide juridictionnelle*

• **Les conditions à remplir.** Pour bénéficier de l'aide juridictionnelle, il faut : résider habituellement en France (sauf dans certains cas) ; avoir des ressources mensuelles ne dépassant pas 859 € mensuel (aide totale) ou 1 288 € (aide partielle). Ces plafonds sont majorés de 155 € pour chacune des deux premières personnes à charge et de 98 € pour chacune des personnes suivantes. Ce sont les revenus de l'année précédente qui sont pris en compte.

• **Dans quels types d'affaires ?** L'aide est accordée en matière gracieuse ou contentieuse, en demande ou en défense, devant toute juridiction. Elle peut également être attribuée pour l'exécution d'une décision.

• **Comment obtenir l'aide ?** La décision d'attribution est prononcée par un « bureau d'aide juridictionnelle » établi au siège de chaque tribunal de grande instance. Votre demande doit être présentée au bureau de votre lieu de domicile sur des formulaires à retirer à ce bureau ou à la mairie.

• **Avec quels effets ?** En cas d'aide totale, tous les frais sont pris en charge par l'État. En cas d'aide partielle, vous devrez payer une partie des frais d'avocat (ainsi que, le cas échéant, des frais d'avoué ou d'huissier).

Attention... *Si vous perdez votre procès, vous serez tenu de payer les frais déboursés par votre adversaire (sauf décision contraire du tribunal).*

➤ *L'aide à l'accès au droit*

L'aide à l'accès au droit, qui est organisée au niveau local, associatif ou syndical, vous permet :

• d'obtenir des informations sur l'étendue de vos droits et obligations, des conseils sur les moyens de faire valoir vos droits, ainsi qu'une assistance en vue d'établir un acte juridique ;

• d'être assisté devant une commission à caractère non juridictionnel (commission de surendettement, par exemple) ou devant une administration en vue d'obtenir une décision ou d'exercer un recours préalable obligatoire.

Pour en savoir plus : www.service-public.fr (rubrique : particuliers ; vos droits et démarches).

ASSECO CFDT

➤ *C'est quoi ?*

L'ASSociation Etudes et COsommation (ASSECO) est l'association de consommateurs créée par la CFDT. Cette association qui existe depuis 1981 est agréée par les pouvoirs publics et présente dans une cinquantaine d'antennes locales.

➤ *Ses missions*

• **Accompagner et défendre ses adhérents en cas de litiges liés à la consommation.**

- Vous êtes en conflit au sujet de votre abonnement souscrit auprès d'un opérateur téléphonique ou un fournisseur d'accès à Internet ;
- Vous souhaitez résilier un achat par correspondance et souhaitez connaître les délais de rétractation et les démarches à entreprendre ;
- Vous accédez à un logement et découvrez des vices cachés ;
- Vous rencontrez des problèmes de surendettement… etc

Les militants des antennes locales Asseco-CFDT sont là pour répondre à vos questions et vous accompagner dans vos démarches.

• **Agir de manière solidaire et pérenne pour faire avancer les droits des citoyens consommateurs.**

Par leur action au sein de plusieurs instances nationales et locales (Conseil National de la Consommation, Agence Nationale pour l'Information sur le Logement, Association Française pour la Normalisation, Commissions de surendettement, Commissions Départementales d'Equipement Commercial…) les militants Asseco-CFDT participent à l'amélioration des droits des consommateurs et usagers dans le respect de l'intérêt général.

• **Enrichir, par sa fonction d'expertise, l'analyse et la réflexion des militants CFDT sur de nombreux sujets de société.**

Le pouvoir d'achat, la politique du logement, les services publics, le développement durable, la politique de santé, le commerce équitable…

➤ *Qui est adhérent ?*

• L'adhésion à l'Asseco-CFDT est ouverte à tous (adhérents CFDT et non adhérents). Pour adhérer, il suffit de prendre contact avec l'antenne Asseco-CFDT la plus proche.

• Les adhérents CFDT bénéficient d'un tarif préférentiel. Leur adhésion se fait dans les conditions décrites ci-dessus.

Asseco-CFDT 4 Bd de la Villette 75955 Paris Cedex 19
www.cfdt.fr/siteasseco

Où vous renseigner ?

Démarches administratives

● **Les centres interministériels de renseignements administratifs (CIRA)** répondent par téléphone à toutes les questions de législation, réglementation et pratique administrative.
Site : vosdroits.service-public.fr

Un seul numéro de téléphone désormais pour toute la France : Allô Service-Public : 3939 (0,12 €/min.).

● **Commission d'accès aux documents administratifs (CADA) :** toute personne peut obtenir un document administratif sans avoir à justifier sa demande. En cas de difficulté, il est possible de saisir la CADA, dont le siège est 35, rue Saint-Dominique, 75700 Paris 07 SP. Tél. : 01 42 75 79 99. Fax : 01 42 75 80 70.
E-mail : cada@cada.fr Site : www.cada.fr

Consommation

● **Institut national de la consommation :** 80, rue Lecourbe, 75732 Paris Cedex 15. Tél. : 0 892 707 592 (de 9 h à 12 h). Site : www.conso.net

Orientation scolaire

● **Office national d'informations sur les professions (ONISEP).** Pour Paris : 155, rue de Charonne, 75011 Paris.
Tél. : 01 44 93 81 23. Site : www.onisep.fr

● **Centre d'information et de documentation pour la jeunesse (CIDJ),** 101, quai Branly, 75740 Paris Cedex 15. Tél. : 01 44 49 12 00. Site : www.cidj.asso.fr

● **Centres d'information et d'orientation de l'Éducation nationale (CIO).** Il existe un réseau national de CIO. Renseignez-vous dans votre mairie à par Internet www.education.gouv.fr
Pour Paris, adresse du centre en fonction de votre arrondissement ; consultez l'ONISEP.

Vie familiale

● **L'École des parents et des éducateurs** a un service de renseignements par téléphone. Pour tous vos problèmes éducatifs, vous pouvez appeler Inter-Services-Parents : Paris 01 44 93 44 93, Colmar 03 89 41 41 14, Metz 03 87 69 04 56, Lyon 04 72 00 05 30.

● **Les centres d'information sur les droits des femmes et des familles.** Il existe des CIDF dans un grand nombre de villes. Pour obtenir les coordonnées du centre de votre département : www.infofemmes.com

● Vous pouvez également contacter **le Mouvement français pour le planning familial (MFPF),** 94, boulevard Masséna, 75013 Paris. Tél. 01 45 84 28 25. Site : www.planning-familial.org
Le Planning familial se compose de fédérations régionales, regroupant elles-mêmes des associations départementales et locales.

➤ *Logement*

Les Agences départementales pour l'information sur le logement (ADIL), qui dépendent de l'Agence nationale (ANIL), donnent, gratuitement, un conseil personnalisé juridique, financier, fiscal et technique sur toutes les questions relatives au logement et à l'urbanisme. Pour connaître l'adresse du centre le plus proche de votre domicile, tél. 01 42 79 50 50, ou par Internet : www.anil.org

➤ *Assurance*

● **Le Centre de documentation et d'information de l'assurance (CDIA),** 26, boulevard Haussmann, 75311 Paris Cedex 09.
Adresse électronique : infocdia@ffsa.fr

● **Le Fonds de garantie contre les accidents de circulation et de chasse,** 64, rue Defrance, 94682 Vincennes Cedex.
Tél. 01 43 98 77 00. Site : www.fga.fr

➤ *Fiscalité*

● Pour tout renseignement concernant le calcul de vos impôts (sur le revenu ou locaux), adressez-vous au centre des impôts dont l'adresse figure sur votre avis d'imposition.

● Pour le paiement de vos impôts, une demande de délai ou de remise de majoration, adressez-vous au comptable du Trésor public (perception) dont l'adresse figure sur votre avis.

➤ *Internet*

Convaincre les Français d'effectuer le maximum de formalités via Internet, tel est l'objectif de l'**Agence pour le développement de l'administration électronique (ADAE)**, laquelle a créé le service ADELE qui permet, via www.adele.service-public.fr, d'entreprendre nombre de démarches. Le guide pratique ADELE présente une quarantaine de services administratifs en ligne répartis en quatre thèmes (famille, vie de citoyen, travail, loisirs) permettant d'effectuer des démarches depuis son domicile.

Vacances scolaires 2006-2007

Le calendrier scolaire est le même, dans chaque zone, pour les élèves de tous les établissements scolaires relevant du ministère de l'Éducation nationale, sauf dans les écoles où une dérogation a été accordée (notamment dans le cas d'une organisation de la semaine scolaire sur 4 jours); dans ce cas, les périodes de vacances sont légèrement réduites.

	Zones	2005-2006
Rentrée des élèves	A, B, C	Lundi 4 septembre 2006
Toussaint	A, B, C	Du mercredi 25 octobre 2006 au lundi 6 novembre 2006
Noël	A, B, C	Du samedi 23 décembre 2006 au lundi 8 janvier 2007
Hiver	A B C	Du samedi 10 février 2007 au lundi 26 février 2007 Du samedi 24 février 2007 au lundi 12 mars 2007 Du samedi 17 février 2007 au lundi 5 mars 2007
Printemps	A B C	Du samedi 31 mars 2007 au lundi 16 avril 2007 Du samedi 14 avril 2007 au mercredi 2 mai 2007 Du samedi 7 avril 2007 au lundi 23 avril 2007
Début des vacances d'été	A, B, C	Mercredi 4 juillet 2007

Les dates indiquées sont celles du dernier jour de classe et du jour de rentrée au matin.

- **La zone A** comprend les académies de Caen, Clermont-Ferrand, Grenoble, Lyon, Montpellier, Nancy-Metz, Nantes, Rennes, Toulouse.
- **La zone B** comprend les académies d'Aix-Marseille, Amiens, Besançon, Dijon, Lille, Limoges, Nice, Orléans-Tours, Poitiers, Reims, Rouen, Strasbourg.
- **La zone C** comprend les académies de Bordeaux, Créteil, Paris, Versailles.

Les académies de Corse, Réunion, Guyane et Antilles ont des dates de vacances fixées par les recteurs.

➤ Pour en savoir plus: www.éducation.gouv.fr

Adresses des organisations CFDT

La confédération

CFDT (Confédération française démocratique du travail)
4, boulevard de la Villette - 75955 Paris Cedex 19. Métro : Belleville
Tél. 01 42 03 80 00. Fax : 01 42 03 81 44
E-mail : conf.secgen@cfdt.fr - Site : www.cfdt.fr

Centre de formation CFDT de Bierville
10, route des Nations - 91690 Boissy-la-Rivière
Tél. 01 69 58 85 00. Fax : 01 60 80 91 30
E-mail : bierville@cfdt.fr

Les fédérations

• **Les fédérations et unions confédérales CFDT** ont leur siège au **47-49, avenue Simon-Bolivar - 75950 Paris Cedex 19.**
Métro : Pyrénées
Tél. : 01 56 41 50 00 Fax : 01 56 41 50 10

• **La Fédération des services** est située à la tour Essor
14, rue de Scandicci - 93508 Pantin Cedex
Tél. et fax : voir ci-après

• **Les fédérations des établissements et arsenaux de l'État ; des finances et affaires économiques ; de la protection sociale, travail et emploi** sont situés au 2-8, rue Gaston-Rebuffat - 75019 Paris
Tél. et fax : voir ci-après

• **Fédération générale agroalimentaire (FGA)**
Tél. 01 56 41 50 50 Fax : 01 56 41 50 30 *fga@cfdt.fr*

• **Fédération des banques et sociétés financières**
Tél. 01 56 41 54 50 Fax : 01 56 41 54 51 *banques@cfdt.fr*

• **Fédération de la chimie et de l'énergie (FCE)**
Tél. 01 56 41 53 00 Fax : 01 56 41 53 01 *fce@cfdt.fr*

• **Fédération nationale construction bois (FNCB)**
Tél. 01 56 41 55 60 Fax : 01 56 41 55 61 *fncb@cfdt.fr*

• **Fédération formation et enseignement privés (FEP)**
Tél. 01 56 41 54 70 Fax : 01 56 41 54 71 *contact@fep-cfdt.fr*

• **Fédération des établissements et arsenaux de l'Etat (FEAE)**
2-8, rue Gaston-Rebuffat 75019 Paris
Tél. 01 56 41 56 80 Fax : 01 56 41 56 89 *feae@cfdt.fr*

• **Fédération des finances et affaires économiques**
2-8, rue Gaston-Rebuffat 75019 Paris
Tél. 01 56 41 55 41 Fax : 01 56 41 55 59 *finances@cfdt.fr*

• **Fédération de l'habillement, du cuir et du textile (HACUITEX)**
Tél. 01 56 41 55 90 Fax : 01 56 41 55 95 *hacuitex@cfdt.fr*

• **Fédération communication, conseil, culture (F3C-CFDT)**
Tél. 01 56 41 54 00 Fax : 01 56 41 54 01 *f3c@cfdt.fr*

• **Fédération nationale Interco**
Tél. 01 56 41 52 68 Fax : 01 56 41 52 51 *interco@cfdt.fr*

• **Fédération générale de la métallurgie et des mines (FGMM)**
Tél. 01 56 41 50 70 Fax : 01 56 41 50 96 *fgmm@cfdt.fr*

• **Fédération protection sociale, travail et emploi (PSTE)**
2-8, rue Gaston-Rebuffat 75019 Paris
Tél. 01 56 41 51 50 Fax : 01 56 41 51 51 *pste@cfdt.fr*

• **Fédération des services**
Tour Essor – 14, rue Scandicci – 93508 Pantin Cedex
Tél. 01 48 10 65 90 Fax : 01 48 10 65 95 *services@cfdt.fr*

• **Fédération des services de santé et services sociaux**
Tél. 01 56 41 52 00 Fax : 01 42 02 48 08 *santesociaux@cfdt.fr*

• **Fédération générale des transports-équipement (FGTE)**
Tél. 01 56 41 56 00 Fax : 01 42 02 49 96 *fgte@cfdt.fr*

• **Fédération des syndicats généraux de l'Education nationale (SGEN)**
Tél. 01 56 41 51 00 Fax : 01 56 41 51 11 *sgen@cfdt.fr*

• **Union confédérale des ingénieurs et cadres**
Tél. 01 56 41 55 00 Fax : 01 56 41 55 01 *contact@cfdt-cadres.fr*
www.cadres-plus.net

• **Union confédérale des retraités (UCR)**
Tél. 01 56 41 55 20 Fax : 01 56 41 55 21 *union-retraites@cfdt.fr*

• **Union des fédérations des fonctions publiques et assimilés (UFFA)**
Tél. 01 56 41 54 40 Fax : 01 56 41 54 44 *uffa@cfdt.fr*

Unions régionales et départementales

• URI CFDT Alsace

305, avenue de Colmar, BP 935 - 67029 Strasbourg Cedex 1
Tél. : 03 88 79 87 79 Fax : 03 88 79 87 60 *alsace@cfdt.fr*

• UD CFDT Bas-Rhin
305, avenue de Colmar, B P 70955 - 67029 Strasbourg Cedex 1
Tél. : 03 88 79 87 79 Fax : 03 88 79 87 60 *alsace@cfdt.fr*

• UD CFDT Haut-Rhin
1, rue de Provence - 68090 Mulhouse
Tél. : 03 89 31 86 50 Fax : 03 89 31 86 99 *alsace@cfdt.fr*

• URI CFDT Aquitaine

32 bis, avenue de Canteranne - 33608 Pessac Cedex
Tél. : 05 56 91 04 48 Fax : 05 56 33 62 72 *aquitaine@cfdt.fr*

• UD CFDT Dordogne
Bourse du travail, 26, rue Bodin - 24000 Périgueux
Tél. : 05 53 35 70 20 Fax : 05 53 07 02 26 *dordogne@cfdt.fr*

• UD CFDT Gironde
8, rue Théodore-Gardère - 33080 Bordeaux Cedex
Tél. : 05 57 81 11 11 Fax : 05 57 81 11 10 *gironde@cfdt.fr*

• UD CFDT Landes
Les Halles, place R. Ducos - 40100 Dax
Tél. : 05 58 74 08 06 Fax : 05 58 56 19 85 *landes@cfdt.fr*

• UD CFDT Lot-et-Garonne
Bourse du travail, rue Paul Pons - 47000 Agen
Tél. : 05 53 66 39 90 Fax : 05 53 66 21 92 *lot-garonne@cfdt.fr*

• UD CFDT Pyrénées-Atlantiques
Complexe de la République, rue Carnot - 64000 Pau

• UIS CFDT Béarn
Complexe de la République - Rue Carnot - 64000 Pau
Tél. : 05 59 27 90 69 Fax : 05 59 88 41 86 *bearn@cfdt.fr*

• UIS Pays Basque
1, place Sainte-Ursule - 64100 Bayonne
Tél. : 05 59 55 05 31 Fax : 05 59 55 30 22 *basque@cfdt.fr*

• URI CFDT Auvergne

Maison des syndicats, place de la Liberté - 63000 Clermont-Ferrand
Tél. : 04 73 31 90 82 Fax : 04 73 31 90 84 *auvergne@cfdt.fr*

• UD CFDT Allier

2, rue des Conches - 03100 Montluçon
Tél. : 04 70 05 05 15 Fax : 04 70 28 56 20 *allier@cfdt.fr*

• UD CFDT Cantal

Maison des syndicats, 7, place de la Paix - 15012 Aurillac Cedex
Tél. : 04 71 64 34 00 Fax : 04 71 48 13 52 *cantal@cfdt.fr*

• UD CFDT Haute-Loire

5, rue des Bains - BP 143 - 43004 Le Puy-en-Velay
Tél. : 04 71 04 24 00 Fax : 04 71 05 20 73 *cfdt.haute-loire@laposte.net*

• UD CFDT Puy-de-Dôme

Maison du peuple, place de la Liberté - 63000 Clermont-Ferrand
Tél. : 04 73 31 90 80 Fax : 04 73 31 90 84 *puy-dome@cfdt.fr*

• URI CFDT Bourgogne

7, rue de Colmar – 21000 Dijon
Tél. : 03 80 70 21 70 Fax : 03 80 70 21 69 *bourgogne@cfdt.fr*

• UD CFDT Côte-d'Or

7, rue du Dr Chaussier - 21000 Dijon
Tél. : 03 80 30 46 70 Fax : 03 80 30 57 52 *cote-or@cfdt.fr*

• UD CFDT Nièvre

Bourse du Travail, 2 bis, bd Pierre de Coubertin - BP 624
58006 Nevers Cedex
Tél. : 03 86 61 33 04 Fax : 03 86 61 98 83 *nievre@cfdt.fr*

• UD CFDT Saône-et-Loire

6, rue Ph. Léon Couturier, BP 299 - 71107 Chalon-sur-Saône Cedex
Tél. : 03 85 94 12 80 Fax : 03 85 94 12 88 *saone-loire@cfdt.fr*

• UD CFDT Yonne

Maison des syndicats, 7, rue Max Quantin - 89000 Auxerre
Tél. : 03 86 52 59 04 Fax : 03 86 51 69 15 *yonne@cfdt.fr*

• URI CFDT Bretagne

17, quai Châteaubriand – 35000 Rennes
Tél. : 02 99 78 51 40 Fax : 02 99 78 51 41 *bretagne@cfdt.fr*

• UD CFDT Côtes-d'Armor

93, bd Edouard-Prigent, BP 05 - 22099 Saint-Brieuc Cedex 09
Tél. : 02 96 94 00 99 Fax : 02 96 94 25 81 *cote-armor@cfdt.fr*

• UD CFDT Finistère
9, rue de l'Observatoire, BP 80125 - 29601 Brest Cedex 9
Tél. : 02 98 33 29 32 Fax : 02 98 33 29 28 cfdt.finistere@wanadoo.fr

• UD CFDT Ille-et-Vilaine
Cale de la Barbotière, BP 86 - 35002 Rennes Cedex
Tél. : 02 99 84 39 90 Fax : 02 99 84 39 99 *ille-vilaine@cfdt.fr*

• UD CFDT Morbihan
78, bd Cosmao Dumanoir, BP 235 - 56102 Lorient Cedex
Tél. : 02 97 88 02 98 Fax : 02 97 88 02 88 *morbihan@cfdt.fr*

• URI CFDT Centre
105, rue du Faubourg-Madeleine – 45057 Orléans Cedex 01
Tél. : 02 38 22 38 60 Fax : 02 38 22 38 61 *centre@cfdt.fr*

• UD CFDT Cher
5, boulevard Clémenceau - 18000 Bourges
Tél. : 02 48 27 51 51 Fax : 02 48 27 51 54 *cher@cfdt.fr*

• UD CFDT Eure-et-Loir
4, rue Émile-Zola - 28300 Mainvilliers
Tél. : 02 37 91 15 04 Fax : 02 37 35 86 09 *eure-loir@cfdt.fr*

• UD CFDT Indre
86, rue d'Aquitaine - BP 364 - 36000 Châteauroux
Tél. : 02 54 34 26 45 Fax : 02 54 07 40 67 *indre@cfdt.fr*

• UD CFDT Indre-et-Loire
Centre des Halles, place G. Pailhau, BP 5929 - 37059 Tours Cedex
Tél. : 02 47 36 58 58 Fax : 02 47 38 46 10 *indre-loire@cfdt.fr*

• UD CFDT Loir-et-Cher
Bourse du travail, 5, rue Alain Gerbault - 41000 Blois
Tél. : 02 54 43 99 01 Fax : 02 54 43 58 90 *loir-cher@cfdt.fr*

• UD CFDT Loiret
105 bis, rue du Fbg Madeleine - 45057 Orléans Cedex 1
Tél. : 02 38 22 38 50 Fax : 02 38 22 38 61 *loiret@cfdt.fr*

• URI CFDT Champagne-Ardenne
24, allée des Forêts – 51000 Châlons-en-Champagne
Tél. : 03 26 26 90 55 Fax : 03 26 26 90 56 *champagne-ardenne@cfdt.fr*

• UD CFDT Aube
52, rue Jaillant-Deschainets - 10000 Troyes
Tél. : 03 25 73 18 20 Fax : 03 25 73 04 91 *aube@cfdt.fr*

• **UD CFDT Ardennes**
21, rue J.-B. Clément, BP 449 - 08098 Charleville-Mézières Cedex
Tél. : 03 24 33 35 25 Fax : 03 24 33 96 70 *ardennes@cfdt.fr*

• **UD CFDT Marne**
Maison des syndicats, 15, bd de la Paix, BP 1368 - 51063 Reims Cedex
Tél. : 03 26 77 69 89 Fax : 03 26 77 69 99 *marne@cfdt.fr*

• **UD CFDT Haute-Marne**
29, rue Bouchardon - BP 49 - 52002 Chaumont
Tél. : 03 25 03 82 94 Fax : 03 25 32 57 88 *haute-marne@cfdt.fr*

• URI CFDT Corse

Résidence La Gravona, chemin Biancarello - 20000 Ajaccio
Tél. : 04 95 23 22 85 Fax : 04 95 20 63 17 *corse@cfdt.fr*

• **UD CFDT CFDT Corse-du-Sud**
Résidence La Gravona, chemin Biancarello - 20000 Ajaccio
Tél. : 04 95 23 22 85 Fax : 04 95 20 63 17 *corse-sud@cfdt.fr*

• **UD CFDT CFDT Haute-Corse**
Bourse du travail, 2, rue San Angelo, BP 244 - 20200 Bastia
Tél. : 04 95 31 01 17 Fax : 04 95 32 04 13 *corse@cfdt.fr*

• URI CFDT Franche-Comté

110, rue de Chalezeule – 25000 Besançon
Tél. : 03 81 85 38 48 Fax : 03 81 85 38 49 *franchecomte@cfdt.fr*

• **UD CFDT Doubs**
3 rue Champrond - 25000 Besançon *besancon@cfdt.fr*

• **UD CFDT Besançon**
3 rue Champrond - 25000 Besançon
Tél. : 03 81 25 30 00 Fax : 03 81 25 30 01 *besancon@cfdt.fr*

• **UD CFDT Pays de Montbéliard**
24, rue des Mines, 25400 Exincourt
Tél. : 03 81 94 49 50 Fax : 03 81 94 40 62 *montbeliard@cfdt.fr*

• **UD CFDT Jura**
Bourse du travail, 76, rue Saint-Désiré - 39000 Lons-le-Saunier
Tél. : 03 84 24 10 50 Fax : 03 84 24 33 40 *jura@cfdt.fr*

• **UD CFDT Haute-Saône**
Maison des syndicats, 5, cours François-Villon - 70000 Vesoul
Tél. : 03 84 97 50 60 Fax : 03 84 97 50 69 *haute-saone@cfdt.fr*

• **UD CFDT Territoire de Belfort**
Maison du peuple - Place de la Résistance 90020 Belfort Cedex
Tél. : 03 84 21 38 04 Fax : 03 84 21 34 00 *belfort@cfdt.fr*

• URI CFDT Ile-de-France

78, rue de Crimée – 75019 Paris
Tél. : 01 42 03 89 00 Fax : 01 42 45 25 33 *ile-france@cfdt.fr*

• UD CFDT Paris
7-9, rue Euryale Dehaynin - 75019 Paris
Tél. : 01 42 03 88 25 Fax : 01 42 03 88 37 *paris@cfdt.fr*

• UD CFDT Seine-et-Marne
15, rue Pajol – 77000 Melun
Tél. : 01 60 59 06 60 Fax : 01 60 59 06 86 *seine-marne@cfdt.fr*

• UD CFDT Yvelines
ZA Buisson de la Couldre - 301, avenue des Bouleaux - 78190 Trappes
Tél. : 01 30 51 04 05 Fax : 01 30 51 28 73 *ud@cfdt-yvelines.fr*

• UD CFDT Essonne
Maison des syndicats, 12, place des Terrasses de l'Agora - 91007 Evry Cedex
Tél. : 01 60 78 32 67 Fax : 01 60 78 56 69 *essonne@cfdt.fr*

• UD CFDT Hauts-de-Seine
245, bd Jean-Jaurès - 92100 Boulogne
Tél. : 01 46 21 03 66 Fax : 01 46 20 01 15 *hauts-seine@cfdt.fr*

• UD CFDT Seine-Saint-Denis
Bourse du travail, 1, place de la Libération - 93012 Bobigny Cedex
Tél. : 01 48 96 35 05 Fax : 01 48 32 51 44 *saintdenis@cfdt.fr*

• UD CFDT Val-de-Marne
Maison des syndicats, 11/13 rue des Archives - 94010 Créteil Cedex
Tél. : 01 43 99 10 50 Fax : 01 43 99 41 09 *val-marne@cfdt.fr*

• UD CFDT Val-d'Oise
26, rue Francis-Combe - 95014 Cergy-Pontoise Cedex
Tél. : 01 30 32 61 55 Fax : 01 34 24 81 52 *val-oise@cfdt.fr*

• URI CFDT Languedoc-Roussillon

Rue Léon-Blum – BP 9032 - 34041 Montpellier Cedex 01
Tél. : 04 67 64 51 52 Fax : 04 67 64 21 47 *langroussillon@cfdt.fr*

• UD CFDT Aude
51, rue A. Armagnac - 11000 Carcassonne
Tél. : 04 68 25 20 43 Fax : 04 68 25 11 92 *aude@cfdt.fr*

• UD CFDT Gard
2 bis, rue de l'Écluse - 30000 Nîmes
Tél. : 04 66 67 58 23 Fax : 04 66 21 54 95 *gard@cfdt.fr*

• UD CFDT Hérault
Maison des syndicats - 15, place Zeus
Antigone, rue Léon-Blum - 34000 Montpellier
Tél. : 04 67 64 54 30 Fax : 04 67 22 09 54 *langroussillon@cfdt.fr*

• UD CFDT Lozère
3, rue des Écoles - 48000 Mende
Tél. : 04 66 65 09 16 Fax : 04 66 65 16 01 *lozere@cfdt.fr*

• UD CFDT Pyrénées-Orientales
35, place Jean Moulin - BP 146 - 66001 Perpignan Cedex
Tél. : 04 68 50 77 50 Fax : 04 68 50 00 19 *pyrenees-orientales@cfdt.fr*

• URI CFDT Limousin
32, rue Adolphe Mandonnaud – 87000 Limoges
Tél. : 05 55 32 32 45 Fax : 05 55 32 34 80 *limousin@cfdt.fr*

• UD CFDT Corrèze
19, rue Jean Fieyre - 19100 Brive
Tél. : 05 55 24 49 05 Fax : 05 55 17 73 38 *correze@cfdt.fr*

• UD CFDT Creuse
Maison des associations, 11, rue de Braconne - 23000 Guéret
Tél. : 05 55 52 72 03 Fax : 05 55 61 96 65 *creuse@cfdt.fr*

• UD CFDT Haute-Vienne
32 rue Adolphe Mandonnaud - 87000 Limoges
Tél. : 05 55 33 25 14 Fax : 05 55 34 77 79 *haute-vienne@cfdt.fr*

• URI CFDT Lorraine
2, rue du Général de Lardemelle, BP 80527 – 57009 Metz Cedex 1
Tél. : 03 87 16 97 80 Fax : 03 87 16 97 84 *lorraine@cfdt.fr*

• UD CFDT Meurthe-et-Moselle
20, rue des Glacis, BP 32240 - 54022 Nancy Cedex
Tél. : 03 83 37 79 00 Fax : 03 83 36 79 31 *meurthe-moselle@cfdt.fr*

• UD CFDT Meuse
11, place de la Couronne, BP 42 - 55001 Bar-le-Duc Cedex
Tél. : 03 29 45 07 97 Fax : 03 29 79 48 98 *meuse@cfdt.fr*

• UD CFDT Moselle
2, rue du Général de Lardemelle - BP 80527 - 57000 Metz Cedex 1
Tél. : 03 87 16 97 70 Fax : 03 87 16 28 45 *moselle@cfdt.fr*

• UD CFDT Vosges
4, rue Aristide Briand - BP 334 - 88008 Epinal Cedex
Tél. : 03 29 82 04 32 Fax : 03 29 33 01 38 *vosges@cfdt.fr*

● URI CFDT Midi-Pyrénées

3, chemin du Pigeonnier de la Cépière - BP 70653
31081 Toulouse Cedex 1
Tél. : 05 61 43 67 87 Fax : 05 61 43 67 86 *midi-pyrenees@cfdt.fr*

• UD CFDT Ariège
Maison des associations - 1, avenue de l'Ariège - 09000 Foix
Tél. : 05 61 65 25 60 Fax : 05 61 65 25 60 *ariege@cfdt.fr*

• UD CFDT Aveyron
23, avenue de la Gineste - 12000 Rodez
Tél. : 05 65 78 59 98 Fax : 05 65 78 44 32 *rodez@cfdt.fr*

• UD CFDT Haute-Garonne
3, chemin du Pigeonnier de la Cépière - Bat. C, 3e ét. -
31081 Toulouse Cedex
Tél. : 05 61 43 65 55 Fax : 05 61 43 65 50 *haute-garonne@cfdt.fr*

• UD CFDT Gers
1, rue Gambetta - 32000 Auch
Tél. : 05 62 05 30 06 Fax : 05 62 61 89 84 *gers@cfdt.fr*

• UD CFDT Lot
Bourse du travail, place Rousseau - 46000 Cahors
Tél. : 05 65 35 55 03 Fax : 05 65 22 55 01 *lot@cfdt.fr*

• UD CFDT Hautes-Pyrénées
Maison des syndicats, 5, boulevard du Martinet - 65000 Tarbes
Tél. : 05 62 53 32 70 Fax : 05 62 37 13 11 *hautes-pyrenees@cfdt.fr*

• UD CFDT Tarn
Maison des syndicats, place du 1er-Mai - 81100 Castres
Tél. : 05 63 62 01 70 Fax : 05 63 51 06 51 *tarn@cfdt.fr*

• UD CFDT Tarn-et-Garonne
23, rue de Sapiac, BP 837 - 82008 Montauban Cedex
Tél. : 05 63 63 26 80 Fax : 05 63 63 49 07 *tarn-garonne@cfdt.fr*

● URI CFDT Nord-Pas-de-Calais

145, rue des Stations, BP 88 – 59006 Lille Cedex
Tél. : 03 20 57 66 22 Fax : 03 20 57 96 66 *nord-pdc@cfdt.fr*

• UTI CFDT Artois-Douaisis
Forum Bollaert - 13bis, route de Béthune - 62300 Lens
Tél. : 03 21 14 26 65 Fax : 03 21 49 38 25
cfdt.artois-douaisis@cfdt59-62.fr

• UTI CFDT Flandres et Lys
21, rue de Donckèle - 59190 Hazebrouck
Tél. : 03 28 41 92 30 Fax : 03 28 40 70 48 *cfdt.flandresetlys@cfdt59-62.fr*

• UTI CFDT Lille
104, rue Jeanne d'Arc 59000 Lille
Tél. : 03 20 88 36 20 Fax : 03 21 53 21 44 *cfdt.lille@wanadoo.fr*

• UTI CFDT Littoral
Bourse du Travail - Place Crévecœur - 62100 Calais
Tél. : 03 21 36 55 53 Fax : 03 21 36 50 69 *cfdt.littoral@cfdt59-62.fr*

• UTI CFDT Roubaix-Tourcoing Vallée de la Lys
43, rue de Lille - 59200 Tourcoing
Tél. : 03 20 24 85 24 Fax : 03 20 70 71 78 *cfdt.rtvl@cfdt59-62.fr*

• UTI CFDT Sambre-Escaut
3, rue Jukes-Mousseron - 59220 Denain
Tél. : 03 27 44 25 50 Fax : 03 27 44 25 50
cfdt.sambreescaut@cfdt59-62.fr

• URI CFDT Basse-Normandie
29, avenue Charlotte Corday – 14000 Caen
Tél. : 02 31 35 32 32 Fax : 02 31 35 32 30 *courrier@cfdt-bn.fr*

• UIT CFDT Pays-d'Auge
14, rue du Docteur Degrenne - 14100 Lisieux
Tél. : 02 31 62 22 24 Fax : 02 31 62 22 24
uispaysdauge.cfdt@wanadoo.fr

• UIT CFDT Plaine de Caen
29, avenue Charlotte Corday - 14000 Caen
Tél. : 02 31 35 32 40 - Fax : 02 31 35 32 41 *uis.cfdt.caen@wanadoo.fr*

• UIT CFDT Centre-Manche
Maison des syndicats, rue Léon Deries, BP 545 - 50000 Saint-Lô
Tél. : 02 33 57 42 17 Fax : 02 33 57 42 17 *cfdt50@wanadoo.fr*

• UIT CFDT Pays du Cotentin
56, rue de la Bucaille 50100 Cherbourg
Tél. : 02 33 53 19 07 Fax : 02 33 53 79 44 *cfdt.nord.cotentin@wanadoo.fr*

• UIT CFDT Pays de la Baie
2, rue Boudrie - 50300 Avranches
Tél. : 02 33 58 52 04 Fax : 02 33 58 52 04 *cfdt.sud-manche@wanadoo.fr*

• UIT CFDT Orne Est
16, rue Etoupée - 61000 Alençon
Tél. : 02 33 26 13 97 Fax : 02 33 82 77 51

• UIT CFDT Pays du Bocage
Les Capucines - Cité des Fleurs - 61100 Flers
Tél. : 02 33 65 70 51 Fax : 02 33 65 97 62 *cfdt.flers@wanadoo.fr*

• URI CFDT Haute-Normandie
20-22 boulevard des Belges – 76000 Rouen
Tél. : 02 32 08 35 60 Fax : 02 32 08 35 61 *haute-normandie@cfdt.fr*

• UIS CFDT Eure
6ter, rue de Pannette, BP 525 - 27005 Evreux Cedex
Tél. : 02 32 33 14 97 Fax : 02 32 31 01 84 *eure@cfdt.fr*

• UIS CFDT Rouen-Elbeuf
20-22 boulevard des Belges - 76000 Rouen
Tél. : 02 32 08 35 50 Fax : 02 32 08 35 52 *rouen@fcdt.fr*

• UIS CFDT Le Havre
1, rue Fontenoy - 76600 Le Havre
Tél. : 02 35 25 30 63 Fax : 02 35 24 35 34 *cfdt.lehavre@wanadoo.fr*

• UIS CFDT Dieppe
2, rue d'Écosse - 76200 Dieppe
Tél. : 02 35 84 28 61 Fax : 02 32 90 05 62 *dieppe@cfdt.fr*

• URI CFDT Pays de Loire
37, rue Lamoricière, BP 40209 – 44102 Nantes Cedex 4
Tél. : 02 40 44 66 40 Fax : 02 40 69 04 55 *paysloire@cfdt.fr*

• UD CFDT Loire-Atlantique
37, rue Lamoricière, BP 40209 - 44102 Nantes Cedex 04
Tél. : 02 40 44 66 20 Fax : 02 40 44 66 21 *loire-atlantique@cfdt.fr*

• UD CFDT Maine-et-Loire
Bourse du Travail - 14, place Louis Imbach - 49100 Angers
Tél. : 02 41 24 40 00 Fax : 02 41 87 68 19 *maine-loire@cfdt.fr*

• UD CFDT Mayenne
15, rue Saint-Mathurin, BP 1025 - 53010 Laval Cedex
Tél. : 02 43 53 19 00 Fax : 02 43 56 45 51 *mayenne@cfdt.fr*

• UD CFDT Sarthe
Maison des syndicats, 4 rue d'Arcole - 72014 Le Mans Cedex
Tél. : 02 43 39 32 20 Fax : 02 43 28 16 12 *sarthe@cfdt.fr*

• UD CFDT Vendée
16, bd Louis Blanc, BP 129 - 85004 La Roche-sur-Yon Cedex
Tél. : 02 51 37 01 34 Fax : 02 51 44 87 65 *vendee@cfdt.fr*

• URI CFDT Picardie
Centre Oasis Dury, Allée de la Pépinière
Bâtiment les Tulipiers, 1er étage 80044 Amiens Cedex 1
Tél. : 03 22 71 19 19 Fax : 03 22 71 19 10 *picardie@cfdt.fr*

• **Antenne CFDT de l'Aisne**
Maison des syndicats, avenue Jean-Jaurès - 02000 Laon
Tél. : 03.23.23.28.74 Fax : 03.23.79.69.09 *aisne@cfdt.fr*

• **Antenne CFDT de l'Oise**
Bourse du travail, 1, rue Fernand Pelloutier - 60100 Creil
Tél. : 03 44 55 49 61 Fax : 03 44 55 34 29 *oise@cfdt.fr*

• **Antenne CFDT de la Somme**
Bourse du travail, 28 rue Frédéric Petit - 80036 Amiens Cedex 1
Tél. : 03 22 22 21 77 Fax : 03 22 22 21 70 *somme@cfdt.fr*

• URI CFDT Poitou-Charentes
192, avenue de la Libération, BP 70919 – 86037 Poitiers Cedex
Tél. : 05 49 52 96 46 Fax : 05 49 88 90 39 *poitou-charentes@cfdt.fr*

• **UD CFDT Charente**
138, route de Bordeaux Le Nil - 16000 Angoulême
Tél. : 05 45 95 18 11 Fax : 05 45 95 30 12 *charente@cfdt.fr*

• **UD CFDT Charente-Maritime**
6, rue Albert Ier - 17025 La Rochelle Cedex
Tél. : 05 46 41 15 88 Fax : 05 46 41 42 10 *charente-maritime@cfdt.fr*

• **UD CFDT Deux-Sèvres**
Maison des syndicats, 8, rue Joseph Cugnot - 79000 Niort
Tél. : 05 49 06 91 55 Fax : 05 49 09 07 79 *deuxsevres@cfdt.fr*

• **UD CFDT Vienne**
21bis-23, rue Arsène Orillard - 86035 Poitiers
Tél. : 05 49 88 92 84 Fax : 05 49 52 99 85 *vienne@cfdt.fr*

• URI CFDT Provence-Alpes-Côte d'Azur
11, rue des Muletiers – 13100 Aix-en-Provence
Tél. : 04 42 26 89 89 Fax : 04 42 38 60 10 *paca@cfdt.fr*

• **UD CFDT Alpes de Haute-Provence**
42, boulevard Victor Hugo - 04000 Digne
Tél. : 04 92 31 13 22 Fax : 04 92 31 46 54 *alpes-provence@cfdt.fr*

• **UD CFDT Hautes-Alpes**
Bourse du Travail - 3, rue David Martin - 05000 Gap
Tél. : 04 92 52 16 83 Fax : 04 92 53 70 21 *hautes-alpes@cfdt.fr*

• **UD CFDT Alpes-Maritimes**
12, boulevard Delfino - 06300 Nice
Tél. : 04 93 26 52 32 Fax : 04 93 89 45 21 *alpes-maritimes@cfdt.fr*

• UD CFDT Bouches-du-Rhône
18, rue Sainte - 13001 Marseille
Tél. : 04 91 33 40 73 Fax : 04 91 55 05 54 *bouches-rhone@cfdt.fr*

• UD CFDT Var
Bourse du travail, 13, avenue Amiral Collet - 83000 Toulon
Tél. : 04 94 92 72 59 Fax : 04 94 92 78 37 *var@cfdt.fr*

• UD CFDT Vaucluse
47, rue Carreterie - 84000 Avignon
Tél. : 04 90 85 50 63 Fax : 04 94 92 78 37 *cfdt-ud84@wanadoo.fr*

• URI CFDT Rhône-Alpes
12, allée Henri Michaux, BP 167 - 38093 Villefontaine Cedex
Tél. 04 74 96 88 90 Fax : 04 74 96 88 99 *rhonalpes@cfdt.fr*

• UD CFDT Ain
Maison des syndicats, 1, allée des Brotteaux - 01000 Bourg-en-Bresse
Tél. : 04 74 22 31 85 Fax : 04 74 22 26 93 *ain@cfdt.fr*

• UD CFDT Drôme-Ardèche
Maison des syndicats, 17, rue Georges Bizet - 26000 Valence
Tél. : 04 75 78 50 50 Fax : 04 75 55 21 70 *drome-ardeche@cfdt.fr*

• UD CFDT Isère
Bourse du travail, 32, avenue de l'Europe - 38030 Grenoble Cedex 2
Tél. : 04 76 23 31 54 Fax : 04 76 22 64 18 *isere@cfdt.fr*

• UD CFDT Loire
Bourse du travail, cours Victor Hugo - 42028 Saint-Etienne Cedex 1
Tél. : 04 77 32 11 91 Fax : 04 77 49 15 69 *loire@cfdt.fr*

• UD CFDT Rhône
214, avenue Félix Faure - 69441 Lyon Cedex 03
Tél. : 04 78 53 21 91 Fax : 04 78 53 18 26 *rhone@cfdt.fr*

• UD CFDT Savoie
77, rue Ambroise Croizat, BP 357 - 73003 Chambéry Cedex
Tél. : 04 79 69 06 69 Fax : 04 79 62 26 24 *savoie@cfdt.fr*

• UD CFDT Haute-Savoie
29, rue de la Crête, BP 37 - 74962 Cran Gevrier Cedex
Tél. : 04 50 67 91 70 Fax : 04 50 67 91 74 *haute-savoie@cfdt.fr*

Liste des organisations d'outre-mer

• Guadeloupe
Union interprofessionnelle régionale CDFT de la Guadeloupe
104, immeuble « Les Chicanes » 97139 Grand-Camp Abymes
Tél. : 00 590 20 42 61 Fax : 00 590 20 42 61 *cfdt.gp@wanadoo.fr*

• Guyane
CDTG - Centrale démocratique des travailleurs de la Guyane
99-100 Cité Césaire - BP 383 - 97300 Cayenne
Tél. : 00 594 31 02 32 Fax : 00 594 35 71 17

• Ile de la Réunion
Union interprofessionnelle de la Réunion CFDT
58, rue Fénelon - 97400 Saint-Denis-La-Réunion
Tél. : 00 262 90 27 67 Fax : 00 262 21 03 22 *uir-cfdt@wanadoo.fr*

• Martinique
Union interprofessionnelle régionale CFDT de la Martinique
1, route de la Folie 97244 Fort-de-France Cedex
Tél. : 00 596 60 64 39 Fax : 00 596 60 92 91

• Mayotte
CISMA-CFDT - Confédération intersyndicale des syndicats de Mayotte
4, rue des Hibiscus Kavani M'Esatere,
BP 1038 - 97600 Mamoudzou - Mayotte
Tél. : 00 269 61 12 38 Fax : 00 269 61 36 16 *cisma3@wanadoo.fr*

• Nouvelle-Calédonie
USOENC - Union des syndicats ouvriers et employés de Nouvelle-Calédonie
BP 2534 - Nouméa - Nouvelle-Calédonie
Tél. : 00 687 25 96 40 Fax : 00 687 25 01 64 *usoenc@canl.nc*

• Polynésie française
A TI'A I MUA, Immeuble Gallieni - rue Clapier - BP 4523
Papeete - 98713 Polynésie française
Tél. : 00 689 54 40 10 Fax : 00 689 45 02 45 *atiaimua@atiaimua.pf*

• Saint-Pierre-et-Miquelon
Union Interprofessionnelle CFDT de Saint-Pierre-et-Miquelon
15, rue Dr Dunan, BP 4352 - 97500 Saint-Pierre
Tél. : 00 508 41 23 20 Fax : 00 508 41 27 99 *cfdt.spm@cheznoo.net*

• Wallis-et-Futuna
Union Interprofessionnelle CFDT de Wallis-et-Futuna
BP 178 - Mata'Utu 98600 Wallis-et-Futuna

Achevé d'imprimer sur les presses de Gyss imprimeur à Obernai en août 2006
Dépôt légal : septembre 2006
Imprimé en France